Für Karin, Friederike,
Peter, Lena und Alexandra

Inhalt

Ein persönliches Vorwort

»Teile dein Wissen. Das ist ein Weg, Unsterblichkeit zu erlangen.«
Dalai Lama

Ich habe es immer als ein Geschenk Gottes empfunden, wenn ein Mensch zu gegebener Zeit die Summe seines Wissens, seiner Erfahrungen, ja die Summe seines gesamten bisherigen Lebens in einem Buch zusammenfassen kann. Solche Bücher, so war und ist meine Überzeugung, markieren Höhepunkte eines Lebens, sie geben jedem gelebten Tag im Nachhinein einen zusätzlichen Sinn. Nun habe ich selbst ein solches Buch geschrieben.

Ich weiß nicht, welchen Stellenwert es unter objektiven Kriterien hat. Dies mögen andere beurteilen, allen voran die Leser, für die dieses Buch in erster Linie geschrieben ist. Was ich aber weiß, ist, welchen Stellenwert dieses Buch für mich hat. Es macht mich glücklich, ein Buch zu dem Thema vorlegen zu können, das mich mein ganzes bisheriges Leben begleitet hat. Es macht mich glücklich, dass all meine Erfahrungen zu diesem Thema sich nun wie Steine eines Mosaiks zu einem Ganzen, zu einem übergreifenden inhaltlichen Konzept zusammenfügen. Und dass dieses Konzept neu ist. Die Aufnahme, die das INTES-Prinzip, die Idee einer aus fünf zusammenhängenden Bausteinen bestehenden Unternehmer-Strategie, in den zurückliegenden Jahren bei Vorträgen, Workshops und in Beratungsgesprächen gefunden hat, lässt mich hoffen, dass auch die Leser das Neuartige dieses Konzeptes erkennen mögen, vor allem auch den unmittelbaren Nutzen, den die Anwendung dieses Prinzips auf ihr eigenes Leben als Unternehmer haben kann.

Es ist mir deshalb ein Bedürfnis, allen zu danken, die es mir ermöglicht haben, dieses Buch zu schreiben. Meinen Eltern, die die ersten Unternehmer in meinem Leben waren. Meinen Brüdern, an deren Seite ich eine Zeit lang selbst Unternehmer sein durfte und viel über die Voraussetzungen unternehmerischen Erfolges und Misserfolges gelernt habe. Allen Unternehmern, allen voran der Familie Albrecht (Aldi), an deren vorbildhaftem Verhalten ich mein Wissen erweitern und vervollständigen konnte; ich habe aus jedem Kontakt gelernt. Danken möchte ich auch meinem Mentor Brun-Hagen Hennerkes und meinen akademischen Vorbildern, insbesondere Cuno Pümpin und John Ward. Meiner Familie bin ich zu besonderem Dank verpflichtet. Meiner geliebten Frau Karin, ohne deren immerwährende Unterstützung so vieles nicht möglich gewesen wäre, auch dieses Buch nicht. Und meinen Kindern, denen ich als Vater in den langen Stunden des Schreibens oft genug gefehlt habe. Auch meinen Kollegen bei der INTES möchte ich danken – ohne Euch wäre dieses Buch gewiss nicht so geworden, wie es nun vorliegt. Nicht zuletzt danke ich meiner Sekretärin, Roswitha Einöthen, die seit über zehn Jahren manchen »Kampf« mit mir gekämpft und auch dieses Manuskript mit der ihr eigenen Geduld und Akribie betreut hat.

Ihnen, liebe Leser, wünsche ich, dass die Lektüre dieses Buches Ihnen ebenso viel Spaß und Erkenntnisgewinn bringen möge wie mir sein Schreiben. Den Damen unter Ihnen schulde ich eine Entschuldigung. Ich bin kein Chauvinist. Vielmehr bitte ich aufrichtig und herzlich um Verzeihung, dass ich so häufig nur vom Unternehmer gesprochen habe und nicht von der Unternehmerin. Ich habe das wirklich nur der Einfachheit halber getan. Alles, was ich ausgeführt habe, gilt für Unternehmer und Unternehmerinnen. Ich gehöre einer Generation an, die gelernt hat, dass Frauen nicht schlechter sind als Männer, nur anders. Und das ist gut so. Auch glaube ich, dass die wahrhaft emanzipierten Frauen längst aufgehört haben, um Äußerlichkeiten wie »Unternehmer/innen« zu kämpfen. Wie selbstverständliche Emanzipation aussieht, hat mich kürzlich eine Kollegin gelehrt. Auf ihrer Visitenkarte steht: »Dr. Karin Ebel, Rechtsanwalt, Steuerberater.« In diesem Sinne hoffe ich auf Ihr Verständnis.

Bonn, im Juni 2001 Peter May

Einige einführende Gedanken

Einige einführende Gedanken

Unternehmer sind etwas Besonderes

Sie sind Unternehmer oder Mitglied einer Familie, die ein Unternehmen betreibt? Gut. Das Gemeinwesen braucht Menschen wie Sie. Wir alle wären zweifellos ärmer, gäbe es die Unternehmer nicht. Nicht nur, weil sie Arbeitsplätze schaffen und mit ihren Steuern und Abgaben zur Finanzierung staatlicher Leistungen beitragen. Weitaus wichtiger ist ein anderer Aspekt unternehmerischer Tätigkeit.

Immer wieder sind es Unternehmer, die mit wirtschaftlichem Gespür und Durchsetzungskraft neuen Ideen zum Durchbruch verhelfen und unser Leben lebenswerter machen. Gottlieb Daimler, Karl Benz und Henry Ford hießen die Pioniere des Automobils, das Backpulver ist ebenso untrennbar mit Dr. Oetker verbunden wie der koffeinfreie Kaffee mit Ludwig Roselius, der Kaffeefilter mit Melitta Bentz oder der Haushaltswasserfilter mit Heinz Hankammer. Gäbe es den discountierenden Lebensmittelhandel ohne die Gebrüder Albrecht oder Möbel zum Selberbauen ohne Ingvar Kamprad aus Schweden? Männern wie Steve Jobs und Bill Gates verdanken wir den Personal Computer mit seinen Möglichkeiten, und fast täglich bringt das Internet neue Ideen, neue Pioniere hervor. Jeff Bezos, der »Erfinder« des virtuellen Internet-Kaufhauses Amazon, ist der derzeit bekannteste von ihnen. Nivea und Tesa Film, Coca-Cola und Fast Food, Pizza-Service und Magenbitter, Formel 1 und Tipp-Kick – auch wenn etliche dieser Produkte längst zu anonymen Großkonzernen gehören: Erfunden wurden sie allesamt von Unternehmern. Wegweisende Innovationen verdanken wir fast nie dem Staat, selten den Konzernen, sondern fast immer außergewöhnlichen Unternehmerpersönlichkeiten. Darin liegt der eigentliche Wert der Unternehmer für unser Gemeinwesen.

Noch etwas: Unter den faszinierendsten Unternehmen der Welt befinden sich etliche, die von Unternehmern oder Unternehmerfamilien geprägt werden. Für die Stars der New Economy gilt dies ohnehin: E-Commerce und Biotech sind ohne die Bezos & Co. gar nicht denkbar. Und in der Old Economy? Hier sind es vielfach Unternehmerfamilien, die – nicht selten seit Generationen – dafür sorgen, dass der Name ihrer Familie mit einem der faszinierendsten Unternehmen ihrer Branche verbunden ist. Cargill und Mars aus Amerika, Ahlström aus Finnland, Benetton und Ferrero aus Italien, Bertelsmann, Henkel, Miele, Otto oder Porsche aus Deutschland seien nur beispielhaft genannt. Von Unternehmern oder Familien geführte Unternehmen können besonders sein – und empfinden sich auch so. »Ein Familienunternehmen«, so hat Christiane Underberg es einmal ausgedrückt, »eröffnet Möglichkeiten, aus einer Familientradition und aus der Orientierung an damit verbundenen Werten heraus eine Zukunftsvision zu entwickeln, die ein Beispiel für andere sein kann. (...) Familienunternehmen können und sollten Leuchttürme in der Gesellschaft sein, die Wege in die Zukunft weisen.«

Aber es gibt Unterschiede

Aber ebenso offenkundig sind die Unterschiede. Manche Unternehmer schaffen gigantische Lebenswerke. Zum Beispiel Bill Gates. Vor einiger Zeit stieß ich in einer Zeitschrift auf ein Foto, das eine Gruppe nicht eben unternehmerisch aussehender junger Menschen zeigte. Unterschrieben war die Abbildung mit den Worten: »Würden Sie diesen Leuten Ihr Geld anvertrauen?« Das nahe liegende »Nein« wäre ein großer Fehler gewesen. Das Foto zeigte den jungen Bill Gates und seine Mitstreiter von Microsoft im Jahre 1978 – am Beginn der Unternehmensentwicklung. Kaum mehr als 20 Jahre später war das Unternehmen mit über 30.000 Mitarbeitern, einem Umsatz von etwa 20 Mrd. Dollar und einem Gewinn von fast acht Mrd. Dollar nicht nur eines der größten Unternehmen der Welt. Ende 1999 galten Microsoft als das teuerste Unternehmen und Bill Gates als der reichste Mann der Welt. Etwa ein Drittel der in den »Fortune 500« zusammengefassten größten Unternehmen der USA werden von Unternehmern und Unternehmerfamilien dominiert. Gleiches gilt für zehn der zwölf größten türkischen Unternehmen, und auch in Deutschland sind etliche der Großunternehmen in Unternehmer- oder Familienhand. Namen wie Aldi, Bertelsmann, C&A Brenninkmeyer, Freudenberg, Haniel, Henkel, Heraeus, Lidl & Schwarz, Miele, Merck, Metro, Oetker, Otto, Röchling, SAP, Sixt, Tchibo oder Tengelmann seien an dieser Stelle nur beispielhaft genannt. Auch unter den von Hermann Simon untersuchten »Hidden Champions«, den meist weniger bekannten Weltmarktführern in Nischenmärkten, befinden sich viele eigentümergeprägte Unternehmen.

Nicht jeder ist ein Bill Gates, ein Aldi oder ein Hidden Champion. Ebenso wie es beim Sport nicht nur die Champions League, sondern auch Bundesliga, Regionalliga und weitere Abstufungen bis hin zur Kreisklasse gibt, können Erfolg und Ausstrahlungskraft des Unternehmers von regionaler – nicht selten örtlicher – bis hin zu internationaler Bedeutung reichen. Und wie im Sport gilt auch im Unternehmerleben: Die wenigsten spielen in der ersten Liga. Es gibt nur einen Aldi, ganz wenige Hidden Champions und ganz viel Mittelmaß.

Mehr noch: Die meisten Unternehmer scheitern früher oder später. Ein großer Teil der so hoffnungsvoll gestarteten Unternehmensgründer muss innerhalb der ersten Jahre aufgeben. Andere bauen zwar großartige Unternehmen auf, müssen aber noch zu Lebzeiten das Scheitern ihres Lebenswerkes mit ansehen. Borgward, Korf, Münnemann, Neckermann & Co. – die deutsche Wirtschaftsgeschichte ist reich an ebenso schillernden wie tragischen Unternehmergestalten. Die durchschnittliche Lebensdauer eines familien- oder eigentümergeprägten Unternehmens ist mit etwa 24 Jahren erschreckend kurz. Nicht selten hängt das Scheitern mit dem Generationswechsel zusammen. Im Durchschnitt schaffen es weniger als 20 Prozent der Unternehmen bis zur zweiten, weniger als sieben Prozent überstehen die dritte Generation. Ein Tatbestand, der als Bonmot längst auch den Volksmund erreicht hat: »Der Vater erstellt's, der Sohn erhält's, dem Enkel zerfällt's«, heißt es in Deutschland, »Vom Holzschuh zum

Holzschuh in drei Generationen«, sagt man in den angelsächsischen Ländern, und »Vom Stall zu den Sternen und zurück in den Stall« in Italien.

Dennoch: Ein Naturgesetz ist das Scheitern von eignergeprägten Unternehmen keineswegs. Das Familienunternehmen Miele hat soeben bei bester Gesundheit seinen 100. Geburtstag gefeiert, Henkel ist über 100, Haniel gar mehr als 200 Jahre alt. In Frankreich hat sich eine Organisation gebildet, der überhaupt nur angehören darf, wer auf eine über 200-jährige Tradition als Familienunternehmen zurückblikken kann. Für zwei berühmte italienische Unternehmen kein Problem: Das Weinhaus Antinori wurde 1385, der Waffenhersteller Beretta im Jahre 1526 gegründet. Das älteste Familienunternehmen der Welt kommt aus Japan. Das Hoshi Hotel datiert aus dem 8. Jahrhundert und wird seit mehr als 40 Generationen von der Familie geleitet. Nicht wenigen Unternehmern gelingt es, das von ihnen auf- oder ausgebaute Unternehmen erfolgreich zu übergeben. Auch ist längst nicht alles Scheitern, was von den Gralshütern der Tradition als solches ausgegeben wird. Mancher verkauft auf dem Höhepunkt der Entwicklung und aus freien Stücken – und trifft damit eine unternehmerisch richtige Entscheidung.

Das INTES-Prinzip

Damit sind wir bei einer wichtigen Fragestellung angelangt: Warum schaffen manche Großes und andere nicht? Warum haben einige dauerhaft Erfolg und andere nicht? Was unterscheidet die Erfolgreichen von den weniger Erfolgreichen? Und was macht ihren unternehmerischen Erfolg aus – auch und gerade im Familienunternehmen?

Die Antwort auf diese Fragen gibt das INTES-Prinzip. Es besteht aus fünf Bausteinen, in denen die wichtigsten Erfolgsgeheimnisse der Unternehmer-Champions zusammengefasst sind (siehe Abbildung 1: »Das INTES-Prinzip«). Die Bausteine sind:

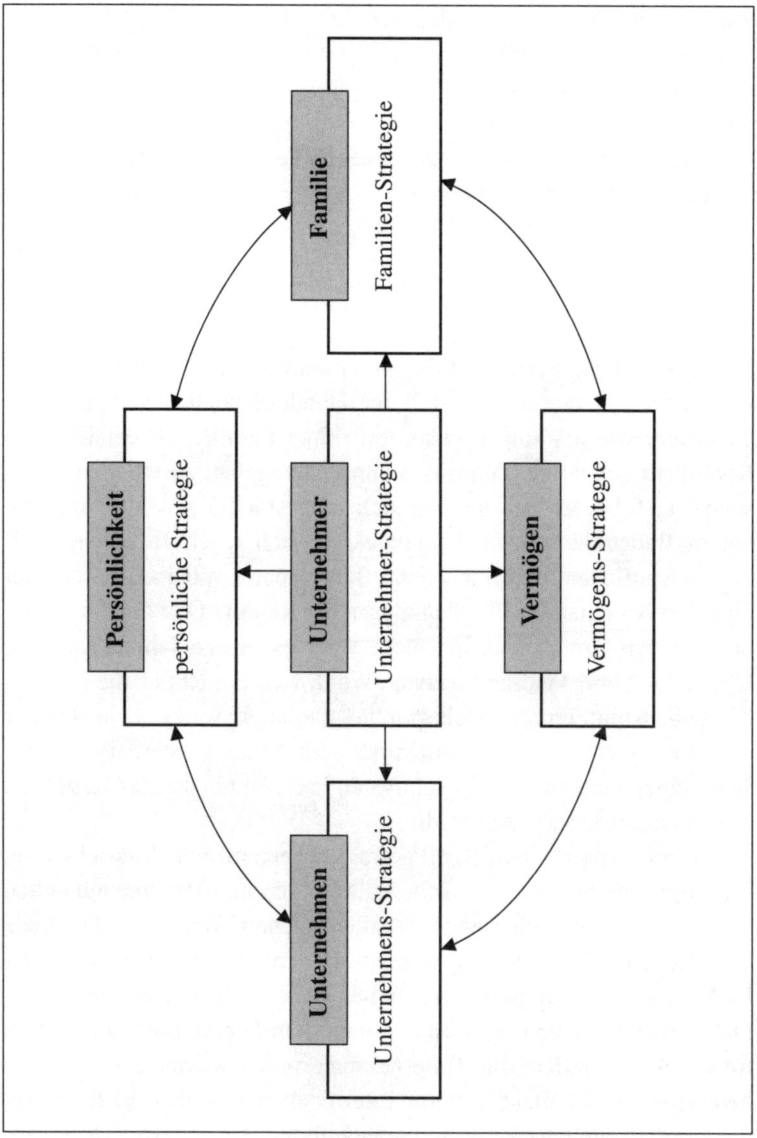

Abbildung 1: »Das INTES-Prinzip«

- die Unternehmens-Strategie,
- die persönliche Strategie,
- die Vermögens-Strategie,
- die Familien-Strategie
- sowie deren Verknüpfung zu einer **INT**egrierten **E**igner-**S**trategie (oder: Unternehmer-Strategie).

Und wie es entstand

Da ich selbst aus einem Familienunternehmen stamme, hatte ich früh Gelegenheit, Unternehmer und ihr Handeln zu beobachten. Mein Großvater war als junger Mann mit seiner Familie aus der Eifel ins Rheinland gekommen, um im Braunkohletagebau zu arbeiten. Doch schon nach kurzer Zeit hatte er sich selbstständig gemacht. Was mit einem Bauchladen begann, entwickelte sich rasch zu einem stattlichen Kaufladen, und nur wenige Jahre später war mein Großvater einer der bedeutenden Großhändler in der Region. Obwohl das Unternehmen erfolgreich war, hat mein Vater es in den Jahren nach der Übernahme vollständig umgebaut. Wohl, weil er nicht an die Zukunft des Lebensmittelgroßhandels glaubte, und auch, weil er kein Händler war, machte er aus dem Unternehmen seines Vaters innerhalb weniger Jahre einen der ersten und wichtigsten Lieferanten des aufstrebenden Lebensmittel-Discounters Aldi.

Warum, so habe ich mich oft gefragt, wagen manche Menschen den Sprung in die Selbstständigkeit, während die meisten eine nur selten wirklich befriedigende Abhängigkeit vorziehen? Warum bleiben viele Unternehmer ihr Leben lang beim Bauchladen oder beim Tante-Emma-Laden, während andere immer weiter vorwärts stürmen? Warum bleiben manche über Generationen dem angestammten Geschäft treu, während andere ihre Unternehmen immer wieder umbauen und neu erfinden? Ich glaube, meine Eltern haben sich über die Reflexionen ihres ältesten Sohnes mitunter gewundert. Denkt so ein Unternehmer? Wirklich verunsichern konnte ich sie nicht. Denn während ich über die Bedingungen unternehmerischen Erfolges nachdachte, grub mein Bruder Thomas – insoweit ganz der Großvater – bereits mit sechs Jahren die Blumen im elterlichen Garten aus, um sie an der nahe gelegenen Dorfstraße für zehn Pfennig das Stück zu verkaufen.

Die Reflexion über unternehmerischen Erfolg hat mich bis heute begleitet. Studienobjekte gab es genug. Als Unternehmersohn gewann ich ebenso leicht Zugang zu anderen Unternehmerkindern, wie ich später als Unternehmer mühelos Zugang zu anderen Unternehmern fand. Der mit meiner juristischen Ausbildung verbundene Hang zur Strukturierung und meine ersten beruflichen Erfahrungen in der auf die Beratung von Familienunternehmen spezialisierten Anwaltskanzlei meines langjährigen Mentors Brun-Hagen Hennerkes vertieften meine Eindrücke. Ich durfte einer großen Zahl von Unternehmern bei der Arbeit zusehen, erfolgreichen und weniger erfolgreichen. Stück für Stück entstand ein Bild, lange bevor sich Passion und Profession miteinander verbanden.

Die wahrscheinlich wichtigsten Erkenntnisse allerdings habe ich durch eigenes Tun erworben. Ende der 80er Jahre wurde mein Vater überraschend krank, und meine bereits im Unternehmen tätigen Brüder trauten sich die Übernahme der Gesamtverantwortung noch nicht zu. So gelangte ich 1990 an die Spitze unseres Familienunternehmens, obwohl ich meinem Vater nur ein Jahr zuvor erklärt hatte, dass ich für die Nachfolge nicht zur Verfügung stünde. Die folgenden sechs Jahre wurden die lehrreichsten meines bisherigen Lebens. Der Umsatz wurde verdoppelt, die Erträge stabilisiert, das Eigenkapital der Unternehmensgruppe wuchs von 30 auf über 100 Mio. DM – kurzum: Die sechs Jahre zwischen 1990 und 1996 zählen rückblikkend zu den erfolgreichsten unserer Unternehmensgeschichte. Und doch war es mir weder gelungen, aus den Erfolgen persönliche Befriedigung zu ziehen, noch die Familie hinter den von mir für richtig gehaltenen Zielen, Werten und Strategien zu versammeln. Damals lernte ich, wie wichtig eine starke Familie mit gemeinsamen Werten und Zielvorstellungen für ein Familienunternehmen ist. Die Erkenntnis: »Familien-Strategie kommt vor Unternehmens-Strategie«, wurde in diesen Jahren geboren und durchzieht meine seitherige Arbeit wie ein roter Faden. Als ich das Unternehmen Ende 1996 verließ, um fortan meiner Berufung zu folgen, war ich um vieles reicher – um Siege und Niederlagen, vor allem aber um aus eigener Erfahrung gewonnene Erkenntnisse.

Die Jahre im eigenen Unternehmen hatten noch einen weiteren positiven Aspekt. Da die May-Gruppe unverändert zu den bedeutenden Aldi-Lieferanten gehörte, hatte ich das Glück, dieses außergewöhnliche Unternehmen – richtiger sollte ich sagen: diese außergewöhnlichen Unternehmen – aus nächster Nähe erleben und studieren zu können. Aldi, vor allem Aldi Süd, ist eines der besten Unternehmen, das ich kenne. Ich hoffe, das wird so bleiben. Ich jedenfalls bin Aldi zu Dank verpflichtet, nicht nur, weil die Zusammenarbeit entgegen einiger unausrottbarer Vorurteile stets fair, partnerschaftlich und für beide Seiten nutzbringend war. Ich habe von Aldi viel gelernt, und manche der hier vertretenen Erkenntnisse sind aus der Zusammenarbeit mit diesem Unternehmen entstanden.

Gelernt habe ich auch von der Theorie. Noch während meiner Zeit als Unternehmer hatte ich das Glück, den Schweizer Hochschullehrer Cuno Pümpin kennen zu lernen, der sich damals wissenschaftlich mit der von ihm so genannten Eignerstrategie beschäftigte. Auch wenn Cuno Pümpins Ansatz ein eher vermögensstrategischer und damit engerer war, habe ich aus den freundschaftlichen Disputen mit ihm und aus den von ihm initiierten Dissertationen wichtige Anregungen bezogen. Anregungen theoretischer Art verdanke ich schließlich auch den führenden Vertretern der angelsächsischen Forschung zum Thema »Family Business« – in Deutschland und Zentraleuropa ist das Familienunternehmen als eigenes Forschungsfeld bis heute nur unzureichend erfasst. Nennen möchte ich an dieser Stelle David Bork, John Davis und vor allem John Ward.

Der erste Baustein: Die Unternehmer-Strategie

Der erste Baustein: Die Unternehmer-Strategie

Unternehmer-Strategie ist mehr als Unternehmens-Strategie

Wenn wir über die Bedingungen unternehmerischen Erfolges sprechen, ist unser Blick allzu oft auf das Unternehmen verengt. Gewiss, unternehmerischer Erfolg manifestiert sich in erster Linie im Unternehmen – andernfalls ließe sich kaum zu Recht von unternehmerischem Erfolg sprechen. Zutreffend ist auch, dass er sich nur einstellen kann, wenn auf der Ebene des Unternehmens die richtigen Dinge getan werden. Zu ermitteln, was erfolgreiche Unternehmer in ihren Unternehmen tun, vor allem, was sie anders tun als es gängiger Lehre oder dem Verhalten der Durchschnittsunternehmer entspricht, ist deshalb für das Verständnis unternehmerischen Erfolges unverzichtbar.

Ausreichend ist es nicht. Wer sich mit unternehmerischen Erfolgsstorys beschäftigt, gelangt rasch zu der Erkenntnis, dass zum Erfolg mehr gehört als die richtigen unternehmerischen Konzepte und deren konsequente Umsetzung. Eigentümergeprägte Unternehmen scheitern auch eher selten oder nur vordergründig an Fehlern, die im Unternehmen gemacht werden. So wie es in der menschlichen Heilkunde wichtig ist, zwischen Symptomen und ihren Ursachen zu differenzieren, kommt es im Umgang mit Unternehmen, Familienunternehmen zumal, darauf an, nicht nur das Problem, sondern auch dessen Wurzeln zu erkennen. Wer wirklich helfen will, darf sich nicht mit dem Kurieren der Symptome begnügen. Er muss die Ursachen der Fehlentwicklung beseitigen und dem Organismus helfen, sein Gleichgewicht zurückzugewinnen. Und die Wurzeln der Probleme eigentümergeprägter Unternehmen liegen selten im Unternehmen. Sie liegen beim Unternehmer selbst, seiner Vermögenssituation oder in der Unternehmerfamilie. Dass die wirklich großen Unternehmer genau dies erkennen und – wenn auch oft unbewusst und »aus dem

Bauch heraus« – weit über ihr Unternehmen hinausdenken, ist eine erste wichtige Lektion auf dem Weg zu unternehmerischer Exzellenz.

Mehr noch: Wer sich dieser Erkenntnis verschließt und Probleme allein auf der Ebene des Unternehmens zu lösen versucht, wird auf Dauer als Unternehmer nicht überleben. Genau hier liegt auch das Dilemma der klassischen Unternehmensberatung bei der Arbeit mit eigentümergeprägten Unternehmen. Wer nur das Unternehmen im Blick hat, greift mit seinem Beratungsansatz zwangsläufig zu kurz. Um die Arbeit mit eigentümergeprägten Unternehmen effektiv zu gestalten, ist es deshalb wichtig, die Unternehmens- um eine übergeordnete Unternehmer-Beratung zu ergänzen.

Ich möchte diesen Ansatz, der sich plakativ am ehesten mit den Worten: »Unternehmer-Strategie ist mehr als Unternehmens-Strategie«, zusammenfassen lässt, an einigen Beispielen verdeutlichen.

Die Person des Unternehmers

Ein typischer Gründerunternehmer hatte innerhalb von nur 20 Jahren aus dem Nichts ein beachtliches Unternehmen aufgebaut. Etwa 1990 begann das Unternehmen zu stagnieren, wenige Jahre später waren erste Anzeichen einer Krise nicht mehr zu übersehen. Die Analyse brachte es an den Tag: Die Krise des Unternehmens war eine Krise des Unternehmers. Das Unternehmen war ihm, einem Macher von echtem Schrot und Korn, über den Kopf gewachsen. Er hatte die Übersicht verloren. Nachdem die Ursache des Problems gefunden war, fiel die Lösung nicht mehr schwer. In intensiven Gesprächen gelang es, den Unternehmer davon zu überzeugen, die operative Führung in die Hände eines eher strategisch und strukturell denkenden Nachfolgers zu legen. Innerhalb kurzer Zeit war die Krise überwunden. Das Unternehmen kehrte auf den Wachstumspfad zurück. Der Unternehmer selbst hat sich in den Aufsichtsrat zurückgezogen und ein neues kleines Unternehmen gegründet. Erneut war die Persönlichkeit des Unternehmers zum entscheidenden Faktor für die Unternehmensentwicklung geworden. Nur weil er über menschliche Größe und Souveränität verfügte, konnte er den Weg frei machen und das Unternehmen von einem Menschen führen lassen, dessen Fähigkeiten und Rollenverständnis der geänderten Unternehmenssituation besser entsprachen.

Diese Entscheidung war keine Niederlage. Im Gegenteil: Es war eine durch und durch unternehmerische Entscheidung. Es ist an der Zeit, dass wir mit der in den Nachkriegsjahren geprägten Vorstellung aufräumen, wonach nur Macher, die ihre Unternehmen im John-Wayne-Stil führen, gute oder richtige Unternehmer seien. Oder widersprechen Sie mir, wenn ich Reinhard Mohn als einen der bedeutendsten Unternehmer der letzten Jahrzehnte bezeichne? Seine Leistung besteht darin, dem Unternehmen Bertelsmann zukunftsweisende Strukturen verordnet und mit Mark Woessner & Co. exzellente Unternehmensführer an das Unternehmen gebunden zu haben.

Dass die Wirklichkeit nicht immer so glücklich verläuft wie in unserem Eingangsbeispiel, möge ein weiterer Fall aus der Praxis verdeutlichen. Auch dieser Unternehmer hatte in den Nachkriegsjahren ein weithin geachtetes, typisch mittelständisches Unternehmen aufgebaut. Nun, über 70-jährig, war er krank und nicht mehr in der Lage, dem Unternehmen in einem zunehmend schwierigeren Umfeld die nötigen Impulse zu geben. Doch war er nicht bereit, sein Lebenswerk in jüngere Hände zu legen. Es fehlte ihm die Einsicht und das Vertrauen, dass ein anderer das von ihm geschaffene Unternehmen erfolgreich führen könne. Als sich die Krise verschärfte, wurde das Unternehmen auf Druck von außen verkauft.

So gegensätzlich die Beispiele auch erscheinen mögen: Ich denke, sie machen hinreichend deutlich, wie eng unternehmerischer Erfolg mit der Person des Unternehmers verknüpft ist. Er gibt dem Unternehmen das Gepräge, das Unternehmen ist sein Spiegelbild. Manchem mag diese Erkenntnis banal vorkommen. Aber warum handeln dann nicht mehr Unternehmer danach? Persönlichkeitsentwicklung ist für viele ein Fremd-, für manche gar ein Schimpfwort, und mit kaum einer endlichen Ressource geht der Durchschnittsunternehmer so sorglos um wie mit seiner Gesundheit. Jeder Unternehmer hat eine Unternehmens-Strategie. Aber wie viele haben eine Strategie für die eigene Person? Dabei ist der Schluss aus den dargestellten Beispielen ebenso einfach wie zwingend: Nur wer der eigenen Person annähernd die gleiche Aufmerksamkeit widmet wie seinem Unternehmen, wird als Unternehmer auf Dauer Erfolg haben.

Das Vermögen des Unternehmers

Ähnlich verhält es sich mit dem Vermögen des Unternehmers, wie unser nächstes Beispiel zeigt. Der Fall beinhaltet eine der klassischen Problemstellungen im Familienunternehmen. Der über 70-jährige Senior wollte nicht zurücktreten, obwohl ein fähiger Nachfolger bereitstand. Die Situation hatte sich krisenhaft zugespitzt. Der Nachfolger, inzwischen selbst über 40 Jahre alt, drohte damit, das Unternehmen zu verlassen. Eine Konsequenz, die unbedingt vermieden werden sollte, weil man befürchtete, das Unternehmen werde sonst in den nächsten Jahren zu Grunde gehen. Die Situation war vertrackt, weil die üblichen Erklärungsmuster für das starre Festhalten am Chefsessel versagten. Bis sich eher zufällig der wahre Grund des Problems fand. »Wovon soll ich leben, wenn ich nicht mehr Geschäftsführer der Firma bin?«, fragte der Senior fast beiläufig. Ein Leben lang hatte er alles Geld in sein Unternehmen gesteckt und stets nur so viel entnommen, wie zur Lebensführung benötigt wurde. Privatvermögen, aus dem der Lebensabend für ihn und seine Frau hätte bestritten werden können, war nicht vorhanden. Und auf die jährliche Dividende wollte er sich nicht verlassen. »Wer weiß, ob der Junior das Unternehmen in den schwarzen Zahlen halten und die Zahlungen garantieren kann?«, wandte er ein. Nun – das Problem konnte gelöst werden. Unverzichtbar für die Lösung war jedoch die Erkenntnis, dass ein Problem aus der Vermögenssphäre des Unternehmers von Bedeutung für eine unternehmerische Entscheidung – die überfällige Wachablösung an der

Unternehmensspitze – und damit für den künftigen Unternehmenserfolg werden konnte.

In einer anderen Konstellation tritt dieser Zusammenhang vielleicht noch deutlicher zu Tage. Ich wage an dieser Stelle einmal die Behauptung, die deutschen Familienunternehmen hätten nicht so viele Gesellschafter, wenn die Vermögensstruktur der Unternehmer ausgewogener wäre. Eine Behauptung mit weit reichenden Konsequenzen, wenn man bedenkt, dass die allmähliche Zersplitterung der Beteiligung in der Generationenfolge zu den häufigsten Ursachen für das Scheitern von Familienunternehmen gehört. Zurück zur These. Irgendwann steht jeder Unternehmer vor der Frage: Wem soll er das Unternehmen übertragen? Wen zu seinem Nachfolger machen? Schon schlagen zwei Herzen in seiner Brust. Als Unternehmer mag er – nicht zuletzt aus eigener Erfahrung – überzeugt sein, dass nur eines seiner Kinder die Nachfolge antreten sollte. »Auf jedem Misthaufen kann es nur einen Gockel geben«, hat dies der Unternehmer Ernst Freiberger einmal umschrieben. »Mehrere Köche verderben den Brei«, sagt der Volksmund und meint das Gleiche. Als Vater aber möchte er alle seine Kinder gleich behandeln, niemanden bevorzugen, und eine Bevorzugung ist die Bestellung zum Unternehmenserben jedenfalls dann, wenn ausreichend anderes Vermögen zum Ausgleich nicht zur Verfügung steht. So übertragen die meisten Unternehmer ihr Unternehmen annähernd gleichmäßig auf ihre Kinder – gegen besseres Wissen und mit häufig fatalen Langzeitfolgen für das Unternehmen.

Wie das nächste Beispiel zeigt. Jahrzehntelang konnte die mit 30 Prozent am Unternehmen beteiligte Schwester des Geschäftsführenden Gesellschafters damit rechnen, aus der jährlichen Dividende ihren durchaus großzügigen Lebensstil zu finanzieren. Mit dem Tod des Bruders änderte sich das schlagartig. Der Junior hatte ehrgeizige Pläne für das Unternehmen und dafür, so erklärte er seiner Tante, werde alles Geld gebraucht. Langfristig sei das auch in ihrem Interesse, denn schließlich werde das Unternehmen durch die Expansion mehr wert. Die Tante hatte für die fehlenden Ausschüttungen wenig Verständnis. Nachdem verschiedene Versuche, den Neffen umzustimmen, fehlgeschlagen waren, engagierte sie einen Rechtsanwalt, der sich seinen Ruf durch die Vertretung »lästiger Gesellschafter« erworben hatte. In der Folge litt zunächst das familiäre Verhältnis, dann auch das Unternehmen, weil der Junior zunehmend durch Auskunftsersuchen, Sonderprüfungen, Anfechtungsklagen und andere Rechtsstreitigkeiten in Anspruch genommen wurde. Manchem Leser wird diese Situation vertraut vorkommen. Aber haben Sie schon einmal ernsthaft darüber nachgedacht, dass derartige Probleme in nicht unerheblichem Umfang mit der Vermögenssituation der Beteiligten zu tun haben könnten?

Ich denke, es ist deutlich geworden, auf welch unterschiedliche Weise das Vermögen des Unternehmers (resp. der Unternehmerfamilie) Einfluss auf den Unternehmenserfolg nehmen kann. Eine Vernachlässigung der Vermögensposition verengt Handlungsoptionen und erzeugt Konfliktfelder, die – jedenfalls langfristig – das Unternehmen gefährden können. Mehr noch: Eine amerikanische Studie hat herausgefunden, dass Unternehmer, die über ausreichend freies, d.h. nicht unternehmerisch gebundenes Vermögen verfügen, im Durchschnitt erfolgreicher sind als ihre Kollegen ohne Privatvermögen. Für deutsche Ohren muss diese Aussage überraschend klingen. Immerhin glauben viele Unternehmer in Deutschland immer noch, ihr Geld sei am besten ausschließlich im eigenen Unternehmen angelegt. Eine Position, die überdacht werden muss. Eines aber sollte in jedem Fall klar geworden sein: Ohne eine auf die unternehmerischen und persönlichen Ziele des Unternehmers abgestimmte Vermögens-Strategie ist unternehmerischer Erfolg auf Dauer nicht zu haben.

Die Unternehmer-Familie

In Unternehmen, die nicht von einem oder mehreren Unternehmern, sondern – wie in der Generationenfolge nicht selten – von einer Unternehmerfamilie geprägt werden, kommt ein weiterer Aspekt hinzu – die Unternehmerfamilie. Ihre Rolle ist keineswegs eindeutig. Oft genug gilt sie als Kraftquell des Unternehmens. »Nur der Zusammenhalt der Familie hat das Unternehmen Henkel zu dem werden lassen, was es heute ist,« hat Konrad Henkel, die verstorbene Leitfigur des Düsseldorfer Familienunternehmens, einmal gesagt. Nicht selten aber ist es eben diese Familie, die das Unternehmen in tiefe Krisen stürzt. »Wenn das Familienunternehmen etwas zu fürchten hat, so wohl am ehesten sich selbst bzw. die Unternehmer und die Familien, die dahinter stehen,« schreibt der langjährige persönlich haftende Gesellschafter der Wuppertaler Vorwerk-Gruppe, Jörg Mittelsten Scheid. Die in der Regenbogenpresse so gerne aufgegriffenen Kabalen namhafter Unternehmerfamilien wie Bahlsen, Faßbender (Arag), Herz (Tchibo), Mülhens (4711) oder Voith scheinen ihm ebenso Recht zu geben wie die Vielzahl der weniger öffentlichkeitswirksamen Streitigkeiten in nicht ganz so exponierten Unternehmerfamilien. Dass es dabei nicht weniger spektakulär zugehen muss, zeigt das Beispiel einer Spedition aus dem Württembergischen, über das die »Wirtschaftswoche« vor einigen Jahren berichtete. Dort war der männliche Nachfolgekandidat, weil er die Dominanz der mit ihm konkurrierenden Schwester nicht länger ertrug, eines Nachts in deren Büro eingedrungen und hatte das Mobiliar mit einer Motorsäge zu Kleinholz verarbeitet. Den Nagel auf den Kopf getroffen hat Peter Zinkann, einer der beiden langjährigen Geschäftsführenden Gesellschafter des Gütersloher Traditionsunternehmens Miele, wenn er feststellt: »Familienunternehmen haben einen ganz großen Vorteil und einen ganz großen Nachteil, und beides ist die Familie. Eine Familie in Frieden ist das Beste, was es für eine Firma geben kann, eine Familie in Unfrieden das Schlimmste.«

Nirgendwo tritt der Zusammenhang mit dem Unternehmenserfolg so offen zu Tage, wenig ist so umfassend untersucht worden wie die Rolle der Familie im Familienunternehmen. Längst ist klar: Streitigkeiten zwischen Gesellschaftern kreisen oft nur vordergründig um unternehmerische Themen. Meist ist das Unternehmen lediglich das Spielfeld, auf dem die Unternehmerfamilie ihr familiäres Monopoly um Geld, Macht und Liebe austrägt. Generationenkonflikte, Geschwisterrivalitäten sowie die Konflikte zwischen tätigen und nichttätigen Gesellschaftern haben nie nur mit dem Unternehmen zu tun. Es geht für alle Beteiligten auch darum, den angemessenen Platz im Familiensystem zu finden und zu behaupten. Dies umso mehr, je stärker sich die Familie über ihr Unternehmen definiert und die familiäre durch die unternehmerische Rolle determiniert ist. Es müsste längst klar geworden sein: Wer ein Familienunternehmen managen will, muss das Unternehmen und die Familie managen.

Ungeachtet dessen schenken deutsche Unternehmer dem Management der Familie bislang wenig Aufmerksamkeit. Sie sehen in der Familie einen potenziellen, nur schwer berechenbaren Konfliktherd und handeln lieber nach dem Motto: »Konflikte hat man nicht, Konflikte macht man sich, vor allem, indem man darüber redet.« Bei manchen, zumal älteren Unternehmer-Patriarchen, mögen auch Reste preußischen Oktroy-Denkens mitschwingen. Wer aber glaubt, Konflikte ließen sich durch von oben verordnete Rechtsnormen in Gesellschafts- oder Pool-Verträgen regeln, ist auf dem Holzweg. Durch Verdrängen und Verordnen können Konflikte nicht vermieden werden. Ein solches Verhalten trägt bestenfalls zu zähneknirschender Unterwerfung bei, die nur so lange vorhält, bis der »Druck im Kessel« groß genug ist oder die Machtverhältnisse so weit verändert sind, dass die von oben verordneten Regeln gesprengt werden können. Notfalls auch mit fremder Hilfe. Die dann einsetzenden Rechtsstreitigkeiten haben schon manchen Anwalt reich und manches Familienunternehmen arm gemacht.

Ich habe in meiner langjährigen Erfahrung mit Familienunternehmen eine interessante Erkenntnis gewonnen. Gescheitert sind in der Regel nicht diejenigen, die familiäre Themen ernst nahmen und Konflikte zuließen. Gescheitert sind vielmehr diejenigen, die zuließen, dass der Kreis der Gesellschafter von Generation zu Generation größer wurde, ohne dass Antworten auf die folgenden Fragen gesucht worden wären: Wie sollen die wirtschaftlichen Belange des größer gewordenen Gesellschafterkreises angemessen befriedigt werden? Wie kann es gelingen, sie für das gemeinsame Unternehmen, seine Ziele und Werte und für die daraus resultierenden Einschränkungen ihrer persönlichen Bedürfnisse zu gewinnen? Namhafte Unternehmen wie Cargill, Ahlström, Puig, Haniel, Henkel, Heraeus oder Pfeifer & Langen machen deutlich, dass es mit einer immer wieder angepassten und gelebten Familien-Strategie durchaus möglich ist, auch große und verzweigte Familien dauerhaft für die Idee eines gemeinsamen Familienunternehmens zu begeistern.

Aber wir sollten nicht übersehen, dass dahinter harte Arbeit steckt. Getreu dem Leitsatz, mit dem John Ward sein Standardwerk »Keeping the family business healthy« beginnt: »Keeping a family business alive is perhaps the toughest management job on earth (Ein Familienunternehmen am Leben zu halten, ist vielleicht der härteste Management-Job auf Erden).« Es ist ein Irrglaube anzunehmen, das Unternehmen könne die Familie auf Dauer zusammenhalten. Es ist die Familie, die das Unternehmen tragen muss. Nur eine starke Unternehmerfamilie kann dies leisten. Dafür braucht es Zeit, Offenheit und eine funktionierende Streitkultur. Nicht Unterwerfung, sondern Konsens im Grundsätzlichen, nicht Einebnung, sondern Verständnis für verbleibende Unterschiede, lautet das Ziel. Es wird Zeit, dass die Unternehmer und ihre Familien entsprechend handeln. Dass sie dem Management der Familie endlich den gleichen Stellenwert einräumen wie dem Management des Unternehmens. Und dass sie neben einer Unternehmens-, einer persönlichen und einer Vermögens-Strategie auch und zuvörderst eine Familien-Strategie erarbeiten und leben.

Mehr noch: Familien-Strategie kommt vor Unternehmens-Strategie! Denn in der Familie werden die Leitplanken bestimmt, innerhalb derer sich die Unternehmensführung in einem Familienunternehmen bewegen kann. Erst wenn feststeht, wie die Familie sich zu so wichtigen Fragen stellt wie: »Wer soll das Unternehmen führen?«, oder: »Wie viel Gewinn darf im Unternehmen verbleiben?«, kann die Unternehmensführung handeln. Dies vergessen oder übersehen zu haben, hat schon viele familienfremde Manager den Kopf und manchen Geschäftsführenden Gesellschafter den Schlaf gekostet. Die meisten Konflikte entstehen freilich, weil eine Strategie der Familie den Unternehmensführern nicht bekannt oder – schlimmer noch –, weil sie schlicht nicht vorhanden ist. Dann handelt jeder, wie er es für richtig hält, und das heißt selten: in eine Richtung.

In der Praxis bleibt dann häufig nur noch die Trennung, wie die von den Bahlsen-Brüdern 1999 vollzogene Realteilung zeigt. Aus isoliert unternehmensstrategischer Sicht vermochte sie vielleicht nicht zu überzeugen. Unter Einbeziehung familienstrategischer Überlegungen hingegen machte sie durchaus Sinn. Denn zwei kleine, gemessen an ihren Ressourcen zugegeben schwächere Unternehmen sind allemal stärker als ein großes, dessen Protagonisten sich nicht über den gemeinsamen Kurs verständigen können. Ähnliches mag für Pott-Racke-Dujardin gelten, wo Vater und Sohn sich nicht über eine gemeinsame Zukunft des Unternehmens einigen und am Ende auch persönlich so wenig miteinander konnten, dass Marcus Moller-Racke seinen Vater und mit ihm etwa die Hälfte der Gesellschafter auskaufen musste. Ebenso wie Emil Underberg, der sich bereits zu Anfang seiner Karriere von Mutter und Vetter trennte. Dass eine Trennung auch das Ergebnis eines familienstrategischen Konsenses sein kann, habe ich selbst am eigenen Leib erfahren dürfen. Als vorbildlich dürfen auch hier die Brüder Albrecht gelten. So antwortete Dieter Brandes, langjähriger Aldi-Manager und Autor eines Bestsellers über die Erfolgsgeheimnisse des Discounters, in einem Seminar auf die Frage, was die wichtigste strategische Entscheidung der beiden Brüder gewesen sei, sinngemäß: »Ihre wohl größte strategische Tat war ihre frühzeitige Trennung. So konnten Karl und Theo Albrecht jeder für sich ihre Vorstellung vom optimalen Discount-Unternehmen umsetzen, ohne ein Leben lang über den richtigen Weg miteinander streiten zu müssen.«

So erarbeiten Sie Ihre persönliche Unternehmer-Strategie

An dieser Stelle werde ich häufig gefragt: »Ich habe zwar verstanden, dass ich eine Unternehmer-Strategie benötige. Aber wie gehe ich dabei vor?« Die Antwort auf diese Frage ist verblüffend einfach. Als Unternehmer sind Sie durchaus gewohnt, eine Strategie für Ihr Unternehmen zu erarbeiten und umzusetzen. Warum zögern Sie, die gewohnte Vorgehensweise auf die Erstellung Ihrer persönlichen Strategie, Ihrer Vermögens- und Ihrer Familien-Strategie zu übertragen? Im Klartext (vgl. dazu auch Abbildung 2: »Vorgehensweise bei der Erarbeitung einer Unternehmer-Strategie«):

- Am Anfang jeder Strategie-Erarbeitung steht eine Bestandsaufnahme. Jeder Unternehmer ist von Gesetzes wegen verpflichtet, zumindest einmal jährlich Bilanz zu ziehen und Rechenschaft abzulegen über den Erfolg oder Misserfolg der zurückliegenden Periode. Auch wenn die moderne Betriebswirtschaftslehre inzwischen eine ganze Reihe zusätzlicher, weitaus artifiziellerer Analysemethoden entwikkelt hat, ist und bleibt die Bilanz das klassische Instrument der Erfolgsmessung. Ebenso wie Sie eine Bilanz für Ihr Unternehmen erstellen, können Sie auch Ihre persönliche Situation, Ihr Vermögen und den Zustand Ihrer Familie bilanzieren.
- Ist die Bestandsaufnahme abgeschlossen, werden die Ziele festgelegt, die in der Planungsperiode erreicht werden sollen,
- sodann die Art und Weise, wie das Ziel erreicht werden soll. Dieser Weg zum Ziel wird auch Strategie im engeren Sinne genannt.
- Auf dieser Basis erfolgt die Umsetzung der Strategie, in der Fachsprache operatives Management genannt.
- Schließlich gilt es, in regelmäßigen Abständen eine Kontrolle der Fortschritte vorzunehmen. Die Ergebnisse dieser erneuten Bestandsaufnahmen (Bilanzen) dienen dazu, die richtigen Konsequenzen zu ziehen. Im günstigsten Fall heißt es: Weiter so. Andernfalls müssen mehr oder weniger starke Korrekturen an den einzelnen Elementen der Strategie oder bei der Umsetzung vorgenommen werden.

Einzelheiten werde ich bei den jeweiligen Bausteinen darstellen. Eines aber muss bereits an dieser Stelle erwähnt werden. Die isolierte Erarbeitung einer Unternehmens-Strategie, einer persönlichen Strategie, einer Vermögens- und einer Familien-Strategie macht noch keine Unternehmer-Strategie. Denn das Ganze ist bekanntlich mehr als die

	Unter-nehmen	**Person**	**Vermögen**	**Familie**
Bestands-aufnahme	Unter-nehmens-Bilanz	Persönliche Bilanz	Vermögens-Bilanz	Familien-Bilanz
Ziele festlegen	Unter-nehmens-Ziele	Persönliche Ziele	Vermögens-Ziele	Familien-Ziele
Weg zum Ziel festlegen (Strategie i.e.S.)	Unterneh-mens-Strategie	Persönliche Strategie	Vermögens-Strategie	Familien-Strategie
Umsetzung	Operatives Unter-nehmens-Management	Operatives Management der Person	Operatives Vermögens-Management	Operatives Familien-Management
Kontrolle	Unter-nehmens-Bilanz	Persönliche Bilanz	Vermögens-Bilanz	Familien-Bilanz

Abbildung 2: »Vorgehensweise bei der Erarbeitung einer Unternehmer-Strategie«

Summe seiner Teile. Erst durch die Verknüpfung der einzelnen Bausteine wird aus einem Steinhaufen ein Bauwerk. Die jeweiligen Strategien mögen für sich genommen spannend und aufschlussreich sein. Durch die Verknüpfung der bei ihrer Erarbeitung gewonnenen Erkenntnisse unter einem gemeinsamen Leitgedanken werden sie zu etwas gänzlich Neuem – zu einer gesamthaften Strategie für den Unternehmer. Es ist daher unverzichtbar, stets alle vier Aspekte der Unternehmer-Strategie im Blick zu behalten und sich bei jeder Überlegung und bei jeder Maßnahme aufs Neue zu fragen, welche Auswirkungen sie auf die anderen Bausteine der Unternehmer-Strategie haben mögen. Insbesondere beim Auftreten von Problemen ist es wichtig, deren wirkliche Ursachen zu erforschen, um nicht an falscher Stelle anzusetzen und bei dem letztlich nicht erfolgreichen Kurieren von Symptomen stecken zu bleiben.

Solches Arbeiten erfordert einen interdisziplinären Ansatz. Um den einzelnen Aspekten gerecht werden zu können, bedarf es ausreichender Kenntnisse über Unternehmens-Strategien und Unternehmens-Strukturen, über Gesundheit und Persönlichkeitsentwicklung, über Vermögen und dessen Strukturierung sowie über die Familie und ihre Dynamik. Vor allem aber bedarf es des Generalisten, des Spezialisten für die Ganzheit, der, einem Hausarzt oder Architekten gleich, in der Lage ist, die verschiedenen Fachkompetenzen zu bündeln und ihnen eine einheitliche Richtung zu geben. Im Idealfall kann dies der Unternehmer selbst sein. Aber ebenso wie in Ihrem Unternehmen sollten Sie sich auch bei den übrigen Aspekten der Unternehmer-Strategie nicht scheuen, im Bedarfsfall ergänzende Kompetenz von außen heranzuziehen.

Alles hat seinen Preis

Mancher wird nun einwenden wollen: »Macht das nicht zu viel Arbeit? Schließlich habe ich mit meinem Unternehmen schon genug zu tun.« Ich möchte hierauf mit John Ward antworten, der in seinem bereits erwähnten Buch den »Value of planning« wie folgt umschreibt: »Of course, it is possible for businesses to survive without these revolutions, and without planning. (….) But that approach leaves a lot of luck, and luck is much less likely to work in the future. (Natürlich können Unternehmen auch ohne derartige Revolutionen und ohne Planung überleben. (…) Aber dafür braucht es eine Menge Glück, und Glück wird in Zukunft immer unwahrscheinlicher.)«

Alles im Leben hat seinen Preis. Jede Entscheidung, die wir treffen. Alles, was wir tun. Aber auch alles, was wir nicht tun. »Tu, was du willst, sagte Gott, und zahle dafür,« heißt ein altes Sprichwort. Der Preis der Unternehmer-Strategie ist Zeit und Mühe. Ihr Lohn besteht in Erkenntnis, Commitment und der Chance, ein außergewöhnlicher Unternehmer zu werden.

Ist unternehmerischer Erfolg messbar?

Was aber macht unternehmerischen Erfolg aus? Wann ist ein Unternehmer erfolgreich? Eine Frage, die notwendig beantwortet werden muss, bevor wir uns auf die Suche nach Gemeinsamkeiten, gar Gesetzmäßigkeiten in den Verhaltensweisen erfolgreicher Unternehmer machen können.

Wir können es drehen und wenden, wie wir wollen: Die einzig wahrhaftige Messlatte für unternehmerischen Erfolg ist der Wert des vom Unternehmer Geschaffenen. Dabei spielt es zunächst keine Rolle, ob der Unternehmer »alle Eier in einen Korb« legt und seine unternehmerischen Aktivitäten in einem Unternehmen bündelt, oder ob er einen stärker diversifizierenden Ansatz verfolgt. Denn aus Unternehmersicht ist nicht nur der Unternehmenswert, sondern der Gesamtwert des vom Unternehmer geschaffenen Vermögens maßgeblich. Spätestens seit Warren Buffet dürfte klar sein, dass auch die Zusammenfassung verschiedener Unternehmensbeteiligungen einem unternehmerischen Konzept folgen kann. Ob dieser Typus des Finanzunternehmers gar ein prägender Unternehmertypus des 21. Jahrhunderts wird, wie manche glauben, bleibt abzuwarten. Aber es kommt nicht von ungefähr, dass Unternehmer wie Otto Happel (GEA) oder die Familien Viehof (Allkauf) und Kriegbaum ihre durchaus erfolgreichen Industrie- oder Handelsunternehmen verkauft und mit dem Verkaufserlös neue Finanzunternehmen gegründet haben. Warren Buffet ist auf diese Weise zu einem der reichsten Männer der Welt aufgestiegen, der Schweizer Martin Ebner ist einer der reichsten Europäer. Andere, wie Werner K. Rey oder Willi Leibrandt, sind grandios gescheitert. Die Maßeinheit ist für alle gleich und leicht nachzuvollziehen: Es ist der Geldwert des vom Unternehmer Geschaffenen.

Vielen Unternehmern erscheint die Erfolgsmessung anhand nackter Zahlen zu unbarmherzig. Sie wollen weitere Faktoren, etwa den Erhalt von Arbeitsplätzen, die Wohlstandsmehrung für die Heimatregion, den Erhalt der unternehmerischen Unabhängigkeit oder den Fortbestand als Familienunternehmen in die Erfolgsbilanz einbeziehen. Zu Unrecht, wie ich meine. Zwar steht es dem Unternehmer frei, neben unmittelbar unternehmerischen auch andere Ziele zu verwirklichen. Er mag sich entscheiden, ein guter Ehemann, ein guter Vater, ein guter Arbeitgeber oder ein guter Interessenwalter seiner Heimatregion zu sein. Auf diese Weise mag er nach seinen Maßstäben zu einem guten und erfolgreichen Menschen werden. Zu einem erfolgreichen Unternehmer macht ihn das nur dann, wenn die Verfolgung der genannten Ziele sich auch in einer Wertsteigerung ausdrückt. Aus Sicht des Unternehmens ist der Erhalt unternehmerischer Unabhängigkeit oder der Fortbestand des Unternehmens als Familienunternehmen kein Wert an sich. Nach einer empirischen Untersuchung des Amerikaners John Ward befanden sich von 200 im Jahre 1924 erfolgreichen Familienunternehmen 60 Jahre später immerhin noch 13 Prozent in Familienbesitz, doch nur ganze drei Prozent wuchsen noch. Wer würde ernsthaft auf die Idee kommen, die Chefs der übrigen zehn Prozent als erfolgreiche Unternehmer zu bezeichnen, nur weil es ihnen gelungen ist, das Unternehmen in der Familie zu halten?

Erfolgreiche Unternehmer können gigantische Werte schaffen. Unter den reichsten Männern und Frauen rangieren die Unternehmer weit vorne, nicht selten vor den Vertretern des Hochadels und trotz aller Akzentverschiebungen in den letzten Jahren immer noch vor den angestellten Managern der großen Konzerne, und auch vor den immer besser dotierten Stars der Unterhaltungsindustrie sind sie platziert. Die von Zeitschriften wie »Bilanz« oder »manager magazin« alljährlich veröffentlichten Aufstellungen der reichsten Menschen lesen sich wie ein »Who is Who« der erfolgreichsten Unternehmer. Betrachten wir also im Folgenden das strategische Verhalten der nach diesen Maßstäben besonders erfolgreichen Unternehmer. Was können wir von den Champions lernen?

Der zweite Baustein: Die Unternehmens-Strategie

Der zweite Baustein: Die Unternehmens-Strategie

Erfolgreiche Unternehmer machen vieles anders

Schon als ich begann, das Verhalten der Erfolgsunternehmer in ihren Unternehmen zu beobachten, machte ich eine interessante Entdekkung. Erfolgreiche Unternehmer machen in ihren Unternehmen vieles anders als die Durchschnittsunternehmer. Vergleicht man sie jedoch untereinander, lassen sich übereinstimmende Verhaltensweisen feststellen. Aldi und Ikea, Microsoft und Benetton – die Erfolgsunternehmer verbindet mehr, als auf den ersten Blick erkennbar ist. Ich stehe mit meinen Erkenntnissen auch keineswegs alleine. Vieles deckt sich mit dem, was Hermann Simon als die Erfolgsgeheimnisse der »Hidden Champions« beschrieben hat, was Dieter Brandes über den »Mythos Aldi« schreibt, oder was in anderen Büchern von oder über erfolgreiche Unternehmer nachzulesen ist.

Vertrauen Sie Ihrem gesunden Menschenverstand

Zunächst: Erfolgreiche Unternehmer vertrauen ihrem gesunden Menschenverstand: Sie beteiligen sich nicht am »Trendsurfen in der Chefetage«, wie die amerikanische Unternehmensberaterin Eileen C. Shapiro die verbreitete Unternehmensführung anhand der jeweils neuesten Management-Moden selbstkritisch charakterisiert hat. Erfolgreiche Unternehmer tun nicht, was man tut, sondern was sie für richtig halten. Sie folgen keinen Trends, sondern begründen durch ihr Verhalten bestenfalls selber welche. Ähnliches hat Hermann Simon bei den von ihm untersuchten »Hidden Champions« festgestellt: »Ihre Strategien unterscheiden sich stark von den Lehren und anerkannten Weisheiten moderner Unternehmensführung. Ihre Erfolge gründen eher auf gesundem Menschenverstand und Durchhaltevermögen als auf neumodischen Schlagworten wie strategische Allianzen, Reengineering, Benchmarking oder Marktorientierung.«

Allerdings sollten Sie fehlende Theoriehörigkeit nicht mit Theoriefeindlichkeit gleichsetzen. Die unter mittelständischen Unternehmern verbreitete Gleichung »pro gestandene Praktiker« und »contra studierte Theoretiker« ist in den meisten Fällen mehr Ausdruck des fehlenden Selbstbewusstseins einer theoretisch zu kurz gekommenen Aufbaugeneration als Produkt abgewogen gereifter Erkenntnis. Wirklich erfolgreiche Unternehmer verachten die Theorie nicht. Ich habe mich oft gewundert, wie profund sich große Unternehmer in den Theorien von Porter, Drucker, Chandler und Co. auskennen. Nur sind sie ebenso in der Lage, aus dem mannigfaltigen Theorieangebot die für sie passenden Bausteine auszuwählen. Wohl wissend, dass die Mehrzahl der Theorieangebote weniger von Erkenntnis als von dem Wunsch getrieben sind, neue Beratungsbedürfnisse zu erzeugen, schaffen sich die großen Unternehmer ihre eigenen Theorien.

Ihr Maßstab ist der gesunde Menschenverstand. Zu Recht. Unternehmensführung ist keine Geheim- oder Spezialwissenschaft. Im Grunde genommen geht es darum, die wichtigsten Erkenntnisse der allgemeinen Lebensführung auf einen Sondertatbestand, die Führung eines Unternehmens, zu übertragen. Dies erklärt, warum Theorien, die – wie Michael Porters Wettbewerbsstrategie – im Grunde nichts anderes sind als die Übertragung einer grundlegenden Lebensweisheit in die Unternehmenssphäre, auch Jahrzehnte nach ihrer Entdekkung fast nichts an Attraktivität verloren haben, während die Halbwertzeit der Theorie-Moden immer kürzer wird.

Um dem eigenen Menschenverstand in der Unternehmensführung mit Erfolg folgen zu können, braucht es dreierlei: eine breite Lebenserfahrung oder Bildung als Basis des gesunden Menschenverstandes, Intuition, d.h. Vertrauen auf die aus dem »Bauch« kommenden Botschaften, und Mut, sich entsprechend der gewonnenen Erkenntnisse zu verhalten. Vor allem Letzterer erhebt den erfolgreichen über den durchschnittlichen Unternehmer. Wir Menschen neigen dazu, mit der Masse zu gehen. Was alle tun, kann nicht per se falsch sein. Und wenn doch, sind zumindest die individuellen Folgen weniger schlimm. Denn wenn alle scheitern, wird das eigene Scheitern als weniger gravierend empfunden. Deshalb verstecken wir uns so gerne hinter einer »herrschenden Meinung«. Nur: Wer sein Risiko begrenzt, begrenzt auch seine Chancen. Wer sich in der Masse versteckt, kann nicht über sie hinausragen. So sind die Gesetze des Lebens nun einmal – auch für Unternehmer. Die erfolgreichen Unternehmer haben den Mut, sich von der Masse zu trennen. Sie fragen: Was ist das Beste? Und nicht: Was ist das Übliche?

Auf diese Weise tun sie mitunter Dinge, für die sie von der Masse als rückständig oder antiquiert gescholten werden. Hans Riegel lässt seine Abteilungsleiter auch zu Beginn des 21. Jahrhunderts noch zur täglichen Postbesprechung antreten. Kein an Haribo adressiertes Schreiben geht an ihm vorbei. »Sonst würden die unangenehmen Briefe in der Schublade verschwinden,« sagt er, »und ich würde den Überblick verlieren.« Mit den Erkenntnissen moderner Personalführung hat dies wenig gemein. Andere sind oder waren ihrer Zeit voraus, wie der Gütersloher Haushaltsgerätehersteller Miele. Als in den 60er und 70er Jahren das Hohelied der Diversifizierung gesungen wurde, gab Miele ganze Geschäftsfelder, z.B. Fahrräder, Motorräder und landwirtschaftliche Geräte, auf, um sich auf Haushaltsgeräte konzentrieren zu können. Fokussierung nennt man das heute, aber dieser Begriff wurde von den Management-Theoretikern erst wesentlich später geprägt. Wie sehr das Anderssein die Grundhaltung von Rudolf Miele und Peter Zinkann zum Ausdruck bringt, hat Letzterer anlässlich einer Ehrung zum 100-jährigen Firmenjubiläum deutlich gemacht: »In den rund 40 Jahren, in denen wir beide versucht haben, das Boot, das wir von unseren Vätern und Großvätern übernommen haben, auf einem guten Kurs zu halten, war bei Miele stets vieles anders als es sonst gängiger Lehre entsprach.« Der Erfolg gibt ihnen und den anderen erfolgreichen Unternehmern Recht. Wir sollten jedoch nie vergessen, dass er nur möglich war, weil diese Unternehmer bereit waren, das Risiko eines Scheiterns außerhalb der durch die Masse gewährten Sicherheit auf sich zu nehmen.

Setzen Sie sich hohe Ziele

Mut und Ambition kennzeichnen auch die Ziele der Champions. Sie wissen: Um Außergewöhnliches leisten zu können, muss man Außergewöhnliches leisten wollen. Auch dies ist keine Erkenntnis der Betriebswirtschaft, sondern eine Lebensregel, die wir bei erfolgreichen Menschen in allen Lebensbereichen beobachten können. Von Gerhard Schröder wird berichtet, dass er als junger Mann am Gitter des Kanzleramtes gerüttelt und gerufen habe: »Ich will hier rein!« Jahre später war er tatsächlich Bundeskanzler. Michael Schumacher träumte schon als Junge von der Formel 1-Weltmeisterschaft, und Boris Becker wollte die Nr. 1 der Tenniswelt werden. Die Erkenntnis, wie wichtig große Ziele für den Erfolg sind, wird durch eine Studie der amerikanischen Yale-Universität bestätigt. Dort wurden im Jahre 1953 alle Studienabgänger nach ihren Lebensplanungen befragt. Zwanzig Jahre später wurde die Befragung bei den gleichen Menschen wiederholt. Das Ergebnis war eindeutig: Die drei Prozent der Studienabgänger, die 1953 eindeutige und große Ziele genannt hatten, gaben nicht nur an, insgesamt glücklicher, zufriedener und gesünder zu sein, sie besaßen auch einen Anteil von 95 Prozent am gesamten Vermögen aller Studienabgänger des Jahrganges 1953. Die verbliebenen fünf Prozent entfielen auf die restlichen 97 Prozent der Absolventen.

Nicht anders verhält es sich mit den erfolgreichen Unternehmern. Ein Champion wird man nicht durch Zufall, sondern »zuerst und vor allem dadurch, dass man es will, dass man ehrgeizige Ziele setzt, dass man den Willen hat, die Position der Nr. 1 zu erreichen,« notiert Hermann Simon. Entsprechend ambitioniert sind die Ziele der von ihm untersuchten Weltmarktführer. »Als ich zwei Mitarbeiter hatte, wollte ich die Nr. 1 auf der Welt werden. Jetzt habe ich Tausende von Beschäftigten und wir sind die Nr. 1,« sagt beispielsweise Reinhold Würth. Und Viktor Dulger, der Gründer von Prominent Dosiertechnik, Weltmarktführer für Dosierpumpen, formuliert kaum weniger ambitioniert: »Zu Beginn legte ich das Ziel fest, alle (…) prominenten

Pumpenhersteller mit meiner Erfindung zu übertreffen. Das ist der Grund, warum ich meine Pumpe Prominent nannte.« Nicht immer geht es darum, die Nr. 1 zu werden. Manche Champions stecken sich absolute, aber nicht weniger ambitionierte Ziele. Etwa Heinz Hankammer, der mit seinen BRITA-Wasserfiltern einen Weltmarktanteil von über 80 Prozent erreicht hat. »Mein Ziel war und ist es,« formuliert Hankammer, »dass eines Tages in jedem Haushalt der Welt ein BRITA-Wasserfilter steht.« Womöglich hat Hankammer dieses Ziel von Bill Gates übernommen, der früh die Parole ausgab: »Einen PC für jeden Haushalt.«

Noch eines fällt auf: Fast nie geht es den Champions in erster Linie darum, Geld zu verdienen. Reich zu werden ist nicht das Ziel, sondern der Lohn dafür, unbeirrbar einem Ziel gefolgt zu sein und dabei etwas besser gemacht zu haben in dieser Welt. Sehr schön hat dies beispielsweise Miele Co-Chef Peter Zinkann formuliert: »Der (...) wichtige Punkt ist, dass Miele nie primär nur Geld verdienen wollte und es dabei ziemlich gleichgültig war, womit das geschah. Miele sah sich immer im Dienste seiner Kunden. Kurzfristig mag es ertragreichere Wege geben, aber langfristig honoriert das der Markt.« Noch deutlicher wird Ikea-Gründer Ingvar Kamprad: »Geld kann man ja nicht essen. Wohlhabend zu werden, das ist eine Sache, aber die Triebfeder, ist die nicht, das zu verwirklichen, wovon du geträumt hast? Und etwas tun zu können für Vater, für Mutter, für dich selbst oder sonst jemand, der dir etwas bedeutet?« Georg H. Endress schließlich, der Gründer der Endress+Hauser-Gruppe im schweizerischen Reinach, fasst die Zielsetzungen der Champions beinahe idealtypisch zusammen: »Ich wollte, dass wir die Besten sind, ich wollte, dass das, was wir tun, etwas besser macht auf dieser Welt.«

Um so enttäuschender empfinde ich es, dass viele Unternehmer sich mit einem Platz im Mittelfeld zufrieden geben. Sie sind oder werden keine Champions, weil sie es gar nicht werden wollen. Sie erinnern mich an jenen Händler, von dem der Schriftsteller Paulo Coelho in seinem Roman »Der Alchemist« erzählt:

»Eines Nachmittags war ihm [dem Jüngling] (…) oben am Berghang ein Mann begegnet, der sich beschwerte, dass es nach diesem steilen Anstieg nirgends einen ordentlichen Ort gab, wo man etwas zu trinken bekäme. (…) Der Jüngling (…) rief den Händler und sagte: ›Lass uns Tee ausschenken, für die Leute, die den Hang hinaufkommen.‹ ›Es gibt genug Tee-Verkäufer in dieser Gegend,‹ antwortete der Händler. ›Wir könnten den Tee doch in Kristallgläsern servieren. Dann wird er besser schmecken, und die Leute werden die Gläser gleich mitkaufen. Denn was die Menschen am meisten verführt, ist die Schönheit.‹

Der Händler schaute den Jüngling eine Weile schweigend an. ›(…) Seit nun schon 30 Jahren besitze ich diesen Laden. Ich kenne den Unterschied zwischen einem guten und einem schlechten Kristall und weiß genau, wie der Handel funktioniert. Wenn du Tee in Kristallgläsern servierst, dann wird das Geschäft blühen. Dann muss ich meinen Lebensstil ändern.‹ ›Wäre das denn so schlimm?‹ ›Ich habe mich daran gewöhnt. (…) Der Laden hat genau die überschaubare Größe, die ich mir gewünscht habe. Ich möchte mich nicht mehr verändern, weil ich nicht wüsste, wie ich mich verändern soll. Ich habe mich schon zu sehr an mich selbst gewöhnt.‹ Da der Jüngling hierauf nichts zu erwidern wusste, fuhr er fort: ›(…) Du zwingst mich, Reichtümer und Möglichkeiten zu sehen, die ich nie kannte. Jetzt, wo ich sie (…) kenne, werde ich mich (…) elender fühlen als zuvor. Denn nun weiß ich, dass ich alles haben könnte, aber ich will nicht.‹ «

Nach oben kommt nur, wer nach oben kommen will. Ein Ziel, das man nicht erreichen will, wird man auch nicht erreichen. Deshalb brauchen erfolgreiche Unternehmer einen starken Willen. Wie Hans Imhof: »Der Wille versetzt Berge – ohne Willen bleibt man Mittelmaß,« lautet das Credo des Schokoladenkönigs. Mit ihrem Willen lassen die Imhofs & Co. auch das scheinbar Unmögliche Wirklichkeit werden. »Fordere nie einen Bären zum Tanz«, lautet das Credo der Mittelmäßigen. Richard Branson aber hat das genaue Gegenteil zum Erfolgsprinzip erhoben. Sich mit den Allergrößten anzulegen und scheinbar Unmögliches möglich zu machen, ist für Richard Branson Arbeits- und Lebensphilosophie geworden. Als Branson Virgin Cola gründete, meinte der Journalist Patrick Hoskings: »Ich hatte den Eindruck, dass es nicht das Geld war, was ihn reizte, sondern der Kampf mit der mächtigen Coca-Cola-Corporation.« Und Branson selbst meint: »Virgin steht für Herausforderung. Wir nutzen die Marke gern dazu, es mit den ganz Großen aufzunehmen, von denen wir glauben, dass sie zu viel Macht haben.« Richard Branson hat die meisten seiner Kämpfe gewonnen, auch dort, wo sie aussichtslos erschienen. Bei seinen als Kreuzzügen inszenierten Kampagnen hat er sich den uralten Mythos vom siegreichen Kampf des David gegen Goliath zu Nutze gemacht und sich als moderner Richard Löwenherz stilisiert. Branson gilt als einer der charismatischsten Unternehmerfiguren unserer Zeit. Über seinen Erfolg sind Bücher geschrieben worden. Was sie lehren, ist vor allem eines: Vieles ist möglich, wenn wir es fest genug wollen.

Das belegt auch die Erfolgsgeschichte von Reinhold Würth. Die Firma hatte gerade zwei Mitarbeiter, als der schwäbische Unternehmer 1954 noch minderjährig die Nachfolge seines unerwartet verstorbenen Vaters antrat. Im Jahre 2000, rechtzeitig zu Würths 65. Geburtstag, erreicht der Weltmarktführer einen Umsatz von 10 Mrd. DM. Als Würth selbst dieses Ziel 13 Jahre zuvor formuliert hatte, hatten ihn nicht wenige für verrückt erklärt. »Es ist ein schönes Gefühl, Dinge gestalten zu können, wenn man nur bereit ist, das eigentlich überhaupt nicht Denkbare zu denken,« erläuterte Würth in einem Interview anlässlich seines 65. Geburtstages und ergänzte: »Wir können in Dimensionen von 20 oder 30 Mrd. DM denken.«

Ein Unternehmer, der von seinen hochgesteckten Zielen überzeugt und begeistert ist, begeistert auch andere. Und wer andere begeistert, sorgt dafür, dass die anderen ihm folgen und sich für seine Ideen und Ziele einsetzen. Nicht selten so sehr, dass die hochgesteckten Ziele zu sich selbst erfüllenden Prophezeiungen werden. Das wohl berühmteste Beispiel für die Kraft hoher und mit Begeisterung vorgetragener Ziele ist John F. Kennedys berühmte »moon goal«-Rede vom 25. Mai 1961: »Diese Nation sollte sich dem Ziel verschreiben, noch am Ende des Jahrzehnts einen Menschen auf den Mond zu bringen.« Dieser simple Satz setzte eine gigantische Maschinerie aus Einzelaktivitäten in Gang, an deren Ende Neil Armstrong tatsächlich als erster Mensch den Mond betrat. Lernen Sie daraus: Machen Sie Ihre Mitarbeiter mit

Ihrem Ziel bekannt. Ziele geben Orientierung und tragen dazu bei, alle Kräfte und Energien auf das gemeinsame Ziel hin zu bündeln. »Als wir das Ziel aus den Augen verloren, verdoppelten wir unsere Anstrengungen«, lautet einer der Sprüche, die in den Büros vieler Unternehmen anzutreffen sind. Aus ihm sprechen Lebensklugheit und Frustration in gleicher Weise. Warum wohl?

Der Wille allein genügt indes nicht. Nur im Verbund mit Talent und Übung lässt sich Meisterschaft erreichen. Dies wird in unserer Spaßgesellschaft allzu gerne vergessen. Meisterschaft lässt sich nicht in einem Wochenendseminar eines selbst ernannten Gurus erlernen. Die großen Unternehmer sind nicht die Meister schneller Erfolge. Ihre Stärke ist Beharrlichkeit, auch Ausdauer oder »die Kunst der kleinen Schritte« genannt. Marcel Reich-Ranicki berichtet in seiner Autobiographie von einer Begegnung mit dem großen Geiger Yehudi Menuhin:

> »Er [Menuhin] reiste damals von Stadt zu Stadt und trat jeden Abend auf, mit einer Beethoven- und einer Brahms-Sonate, die er zusammen mit seiner Schwester spielte. Ob das nicht – fragte ich ihn –, wenn man es wochenlang tue, auf die Dauer sehr anstrengend sei und, darauf kam es mir besonders an, vielleicht auch langweilig werde. Menuhin überlegte nur einen Augenblick und gab mir dann eine Antwort von großer Schlichtheit, wenn nicht gar Banalität. Aber ich habe sie nie vergessen. Er sagte mir: ›Wenn man sich jeden Abend wirklich Mühe gibt, wird es nie langweilig.‹«

Ich wünsche mehr Unternehmern die Begeisterung für ein hohes Ziel, den Willen, es durchzusetzen, und die Beharrlichkeit, sich nicht von ihrem Weg abbringen zu lassen.

Schaffen Sie Nutzen für Ihre Kunden

Auch der Wille, den Kunden zu dienen, ihnen zu nutzen oder, wie Georg Endress es ausgedrückt hat, etwas besser zu machen auf dieser Welt, ist für die Champions selbstverständlicher Bestandteil ihrer Unternehmens-Strategie. Nicht selten findet er bereits in ihrer Zielsetzung seinen Niederschlag. Die erfolgreichen Unternehmer halten es mit Seneca: »Wer anderen nützt, nützt sich selbst.« Oder mit Fredmund Malik, der die Lebensweisheit des römischen Philosophen in die Managementsprache übersetzt und fordert: »Optimieren Sie den Kundennutzen, statt sich nur auf den Gewinn zu konzentrieren.«

Sie alle haben einen einfachen Zusammenhang verinnerlicht. Es sind die Kunden, die über den Unternehmenserfolg entscheiden. Je mehr die Kunden kaufen, je mehr sie bereit sind, den von Ihnen geforderten Preis für Ihr Produkt oder Ihre Dienstleistung zu bezahlen, desto größer ist Ihr Erfolg. Nun werden die Kunden aber auf Dauer nur kaufen, wenn Ihr Produkt ihnen – den Kunden – im Vergleich zu konkurrierenden Angeboten einen Nutzen bringt – etwa ein Problem löst oder das Leben auf andere Weise angenehmer macht. Je größer der Vorteil für den Kunden ist, desto größer wird seine Bereitschaft sein, diesen Vorteil zu honorieren. Und je größer die Zahl der Menschen, für die Ihr Produkt oder Ihre Dienstleistung von Vorteil ist, desto mehr Kunden werden Sie haben. Deshalb ist das Denken in Kundennutzen so wichtig. Nicht nur, was Sie können und wie gut Sie es können, entscheidet über den Unternehmenserfolg, sondern vor allem Ihre Fähigkeit, die Probleme Ihrer Kunden zu erkennen und besser als andere zu lösen.

Die Unternehmer-Champions wissen das. Wie sagte doch Peter Zinkann: »Miele sah sich immer im Dienste seiner Kunden. (...) Man wollte den Kunden dienen, man hörte auf die Kunden und wollte den Kunden gegenüber immer ein gutes Gefühl haben.« Und Des Dearlove, Autor eines Buches über »Die Richard-Branson-Methode«, stellt fest: »Bransons größte Begabung als Unternehmer und Geschäftsmann besteht darin, die Dinge vom Standpunkt des Konsumenten aus zu betrachten.« Nur wer vom Kunden her denkt, ist darauf programmiert, »den Kunden mehr für ihr Geld zu bieten«, wie Richard Branson selbst es einmal ausgedrückt hat.

Für Unternehmer, die radikal in Kundennutzen denken, gibt es immer wieder neue Chancen, auch und gerade in etablierten und reifen

Märkten. Nicht selten verändern sie ganze Märkte. Denn sie haben einen mächtigen Verbündeten – den Kunden. Bevor Günther Fielmann in den Markt eindrang, war das Geschäft der Optiker ein beschauliches Reservat – aufgeteilt zwischen tausenden, eher zünftisch organisierten Handwerksbetrieben mit vergleichbaren Leistungen und vergleichbaren Preisen. Für die Kunden war dies keineswegs von Vorteil. Vor allem, wer wenig Geld hatte, musste mit hässlichen Krankenkassengestellen vorlieb nehmen. Genau da setzte Fielmann an. Er gründete die erste große Optikerkette, bündelte die Nachfrage, realisierte die mit der Größe verbundenen Kostenvorteile und gab sie an seine Kunden weiter. Und da die Kunden plötzlich auch für wenig Geld schöne Brillen kaufen konnten, machten Sie Günther Fielmann zu einem der erfolgreichsten Unternehmer der letzten Jahrzehnte.

Ähnlich einfach war die Idee der Gebrüder Albrecht. Warum, so fragten sie sich, müssen Lebensmittel so teuer sein? Und erfanden das Prinzip des discountierenden Lebensmittelhandels, indem sie ihr Angebot auf die wichtigsten Massenartikel des täglichen Bedarfs beschränkten und die durch Volumen und fehlende Komplexität geschaffenen Vorteile als Dauerniedrigpreise an ihre Kunden weitergaben. Aldi ist längst zum Mythos geworden, die Idee des Discounts vielfach kopiert und auf andere Branchen übertragen worden. Etwa von Ingvar Kamprad, der in seinem »unmöglichen Möbelhaus« IKEA einfach einen kostenintensiven Wertschöpfungsschritt, das Zusammenbauen der Möbel, auf den Kunden verlagert und damit skandinavischen Einrichtungschic zu konkurrenzlos günstigen Preisen in alle Welt exportiert. Wie sehr er sich dabei von dem Gedanken leiten lässt, einen Nutzen für seine Kunden zu stiften, hat Kamprad erst kürzlich wieder in einem Interview deutlich gemacht: »Ich hatte diese Theorie, dass gute Einrichtung zu einem Preis angeboten werden sollte, der auch für den kleinen Mann attraktiv ist und in seinem Budget Platz hat, ich wollte Möbel verkaufen, die man sich leisten kann.« Ähnlich dachte Herb Kelleher, der Erfinder der Discount-Fliegerei, der mit seiner Southwest-Airlines der Ausbeutung der Kunden durch die großen Fluggesellschaften entgegentrat. Southwest beschränkt sich auf einen Flugzeugtyp und hat den Service an Bord reduziert. Die dadurch eingesparten Kosten gibt Kelleher an seine Kunden weiter.

Auch Sam Walton verdankt seinen Erfolg der konsequenten Orientierung am Kundennutzen. Als Walton 1962 seinen ersten Wal-Mart in dem kleinen Städtchen Bentonville im Nordwesten von Arkansas eröffnete, ging es ihm darum, der Landbevölkerung günstige Einkaufsmöglichkeiten zu verschaffen. Bis zum Auftreten von Wal-Mart hatten sich die großen Handelsketten praktisch ausschließlich in den Ballungsgebieten angesiedelt. Wer auf dem Lande wohnte, musste teuer einkaufen. Wal-Mart setzte dieser Diskrimimierung ein Ende und wurde dabei zum erfolgreichsten Handelsunternehmen der Welt.

Manche Unternehmer haben mit ihren Ideen unser Leben verändert. Henry Ford und Bill Gates gehören in diese Kategorie. Oder können Sie sich ein Leben ohne Automobil oder ohne Personalcomputer vorstellen? Ich habe es schon mehrfach betont: Nicht jeder ist ein Bill Gates, ein Henry Ford oder ein Sam Walton. Aber jeder Unternehmer sollte verstehen, dass sein Erfolg stets nur so groß sein kann wie der Nutzen, den er für seine Kunden stiftet.

Für viele Mittelständler bedeutet dies radikales Umlernen. Der traditionelle Mittelständler denkt nicht vom Kunden, sondern von seinen eigenen Fähigkeiten her. Nicht was der Kunde braucht, sondern was er kann, bestimmt sein Angebot. In den ersten Nachkriegsjahrzehnten, als in allen Märkten ein großer Nachholbedarf bestand und praktisch alles gebraucht wurde, war dies nicht tragisch. Der Unternehmer produzierte, und die Märkte nahmen die Produkte dankbar auf. Heute aber, wo viele Märkte gesättigt sind, kommt es darauf an, sich mit seinem Angebot zu differenzieren, attraktiver zu sein als der Wettbewerb. Gelingt die Differenzierung nicht, entstehen austauschbare Produkte und Dienstleistungen, deren Vorzug allenfalls noch in einem günstigeren Preis liegen kann. Der Wettbewerb über den Preis aber ist die einfallsloseste und teuerste Form des Wettbewerbs. Er geht zu Lasten der Rendite und kann am Ende ohnedies nur vom Kostenführer gewonnen werden.

Das Umdenken lohnt sich: Einmal richtig verstanden, können die eigentümergeführten Unternehmen das Denken in Kundennutzen zu einem entscheidenden Wettbewerbsvorteil ausbauen. Vor allem dann, wenn der Unternehmer sich selbst zum obersten Sachwalter der Kundeninteressen macht. »Marketing ist Chefsache«, hat Helmut Maucher, der langjährige Präsident des Verwaltungsrates der Nestlé AG, diese Haltung in seinem gleichnamigen Buch vor Jahren beschrieben. »Er muss sich selbst an die Spitze aller Verkäufer stellen, nicht so, dass er im engeren Sinne verkaufen muss, sondern dass er den Geist und die Mentalität des ersten Verkäufers durch die Firma ausstrahlt.« Ein typisches Beispiel für diese Haltung verkörpert Hans Riegel, der bereits erwähnte »Herr der Gummibärchen«. Eine Marketingabteilung gibt es bei Haribo nicht. Marketing ist im wahrsten Sinne des Wortes Chefsache. Neue Produkte entwickelt Hans Riegel nicht selten allein. Und auch den Slogan »Haribo macht Kinder froh und Erwachsene ebenso«, hat der Chef selbst kreiert. Unternehmer, die Marketing zur Chefsache erklären, haben zwei große Vorteile. Zum einen können sie die Impulse des Marktes unmittelbarer, unverfälschter und schneller aufnehmen und in unternehmerische Aktion übertragen. Zum anderen sollten wir nicht unterschätzen, dass der Markt einem Unternehmen, das mit einer Person verbunden ist, tendenziell ein größeres Vertrauen entgegenbringt. Für meinen Vater, meine Brüder und mich war es deshalb stets eine Selbstverständlichkeit, die Kontakte zu unseren großen Kunden persönlich zu pflegen. Bei Markenprodukten gilt dies allemal. Für Hans Domizlaff, den Altmeister der Markentechnik, gehört es zu den Grundgesetzen der Markentechnik: »Eine Markenware ist das Erzeugnis einer Persönlichkeit und wird am stärksten durch den Stempel einer Persönlichkeit gestützt.« Erfolgreiche Unternehmer wie Claus Hipp, Erich Sixt, Willy Bogner oder Roland Berger haben ihren Namen auf einprägsame Art mit ihren Unternehmen und deren Produkten verbunden.

Zu guter Letzt möchte ich einem verbreiteten Missverständnis entgegentreten. Mit dem Schlagwort von der Kundenorientierung ist leider auch viel Unfug angerichtet worden. Manche Unternehmen haben ihr eigenes Profil bis zur Unkenntlichkeit verwässert. Das Denken in Kundennutzen bedeutet nicht, den Kunden jeden Wunsch zu erfüllen. Richtig verstandene Kundenorientierung beinhaltet vielmehr das Versprechen, den Kunden im Rahmen einer eigenen unverwechselbaren Kompetenz einen speziellen Vorteil zu bieten – und dies besser als alle Wettbewerber. Schauen wir auf das Beispiel Aldi. Der Discounter Nr. 1 steht für das Versprechen, die Massenartikel des täglichen Bedarfs in markenadäquater Qualität zu einem konkurrenzlos günstigen Preis anzubieten. Bei Aldi kann man nicht alles kaufen. Aber das, was man bekommt, ist beispiellos preiswert. Würde Aldi den verständlichen Wünschen vieler Kunden nachgeben und sein Sortiment erweitern, verlöre er seine Kostenvorteile. Irgendwann könnte er dann entweder sein Preiswürdigkeitsversprechen nicht mehr einhalten, oder er würde – ebenso wie die meisten anderen Handelsunternehmen in Deutschland – kein Geld mehr verdienen. Ähnlich hat das auch Ingvar Kamprad (Ikea) in seinem berühmten »Testament eines Möbelhändlers« beschrieben: »Die Masse der Menschen verfügt nur über begrenzte Mittel. Diese Menschen wollen wir als Kunden gewinnen. Voraussetzung dafür ist ein niedriges Preisniveau (…) In allen Bereichen müssen wir eindeutig die Günstigsten sein. In jeder Artikelgruppe muss es ›atemberaubende‹ Angebote geben und das Sortiment darf nie so anwachsen, dass das Preisbild gefährdet wird (…) Ohne extrem niedrige Kosten können wir unsere Aufgabe nicht lösen!« Nehmen Sie sich ein Beispiel an Ikea und Aldi. Kundenorientierung heißt nicht, es allen recht zu machen. Wer es allen recht machen will, wird es am Ende niemandem recht machen.

Die Lektion aus dem Verhalten der Champions ist ebenso simpel wie zwingend. Stellen Sie Ihr bisheriges Denken auf den Kopf. Fragen Sie nicht länger: Was kann ich besonders gut? Warum sind die Kunden nicht bereit, mehr davon zu kaufen und mehr dafür zu bezahlen? Fragen Sie stattdessen: Wo liegen die Probleme der Kunden? Welches ist das größte Problem? Wie viele Menschen haben es? Und was muss ich tun, um es besser als alle anderen zu lösen? Das ist der Schlüssel zum Unternehmenserfolg. Je größer das Problem, das Sie für Ihre Kunden lösen, je mehr Menschen es haben und je besser Ihre Fähigkeit, es zu lösen, desto größer wird Ihr Erfolg sein. Vor allem dann, wenn Sie dazu noch das nächste Erfolgsprinzip beherzigen.

Fokussierung, Askese, Konsequenz und Einfachheit – die Turboformel für Unternehmenserfolg

Fokussierung ist unverzichtbar

Als kleiner Junge konnte Boris Becker nicht nur gut Tennis, sondern fast ebenso gut Fußball spielen. Die meisten von uns hätten in dieser Situation beides getan. Boris Becker aber traf eine Entscheidung. Er setzte alles auf die Karte Tennis und wurde Deutschlands größter Tennisspieler aller Zeiten. Er gewann Wimbledon, New York und die Australian Open, er war Olympiasieger und für kurze Zeit sogar die Nr. 1 der Weltrangliste. Wer Großes leisten will, darf sich nicht verzetteln. Kaum ein Mensch kann es auf mehreren Gebieten zur Meisterschaft bringen. Wer auf mehreren Hochzeiten tanzt, bleibt überall unter seinen Möglichkeiten. Im kompetitiven Umfeld unserer Tage ist dies in der Regel zu wenig. Konzentration der Kräfte oder Fokussierung lautet die Erfolgsformel unserer Zeit.

Dies gilt auch für Unternehmen. »Was unterscheidet Aldi vom Rest des Handels?«, lautet eine oft gestellte Frage in den Unternehmer-Seminaren der letzten Jahre. »Aldi verdient Geld, die anderen nicht«, antworten dann die Teilnehmer und geben dem Referenten die Vorlage für die nächste Frage: »Wissen Sie denn auch, warum das so ist?« Konzentration der Kräfte statt Verzettelung, Fokussierung statt Diversifikation, so heißt auch hier die Richtschnur. Aldi hat sich von Anfang an auf ein Spezialsegment des Handels konzentriert. Aldi ist nur Discounter – das allerdings besser als alle anderen. Ganz anders Rewe, Metro & Co.: Großflächen, Supermärkte und Discountläden, Harddiscount und Softdiscount, Baumärkte, Textilgeschäfte und Drogeriemärkte, es gibt fast kein Segment des Handels, in dem sie nicht tätig sind. Im Wachstumsumfeld der Nachkriegsjahrzehnte konnte man damit erfolgreich sein, im wettbewerbsintensiven Umfeld reifer Märkte wird die Schwäche offenbar. Man kann zwar vieles – aber nichts richtig.

Der Harvard-Professor Michael Porter hat die Vorteile einer eindeutigen Entscheidung nebst Konzentration aller Kräfte früh erkannt. In seinem 1980 erschienenen Buch »Competitive Strategy« schildert Porter eine Erkenntnis, die er bei der Beobachtung von Unternehmen gewonnen hatte. In jeder Branche, so Porter, gibt es nur wenige außergewöhnlich erfolgreiche Unternehmen. Betrachtet man diese genauer, fällt auf, dass sie sich eindeutig für einen bestimmten Strategietyp entschieden haben. Sie sind entweder Kostenführer oder Differenzierer. Die Masse der weniger oder gar nicht erfolgreichen Unternehmen hingegen glaubt, einer Entscheidung ausweichen zu können. Sie versuchen beides zu sein, Kostenführer und Differenzierer. Und landen regelmäßig »zwischen den Stühlen«, wie Porter das Dilemma der Unentschlossenen anschaulich bezeichnet hat. Ob Kostenführerschaft versus Differenzierung im Zeitalter der modernen Informationstechnologien noch die zutreffende Alternative ist, mag dahinstehen. Die Notwendigkeit, eine Entscheidung zu treffen und alle Kräfte in diese Richtung zu fokussieren, bleibt eine immerwährende Wahrheit. Sie gehört zu den Kernbeständen gesunden Menschenverstandes und hat Porters Theorie über den Rang einer Theorie-Mode hinausgehoben.

Zugegeben: Eine Fokussierungsstrategie ist nicht ohne Risiko. Der Markt kann sich verändern, etwa durch das Eindringen neuer Wettbewerber, durch das Vordringen von Ersatzprodukten oder durch staatliche Eingriffe. Ein großer Kunde kann abspringen. Aber im Grunde sind das nicht Risiken der Fokussierung, sondern allgemeine Marktrisiken. Gute Unternehmer wissen das. Ihre Qualität besteht darin, den möglichen Eintritt dieser Risiken vorherzusehen und rechtzeitig gegenzusteuern. Wer scheitert, scheitert nicht an seiner Fokussierung, sondern an einer unternehmerischen Fehlleistung. Auch wenn die Auswirkungen solcher Fehlleistungen bei der Fokussierung ungleich gravierender sind, sollten Sie die verbreitete Vorstellung, dass ein Verzicht auf Fokussierung weniger risikoreich sei, zumindest kritisch hinterfragen. Für die meisten Märkte gilt längst das Gegenteil. Wer fokussiert, kann verlieren. Wer nicht fokussiert, wird verlieren. Im Zeitalter von Globalisierung, Deregulierung und nahezu unbegrenzt verfügbaren Informationen werden die Märkte zunehmend kompetitiver. Genügte es beispielsweise in der deutschen Lebensmittelindustrie vor wenigen Jahrzehnten nicht selten, zu den 100 größten Anbietern zu gehören, um über die Runden zu kommen, gibt es heute fast nirgendwo mehr 100 Anbieter. Stattdessen gilt jeder, der nicht zu den TOP 3 gehört, als gefährdet. Eine namhafte Unternehmensberatungsgesellschaft geht in einer 1999 veröffentlichen Studie davon aus, dass höchstens ein Drittel der immer noch mittelständisch geprägten Ernährungsindustrie die nächsten Jahre überleben wird. Früher oder später gilt dies für alle Branchen.

Für Unternehmen, die selbstständig bleiben wollen, ist Fokussierung praktisch unverzichtbar. Wenn es zutrifft, dass auf Dauer nur die Besten überleben, dann muss ein Unternehmen, dem keine unbegrenzten Ressourcen an Kapital und Personal zur Verfügung stehen, seinen Fokus immer genau so eng wählen, dass es mit den zu Gebote stehenden Mitteln eine Spitzenposition erkämpfen kann. Erfolgreiche eigentümerdominierte Unternehmen handeln nicht selten nach dem Grundsatz: Lieber die Nr. 1 in einem kleinen Markt als ein Mittelplatz in einem großen. »Ein großer Fisch in einem kleinen Teich«, hat Hermann Simon die Strategie der von ihm untersuchten »Hidden Champions« plakativ zusammengefasst.

Zu den Unternehmen, die mit einem engen Marktfokus gleichermaßen erfolgreich geworden und selbstständig geblieben sind, gehören SAP, Stihl, Krones und Märklin. Oder auch Winterhalter Gastronom, ein Unternehmen, das Geschirrspülautomaten herstellt. Das Unternehmen konzentriert sich auf gewerbliche Anwender. Auf den Markt der privaten Haushalte wird verzichtet. Bei den gewerblichen Kunden wählt Winterhalter nochmals einen engen Fokus. Das Unternehmen arbeitet nicht für Krankenhäuser, nicht für Schulen, nicht für Betriebe und nicht für Organisationen, sondern ausschließlich für Hotels und

Restaurants. Dafür geht Winterhalter in die Tiefe und hat ein einzigartiges Angebot für seine Kunden zusammengestellt. Hermann Simon zitiert Manfred Brobeck, den Geschäftsführer von Winterhalter, mit den Worten: »Jetzt definieren wir unser Geschäft als ›Lieferant von sauberen Gläsern und Geschirr.‹ Und übernehmen dafür die volle Verantwortung. Wir haben Vorrichtungen zur Wasser-Enthärtung in unser Sortiment aufgenommen und unsere eigene Marke für ein Geschirrspülmittel. Unser Weltmarktanteil im Segment Hotels/Restaurants beträgt jetzt 15 – 20 % und steigt weiter. In diesem Teilmarkt kann es niemand mehr mit uns aufnehmen.« Ein anderes Beispiel ist Porsche. Im immer härter umkämpften Automobilmarkt hat der Winzling aus Stuttgart-Zuffenhausen mit seiner Fokussierung auf den hochwertigen klassischen Sportwagen allen Unkenrufen zum Trotz bis heute seine Selbstständigkeit bewahren können. Mehr noch: Unter der Führung von Wendelin Wiedeking ist Porsche zur Jahrtausendwende zum Automobilunternehmen mit der höchsten Umsatzrendite und zum Unternehmen mit dem besten Image in Deutschland aufgestiegen.

An dieser Stelle gilt es erneut, ein Missverständnis auszuräumen. Viele Unternehmer und Berater predigen die Fokussierung auf Kerngeschäfte. Ein verhängnisvoller Irrtum. Wer sich an ein Geschäft bindet, bindet sich auch an dessen Lebenszyklus. Jedes Produkt, jeder Markt ist endlich. Er entsteht, wächst, reift und vergeht. Auch der beste Automobilhersteller wird kein Auto mehr verkaufen können, wenn die Menschen eines Tages eine bessere Fortbewegungsart entdecken. Fokussieren sollten Sie sich deshalb nicht auf Geschäfte, sondern auf Fähigkeiten oder Kernkompetenzen, wie dies in der Managementsprache heißt.

Denken Sie an Richard Branson. Seine Kernfähigkeit besteht darin, »Wachstumschancen zu erkennen« (Branson), konkret: wie seine potenziellen Kunden zu denken und Märkte aufzuspüren, in denen ein mächtiger und träge gewordener Marktführer den Kunden zu wenig Leistung für ihr Geld bietet. Ob Branson Schallplatten produziert, Filme und Videos vertreibt, eine Fluglinie sein Eigen nennt, im Immobilien- und Finanzdienstleistungsgeschäft mitmischt oder Softdrinks herstellt, ist von untergeordneter Bedeutung. Oder nehmen Sie meinen Vater und Ewald Stute, zwei der ehemals profiliertesten Aldi-Lieferanten. Ihre Fähigkeit bestand nicht darin, Säfte, Limonaden, Marmeladen oder Molkereiprodukte zu produzieren. Was sie zu so genannten Handelsmarken-Profis werden ließ, war ihr Gespür für die Bedürfnisse des größten Discounters und ihre Fähigkeit, diese kosten- und preisgünstiger als andere zu befriedigen. Immer dann, wenn es galt, ein Markenprodukt auf Grund des erreichten Volumens in eine Handelsmarke zu übersetzen und bestehende Markenmacht zu brechen, waren Ewald Stute und Peter May schneller und preisaggressiver als ihre Wettbewerber. Wer so denkt, dem muss vor den Gesetzen des Lebenszyklus nicht bange sein. Er wird für seine Fähigkeiten immer wieder neue Produkte und neue Dienstleistungen finden. Fragen Sie also nicht: Was ist unser Kerngeschäft? Fragen Sie statt dessen: Was ist unsere Kernfähigkeit?

Eine Frage zum Schluss: War also die Lehre von der Diversifikation, die das Managementdenken der 60er und 70er Jahre prägte, nichts weiter als ein großer Irrtum? Die Antwort lautet: ja und nein. Aus der Sicht des einzelnen Unternehmens ist Diversifikation ein Fehler. Die in der Risikobegrenzung liegenden Vorteile werden in kompetitiven Märkten durch den Verzicht auf Exzellenz überkompensiert. Anders verhält es sich aus Sicht des Unternehmers oder Vermögensinhabers. Er befindet sich nicht im Wettbewerb mit anderen Vermögensinhabern. Ob sein Vermögen langsamer oder schneller wächst als das der anderen, mag ihn freuen oder ärgern. Überlebensnotwendig ist es in der Regel nicht. Er kann es sich also leisten, zu diversifizieren. Und wenn ihm am langfristigen Erhalt des Vermögens gelegen ist, sollte er dies auch tun. Nur sollte er dabei Unternehmens- und Unternehmer-Sphäre nicht verwechseln. Der Schweizer Professor Cuno Pümpin hat herausgefunden, dass Fokussierung die optimale Strategie für das Unternehmen, Diversifizierung hingegen das Strategiegebot auf Unternehmerebene ist. Dies verkannt zu haben, war die Schwäche der Diversifizierungstheoretiker und hat unter anderem das Aufkommen des heute vorherrschenden Shareholder Value-Denkens provoziert.

Erfolgreiche Unternehmer handeln längst nach dieser Maxime. Sie halten Unternehmens- und Vermögenssphäre strikt getrennt. So verfügen die Familien Albrecht und Benetton nicht nur über großartige Unternehmen, sie besitzen auch bedeutende Vermögen. Ein besonders vorbildliches Beispiel ist Dieter Schwarz, der mit Lidl Discount zum besten und gefährlichsten Aldi-Konkurrenten aufgestiegen ist. Neben Lidl Discount gehören Schwarz auch die Kaufland-Großflächenmärkte. Doch achtet der Neckarsulmer Unternehmer strikt darauf, dass beide Unternehmen getrennt geführt werden. Auf der Unternehmer-Ebene hat Dieter Schwarz diversifiziert. Auf der Unternehmens-Ebene sorgt er für uneingeschränkte Fokussierung, auch wenn dies vordergründig Synergien kosten mag. In dieser Hinsicht hätte sich manch anderer Händler den Konkurrenten aus Neckarsulm zum Vorbild nehmen sollen.

Beschließen möchte ich dieses Kapitel mit einem weiteren Zitat des Ikea-Gründers Ingvar Kamprad, das ich seinem »Testament eines Möbelhändlers« entnommen habe:

> »Ein Feldherr, der seine Kräfte zersplittert, wird unweigerlich den Kürzeren ziehen. Schon dem Zehnkämpfer erwachsen dadurch Probleme.
>
> Auch für uns gilt, dass wir uns konzentrieren müssen – unsere Kräfte sammeln. Wir können sowieso nicht überall alles gleichzeitig erledigen.
>
> Unser Sortiment darf nicht zu umfangreich werden. Wir können ohnehin nicht jedem Geschmack gerecht werden. Wir müssen uns auf unser eigenes Profil konzentrieren.
>
> Wir können nicht alle Märkte auf einmal erobern. Wir müssen uns konzentrieren, um das optimale Ergebnis mit wenigen Mitteln zu erreichen (…)
>
> Konzentration der Kräfte – schon das Wort strahlt Stärke aus. Nutze es in deiner täglichen Arbeit. Es bringt dir Erfolg.«

Aber erst durch Askese wird sie zum Erfolgsprinzip

Fokussierung ist unverzichtbar. Aber erst in Verbindung mit Askese wird wirklich ein Schuh daraus. Erfolgreiche Unternehmen wissen nicht nur, was sie tun. Sie wissen auch, was sie nicht tun. Und handeln danach. Ihr Leitsatz lautet: Wir tun alles, was uns unserem Ziel näher bringt. Und wir unterlassen alles, was uns unserem Ziel nicht näher bringt.

Das erste Mal bin ich diesem Prinzip während meiner Zeit im eigenen Familienunternehmen begegnet. Als oberster Verkäufer unseres Unternehmens wollte ich unseren größten Kunden, Aldi, von einem neuen Produkt überzeugen. Die Aufgabe schien mir einfach zu sein. Das bestehende Produkt, Sahne in Sprühdosen, war erkennbar in die Reifephase eingetreten. Stagnierende Absatzzahlen und Preiskämpfe hatten den Ergebnisbeitrag für Händler und Produzenten schrumpfen lassen. In dieser Situation kam ich mir wie ein Retter vor. Wir hatten erkannt, dass man Sprühsahne mit anderen Produkten kombinieren konnte, mit Eierlikör beispielsweise, oder mit Amaretto. Nun galt es nur noch, Aldi von dem neuen Produkt zu überzeugen. Die Rechnung erschien plausibel: Ich nahm an, dass wir von unserer Eierlikörsahne etwa ein Drittel der Menge absetzen würden, die wir an normaler Sprühsahne verkauften, dies jedoch mit einem zwölffach höheren Deckungsbeitrag. Unter dem Strich würde also ein vierfach besseres Ergebnis herauskommen – und das sowohl für Aldi als auch für uns. Um so größer war meine Enttäuschung über die Reaktion des Einkäufers. Er empfing mich zwar gewohnt freundlich und folgte meinem Vortrag über die Vorzüge des neuen Produktes aufmerksam. Als ich ihm jedoch meine Absatzerwartung schilderte, sagte er knapp: »Dann nehmen Sie Ihre Sahne wieder mit. Wir werden sie nicht aufnehmen.« Ich war konsterniert. »Aber der Deckungsbeitrag,« erwiderte ich. »Sie werden deutlich mehr verdienen als mit normaler Sprühsahne. Und die führen Sie doch auch.« Die Antwort war lehrreich. »Bei Aldi gibt es ein einfaches Gesetz«, entgegnete er. »Jedes Produkt muss einen bestimmten Mindestumsatz erzielen. Lege ich Ihre eigenen Erwartungen zu Grunde, werden wir diesen Mindestumsatz mit Ihrer Eierlikörsahne nicht erreichen. Und deshalb werden wir sie jetzt nicht aufnehmen. Würden wir anders denken, würden wir bald nur noch Spezialitäten verkaufen und nicht mehr die Massenartikel des täglichen Bedarfs. Wir hätten dann weniger Kunden in unseren Läden und würden am Ende weniger verdienen.«

Ich habe damals etwas Wichtiges begriffen. Aldi war nicht nur fokussiert. Aldi war auch bereit, für diese Fokussierung Opfer zu bringen – um des langfristigen Erfolges willen auf kurzfristige Vorteile zu verzichten. Später habe ich diese Handlungsweise bei erfolgreichen Unternehmen immer wieder angetroffen. Die meisten Menschen aber handeln anders. Sie können den Verlockungen der vielen schönen Blumen am Wegesrande nicht widerstehen. Wie Rotkäppchen im Märchen lassen sie sich immer tiefer in den Wald hineinziehen und bemerken nicht, dass sie um kurzfristiger Vorteile willen ihr eigentliches Ziel aus den Augen verlieren und vielleicht nie mehr erreichen werden. Wer erfolgreich sein will, sollte nicht nur wissen, was er tun will, sondern auch, was er nicht tun will. Und danach handeln.

Die Fähigkeit zur Konsequenz trennt die Spreu vom Weizen

Viele wissen, wie es geht. Aber nur wenige handeln danach. Je länger ich mit Unternehmern arbeite, um so mehr begreife ich, dass die Fähigkeit zu konsequentem Handeln ein zentrales Unterscheidungsmerkmal zwischen erfolgreichen und weniger erfolgreichen Unternehmern ist. Wir Menschen wollen nach Möglichkeit alles, und das sofort. Konsequentes Handeln aber setzt die Bereitschaft voraus, alle Konsequenzen unserer Entscheidungen zu akzeptieren – die nachteiligen ebenso wie die vorteilhaften. Konsequenz erfordert die Fähigkeit zum Verzicht. Dies setzt eine Persönlichkeitsstärke voraus, über die die wenigsten verfügen. »Men make decisions, boys want it all«, lautet ein angelsächsisches Sprichwort. Aber wie viele »Männer« gibt es? »Nimm, was du willst, sagte Gott, und zahle dafür« – jeder kennt es, aber wer handelt danach?

Es ist ja auch viel angenehmer, inkonsequent zu sein. Nehmen wir ein beliebiges Beispiel aus der Unternehmenspraxis. Unternehmer Müller braucht dringend einen neuen Vertriebschef. Endlich glaubt er den geeigneten Kandidaten gefunden zu haben. Wenn nur die Forderung nach einem Firmenwagen nicht wäre. Seit es die Firma Müller gibt, hat noch kein leitender Angestellter einen Firmenwagen gehabt. Müller befindet sich in einer Zwickmühle. Ohne Firmenwagen, so erklärt ihm der Wunschkandidat, werde er nicht kommen. Schließlich habe er auch bei seinem bisherigen Arbeitgeber einen gehabt. Und außerdem: Was sollen die Nachbarn und Freunde denken? Schließlich gibt der Unternehmer nach, der Kandidat unterschreibt. Kurzfristig hat Unternehmer Müller gewonnen. Er hat die vakante Vertriebsposition besetzt. Und die langfristige Perspektive? Die ist eher schlecht. Denn bald werden auch die übrigen Verantwortungsträger im Unternehmen einen Firmenwagen haben wollen. Eine konsequent eingehaltene Regel, dass es in der Firma Müller keine Firmenwagen gebe, existiert schließlich nicht mehr. Fortan wird die Frage – Firmenwagen: ja oder nein? – eine Frage der Wertschätzung und des Status sein. Und um wenig kämpfen Führungskräfte so verbissen wie um Statussymbole. Unternehmer Müller sollte sich also nicht wundern, wenn er eines Tages entweder viele Firmenwagen oder demotivierte Führungskräfte haben wird. Aber das liegt für ihn vorerst noch in der Zukunft.

Das Beispiel thematisiert ein typisches Dilemma konsequenten Verhaltens. Während Inkonsequenz in der Regel unmittelbar belohnt und erst später bestraft wird, wirkt sich konsequentes Verhalten zunächst nachteilig aus, während seine Vorteile erst langfristig zur Geltung kommen. Da die meisten Menschen eher kurz- als langfristig denken, sind sie lieber inkonsequent. Die Champions sind sich dessen bewusst. 1998, kurz nachdem Dieter Brandes in seinem Aufsehen erregenden Buch »Konsequent einfach – Die Aldi-Erfolgsstory« die Erfolgsprinzipien des Ausnahmeunternehmens beschrieben hatte, besuchte ich eine der beiden Aldi-Zentralen in Deutschland. Natürlich kam das Gespräch auch auf das Buch. Um Aldis Bestreben nach Geheimhaltung wissend, meinte ich, es könne dem Unternehmen doch kaum recht sein, dass seine Erfolgsprinzipien jetzt für jedermann nachlesbar seien. »Natürlich ärgert uns das,« entgegnete man mir,

»Sorgen bereitet es uns aber nicht. Schließlich haben auch vorher schon viele unserer Konkurrenten gewusst, was wir tun und wie wir es tun. Wenn sie bislang nicht die Konsequenz aufgebracht haben, genauso zu handeln, warum sollten sie es jetzt tun können?«

Das Prinzip Einfachheit – der Turbo unter den Erfolgsfaktoren

Fokussierung, Askese und Konsequenz sind notwendige Voraussetzungen für Unternehmenserfolg. Das Prinzip Einfachheit entscheidet über den Umfang des Erfolges. Es wirkt gewissermaßen wie ein Turbo unter den Erfolgsfaktoren. Je einfacher ein Unternehmen ist und denkt, desto erfolgreicher kann es sein.

Diese Erkenntnis und auch die Hinweise auf die wesentlichen Inhalte des Prinzips Einfachheit verdanken wir wiederum in erster Linie Aldi. Und seinem Chronisten Dieter Brandes, der die Aldi-Philosophie in einem unserer Seminare wie folgt zusammengefasst hat: »Aldi war und ist erfolgreich, weil es sich um die einfachen Fragen bemüht hat. Und weil es sich immer bemüht hat, die Dinge einfacher zu machen. Konsequent einfach eben.« Aber nicht nur Aldi huldigt dem Prinzip Einfachheit. Wenn Sie genau hinsehen, werden Sie den Hang zur Vereinfachung bei allen Unternehmer-Champions beobachten können. »Einfachheit ist eine Tugend«, überschreibt etwa Ingvar Kamprad ein ganzes Kapitel in seinem »Testament eines Möbelhändlers«. Längst gehen auch die großen Unternehmensberatungen wie McKinsey oder Roland Berger mit Programmen zur Vereinfachung von Unternehmen auf ihre Kunden los. Denn Einfachheit und Unternehmenserfolg hängen unmittelbar zusammen. Dafür gibt es zwei einfache Gründe.

Zunächst: Nur was einfach ist, lässt sich standardisieren. Und Standardisierung ist eine Grundvoraussetzung für Unternehmenserfolg. Denn erst ihre Standardisierung ermöglicht die Multiplikation einer guten Idee. Erst durch ihre Multiplikation aber wird aus einer Idee ein unternehmerischer Erfolg. Das Prinzip ist einfach: Je häufiger eine

Idee multipliziert wird, desto größer ist der Erfolg des Unternehmens. Multiplikation lautet die Zauberformel, die Aldis Erfolg größer macht als den von Tante Emma, die Heiner Kamps über den Bäckermeister an der Ecke erhebt, Günter Fielmann über jeden noch so guten Optikermeister und die aus McDonald´s mehr macht als eine normale Imbissbude. In vielen Unternehmen gibt es kluge Ideen. Aber nur wenige geben sich die Mühe, sie so einfach zu machen, dass alle im Unternehmen sie verstehen. Doch nur was von allen verstanden wird, kann auch von allen gelebt und umgesetzt werden. Wer an die Spitze will, muss seine Ziele so einfach formulieren, dass es auch der Pförtner versteht. Komplizierte Strukturen übersteigen unser Verständnis. »Unternehmen müssen auf ein menschliches Maß zurückgeführt werden«, fordert die Politik- und Unternehmensberaterin Gertrud Höhler. Und wird von den Forschern des Max-Planck-Instituts für Bildungsforschung bestätigt. In einer Studie fanden sie heraus, dass die Lernfähigkeit und Lernbereitschaft der Menschen mit der zunehmenden Komplexität ihrer Umwelt nicht mehr Schritt hält. Als Konsequenz daraus stellten sie die Forderung auf, der zunehmenden Komplexität durch Vereinfachung zu begegnen.

Aldi macht vor, was es heißt, einfach zu sein und Standards zu multiplizieren. Nur weil die Regeln zur Sortimentspolitik einfach und verbindlich sind, musste der Einkäufer in unserem Sprühsahne-Beispiel nicht lange nachdenken, um entscheiden zu können, unsere Produktidee nicht aufzunehmen. Ähnliches gilt für die Aldi-Geschäfte. Wer das Sortiment und den Standort der Produkte in einem Aldi-Geschäft kennt, kennt es in jedem anderen auch. Welch ein Vorteil für Kunden und Mitarbeiter. Selbst für die Expansion gibt es einfache Regeln. Immer dann, wenn eine bestimmte Anzahl von Aldi-Geschäften in einem Gebiet erreicht ist, entsteht durch Zellteilung eine neue Aldi-Gesellschaft, ein neues Zentrallager. Wenn Sie Zeit und Gelegenheit haben, sollten Sie einmal mehrere Aldi-Gesellschaften oder Zentralläger besuchen. Sie gleichen einander wie ein Ei dem anderen. Und das nicht nur im Inland. Ich werde nie vergessen, wie ich bei meiner ersten Reise zur österreichischen Aldi-Tocher Hofer deren Lager und

Verwaltungsgebäude vor mir sah. »Das ist ja Klein-Mülheim,« habe ich damals unwillkürlich gedacht. Die gleiche Architektur, die gleiche Ausführung, die gleiche Anordnung – von den Verladerampen bis zu den Büros. Sogar die Bilder im Warteraum waren vom gleichen Künstler. Ich glaube, mit den Vorgaben aus der Zentrale könnten auch Sie und ich eine Aldi-Gesellschaft mit Verwaltung und Zentrallager errichten. Wer multiplizieren will, sollte von Aldi lernen. Lernen, was es heißt, zu standardisieren und einfach zu sein. Konsequent einfach.

Einfach zu sein hat noch einen weiteren Vorteil. Der konsequente Verzicht auf alles Unnötige verhindert Komplexität, den wohl größten Kostentreiber im Unternehmen. Ich selbst hatte das Glück, den Zusammenhang zwischen Komplexität und Kosten gleich zu Beginn meiner unternehmerischen Tätigkeit kennen und verstehen zu lernen. Unser Unternehmen war damals, bedingt durch eine längere Krankheit meines Vaters, in eine Krise geraten. Also rief ich die wichtigsten Führungskräfte zusammen, um die Ursachen des Problems zu verstehen. Ihre Botschaft war eindeutig: »Unser Problem ist Aldi,« meinten sie. »Die Preise bei Aldi sind zu niedrig. Mit Aldi machen wir nur Verluste.« Zum Beleg legte man mir eine kundenbezogene Erfolgsrechnung vor, die das Urteil zu bestätigen schien. Eines aber machte mich stutzig. In dem Rechenwerk wurden Aldi 40 Prozent aller Gemeinkosten zugeordnet. Auf meine Nachfrage erklärte man mir, immerhin mache das Unternehmen mit Aldi 40 Prozent des Umsatzes. Da sei es doch nur gerecht, diesem Kunden auch 40 Prozent der fixen Kosten zuzuordnen. Nun begann ich weiter zu fragen: »Wie viele unserer 40 Vertriebsmitarbeiter sind für Aldi tätig?« »Für Aldi?«, entgegneten sie mit Unverständnis. »Aldi hat Ihr Herr Vater immer selbst betreut. Da wollte er gar keinen dabei haben. Lediglich für die Auftragsabwicklung ist eine Mitarbeiterin zuständig.« »Und die Rechnungsprüfungsabteilung?«, fragte ich weiter. »Die brauchen wir für Aldi nicht. Bei Aldi gibt es keine komplizierten Konditionsberechnungen«, hieß es. Ähnlich verhielt es sich im Mahnwesen. Da Aldi immer pünktlich zahlte, konnte keiner der Mitarbeiter des Mahnwesens Aldi zugeordnet werden. Oder in der Produktion. Alle Produktionschefs klagten über zu lange Leerlaufzeiten, die durch die Sortimentsvielfalt verursacht wurden. »Jede Umstellung kostet uns mindestens eine halbe Stunde«, schimpfte einer von ihnen. »An manchen Tagen müssen wir bis zu achtmal umstellen.« – »Gilt dies auch für Aldi?«, wollte ich wissen. »Nein«, antwortete er. »Für Aldi zu produzieren, macht Spaß. Da können wir manchmal einen ganzen Tag lang eine Sorte fahren.«

In der Tat: Während wir für Aldi von manchen Produkten mehr als hundert Millionen Einheiten in drei Sorten produzierten, waren es bei anderen Kunden oft nur zehn Millionen Einheiten, die sich auf bis zu zehn Sorten verteilten. Dies musste Auswirkungen auf die Produktionskosten haben. Ebenso auf die Logistik. Von den über hundert Mitarbeitern, die damals im Lager arbeiteten, waren etwa die Hälfte mit Kommissionsarbeiten beschäftigt. An Aldi hingegen lieferten wir nur volle LKW. Bei genauem Nachrechnen wurde deutlich, dass wir das gesamte Aldi-Volumen mit etwas mehr als zehn Leuten bewältigen konnten. Und die Pläne für eine Investition in ein teures Hochregallager? »Für Aldi brauchen wir das im Grunde genommen nicht,« hieß es plötzlich. Ich möchte an dieser Stelle abbrechen, obwohl sich die Geschichte noch beliebig fortsetzen ließe.

Meine Mitarbeiter und ich haben damals zwei wichtige Lektionen gelernt: Auf unser Unternehmen bezogen stellten wir fest, dass Aldi nicht unser schlechtester, sondern unser bester Kunde war – mein Vater hatte das immer gewusst. Noch wichtiger aber war die allgemeine Lektion. Hohe Komplexität bedeutet hohe Kosten. Viele Unternehmen sind an ihrer Komplexität zu Grunde gegangen. Denn Komplexität ist teuer und gefährlich. Vor allem deshalb, weil man die Kosten der Komplexität auf den ersten Blick kaum erkennt. Auch wenn die betriebswirtschaftlichen Systeme der Kostenrechnung inzwischen artifizieller sind als die, die damals bei May zum Einsatz kamen, gibt es doch bis heute praktisch kein System, mit dessen Hilfe die Kosten der Komplexität zuverlässig ermittelt und zugeordnet werden könnten. Managementtheoretiker sprechen deshalb zu Recht von der »Komplexitätsfalle«.

Wenn aber Komplexität Mehrkosten bedeutet, dann muss Einfachheit zu Kostenvorteilen führen. Leicht nachvollziehbar ist das im Fixkostenbereich. Doch auch bei den variablen Kosten wirkt das Gesetz der Einfachheit durch die Verbindung mit den so genannten »Economies of Scale«. Einhundert Millionen Einheiten für einen Kunden lassen sich nun einmal günstiger produzieren, lagern und transportieren als einhundert Millionen Einheiten, die an zehn Kunden in jeweils zehn Sorten ausgeliefert werden müssen. Zum Schluss stellten wir sogar fest, dass wir günstigere Einkaufspreise erzielten, wenn wir unsere Variantenvielfalt verringerten.

Wahrscheinlich hat kein Unternehmen der Welt die Einfachheit so sehr zum Prinzip erhoben wie Aldi. Aldi-spezifisch ist sie trotzdem nicht. Inzwischen haben auch komplexe Unternehmen begriffen, dass sie einfacher werden müssen, um erfolgreicher zu sein. So versuchen die Automobilkonzerne der fortschreitenden Individualisierung der Kundenwünsche durch Plattformstrategien entgegenzuwirken. Vor Jahren schon machten die Automobilbauer aus Fernost deutlich, welche Kostenvorteile sich erzielen ließen, wenn man die häufigsten Sonderwünsche der Kunden kurzerhand zum Standard erklärte. Gegenüber ihren deutschen Konkurrenten boten sie ihren Kunden damals mehr Leistung für weniger Geld – ein Lehrbeispiel für die Wirkungen von Komplexität und Einfachheit.

Die wahrscheinlich besten Hebel zur Vereinfachung bieten die Kunden- und die Sortimentsstruktur. »Das Erfolgsrezept Einfachheit und Umsetzungsstärke tritt nirgendwo deutlicher hervor als im Management der Sortiments- und Kundenvielfalt,« bestätigen die Unternehmensberater von McKinsey. Fast alle Unternehmen haben zu viele Kunden und zu viele Produkte. Diese Feststellung beruht auf einer Erkenntnis des italienischen Ökonomen Pareto. Pareto fand heraus, dass wir mit 20 Prozent Einsatz in der Regel etwa 80 Prozent des möglichen Erfolges realisieren. 80 Prozent Aufwand sind erforderlich, um die restlichen 20 Prozent Erfolg zu erreichen. Unternehmen, die eine simple ABC-Analyse durchführen, können diese als Pareto-Prinzip bekannt gewordene 80:20-Regel bestätigen. Mit 20 Prozent ihrer Kunden und Produkte erzielen sie etwa 80 Prozent ihres Umsatzes oder Deckungsbeitrages. Wer daraus die richtigen Schlüsse zieht und sein Sortiment sowie die Zahl seiner Kunden konsequent verringert, reduziert nicht nur seine Kosten. Er gewinnt auch Zeit, die er in den konsequenten Auf- und Ausbau attraktiver Neuprodukte und der richtigen Kunden investieren kann. Es ist mittlerweile in praktisch allen Branchen zu beobachten: Wer auf Gewinner setzt, wird selbst zum Gewinner. Denn wenn der Kunde gewinnt, gewinnt sein Lieferant gleich mit. Nicht von ungefähr gehören die Lieferanten, die von Beginn an konsequent auf Aldi gesetzt haben, heute zu den Gewinnern unter Deutschlands Lebensmittelherstellern. Mit Aldi sind auch sie gewachsen.

Allerdings genügt es nicht, die Zahl der Kunden und Produkte in einem einmaligen Kraftakt zu reduzieren. Sortiment und Kundenstruktur einfach zu halten, ist eine permanente Aufgabe. Denn beide wachsen nur zu gerne wieder an, wenn sie nicht dauerhaft kontrolliert und reduziert werden. Wie dies gehen kann, hat wiederum Aldi vorgemacht. Beide Aldi-Unternehmen verfügen über eine festgelegte Anzahl von Produkten, die nicht überschritten werden darf. Wenn ein neues Produkt ins Sortiment aufgenommen werden soll, muss ein anderes gestrichen werden. Eine ebenso einfache wie wirkungsvolle Maßnahme zur permanenten Optimierung der Sortimentsstruktur. Doch wie bestimmt man die optimale Produkt- oder Kundenanzahl? »Willkürlich,« berichtet Dieter Brandes und ergänzt: »Der Sortimentsumfang bei Aldi beruht nicht auf wissenschaftlichen Erkenntnissen. Er ist von den Unternehmern willkürlich festgesetzt worden. Es kommt nicht so sehr darauf an, welche Zahl festgelegt wird, sondern darauf, dass die festgelegte Zahl tatsächlich eingehalten wird. Mit Disziplin und Konsequenz.«

Ansätze zur Vereinfachung bieten auch die Unternehmensstrukturen. Fragen Sie sich stets, ob Sie das, was Sie tun, auch wirklich brauchen. Aldi ist ein Meister im Weglassen. In Mülheim und Essen wird auf vieles verzichtet, was den meisten als unverzichtbare Selbstverständlichkeit gilt – und das mit Erfolg. So gibt es bei Aldi laut Brandes keine Stabstellen, keine Marktforschung und kein Controlling, keine komplizierten Kalkulationsmethoden und keine Jahresplanung. Anlass genug, darüber nachzudenken, ob nicht auch Sie vieles einfacher machen und manch überflüssigen Schnickschnack weglassen können. Denn Ingvar Kamprad warnt: »Planung ist oft gleichbedeutend mit Bürokratie. (…) Übertriebene Planung unterdrückt deine Handlungsfreiheit und verkürzt die Zeit, die dir zur Ausführung bleibt. Komplizierte Planung legt lahm.« Die meisten Unternehmer können sich ein Leben ohne aufwändige Planungsrituale kaum mehr vorstellen – die Champions schon.

Die Notwendigkeit zur Vereinfachung besteht insbesondere in wachsenden Unternehmen. Je stärker ein Unternehmen wächst, desto mehr neigt es zur Komplexität. Wenn aus einem wachsenden Unternehmen erst ein bürokratischer Moloch geworden ist, hat die unternehmerische Erfolgsstory rasch ein Ende. Auch hier können wir von den Champions lernen. Wie bereits berichtet, greift Aldi zum Prinzip der Zellteilung, wenn eine seiner Gesellschaften über eine bestimmte Maximalgröße hinauswächst. Nach dem gleichen Prinzip funktioniert die Firma Gore. Keine Einheit ist größer als 150 Mitarbeiter. Expandiert sie über diesen Standard hinaus, gründet Gore einen neuen Standort, der wieder wachsen kann. Und auch Richard Branson hat die Zellteilung zum Prinzip erhoben: »Jedes Mal, wenn eine unserer Firmen zu groß wird, gründen wir eine neue.« So bleiben die einzelnen Einheiten bei Branson & Co. klein und übersichtlich, obwohl das Gesamtunternehmen wächst. Denn kleine Einheiten sind effizienter als große – das haben auch Peter Drucker und andere führende Management-Theoretiker erkannt. Sie sind einfacher und leichter zu führen, meist stärker fokussiert und auf Grund flacherer Hierarchien schneller und flexibler als Großunternehmen. »Eine Flotte kleiner Kampfschiffe ist einem großen Kriegsschiff immer überlegen«, hat ein erfolgreicher Unternehmer mir sein Erfolgsprinzip bereits vor Jahren anvertraut.

Die Wirklichkeit vieler Eigentümer- und Familienunternehmen sieht anders aus. Ihre Unternehmensstrukturen folgen häufig weniger betriebswirtschaftlichen Erkenntnissen als steuerlichen Optimierungsüberlegungen. Der Wunsch, eine unnötig hohe Belastung durch Unternehmenssteuern oder auch eine ungewollte Publizität zu vermeiden, ist nachvollziehbar. Er darf jedoch nicht dazu führen, die Unternehmensstrukturen so kompliziert zu machen, dass sie am Ende nur noch vom Steuerberater und vom Finanzchef verstanden werden. Sonst mag es Ihnen wie dem Unternehmer ergehen, der vor der steuerlich motivierten Umstrukturierung Jahr für Jahr etwa 10 Millionen Euro Gewinn erzielte und zum Spitzensteuersatz in Deutschland versteuerte. Nach der Umstrukturierung reduzierte sich nicht nur die durchschnittliche Steuerbelastung, sondern bald auch der Gewinn auf einen Bruchteil des Ausgangswertes. Spätestens jetzt sollte auch dem letzten Skeptiker klar geworden sein, welche Chancen Einfachheit bietet und wie gefährlich unnötige Komplexität für ein Unternehmen werden kann. Viele Berater bieten heutzutage Programme und Instrumente an, mit deren Hilfe Komplexität besser beherrschbar werden soll. Vielleicht haben sie Erfolg. Mehr Erfolg hat in jedem Fall, wer Komplexität nicht nur beherrscht, sondern reduziert. Denn nur was einfach ist, lässt sich standardisieren. Standardisierung aber ist die Vorraussetzung für Multiplikation und Kostenvorteile. Dadurch ermöglicht sie Wachstum und höhere Erträge. Im Verbund mit Fokussierung, Askese und Konsequenz wird sie zur Turboformel für Unternehmenserfolg (siehe Abbildung 3: »Fokussierung, Askese, Konsequenz und Einfachheit – die Turboformel für Unternehmenserfolg«).

Vertrauen Sie auf die eigene Stärke

So unterschiedlich Aldi und Lidl im Übrigen auch sein mögen – in der Befolgung der vorgenannten Erfolgsprinzipien sind sich die beiden großen Konkurrenten einig. Nicht nur das: Sie wissen auch um ihre Ausnahmestellung, vertrauen auf ihre Stärken und tun alles, um diese vor der Konkurrenz zu schützen. Champions sieht man selten auf Verbandstagungen, sie beteiligen sich kaum am Know-how-Austausch

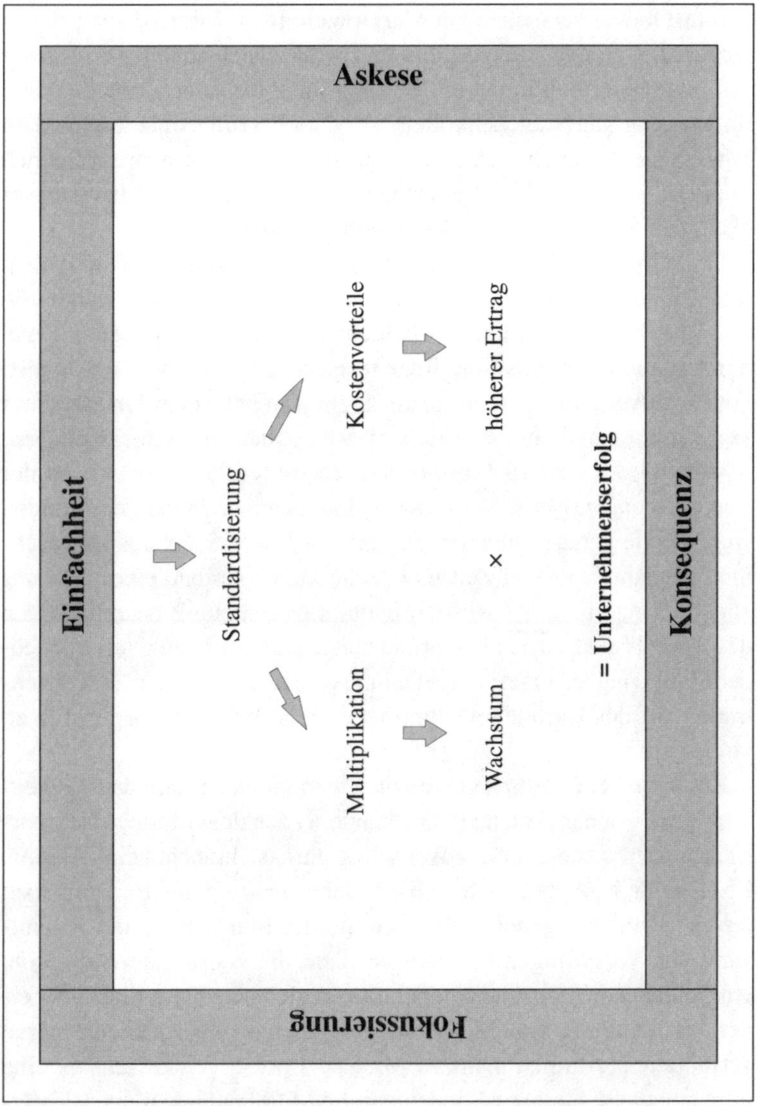

Abbildung 3: »Fokussierung, Askese, Konsequenz und Einfachheit – die Turboformel für Unternehmenserfolg«

und fast nie an Versuchen zur Marktregulierung. Mit Bedacht pflegen sie das Image des Außenseiters und wollen niemandem verpflichtet sein, wie einer von ihnen die Beweggründe für seine Zurückhaltung im Umgang mit Branchenkollegen einmal begründet hat. Schließlich müssen sie das auch nicht. Als Branchenprimus hat man schließlich mehr zu verlieren als zu gewinnen. Es ist das Interesse der Schwachen, den Starken einzubinden – nicht umgekehrt.

Deshalb lernen Sie von den Champions: Anstatt Ihre Zeit in – nicht selten illegalen – »Branchen-Gesprächen« zu vergeuden, sollten Sie sie lieber in den Auf- und Ausbau eigener Stärken investieren. Denn nur wer stark genug ist, die Regeln selbst zu bestimmen, macht sich vom Wohlverhalten anderer unabhängig. Ein bekannter Unternehmer sagte mir einmal mit spöttischem Seitenblick auf seine Kollegen: »Während die sich zu Preisabsprachen treffen, arbeiten wir an der Vergrößerung unseres Vorsprungs und nehmen ihnen die Kunden weg, die sie gerade unter sich aufteilen.« Und ein anderer Unternehmer, der jahrelang viel Zeit und Mühe in den Aufbau eines Systems zur Marktregulierung investiert hatte, musste beim Zusammenbruch des Kartells die traurige Erfahrung machen, dass er beim anschließenden Preiskrieg als erster aufgeben musste, weil er vor lauter Konzentration auf das Kartell versäumt hatte, seine Wettbewerbsposition zu verbessern.

Zurückhaltend verhalten sich die Champions deshalb auch gegenüber strategischen Allianzen. Sie handeln nach dem Motto: »Der Starke ist am stärksten alleine!« Wer selbst stark ist, braucht keine Allianz. Im Gegenteil: Warum sollte er die anderen an seinem Vorteil teilhaben lassen? Wettbewerb hat schließlich mit der Erarbeitung und Ausnutzung von Vorsprüngen zu tun. Vor allem die von Beratern so gerne empfohlenen Mittelstandskooperationen gleichen nicht selten eher einer Versammlung von Mittelmäßigen, als dass sie wirkliche Stärke vermittelten. Ähnlich sieht es Michael Porter: »Allianzen als eine breit angelegte Strategie können nur die Mittelmäßigkeit eines Unternehmens sichern, nicht seine (...) Marktführerschaft.« Und Herman Simon stellt fest: »Von den ›Hidden Champions‹ kann man lernen, sich vor der Illusion zu bewahren, dass strategische Allianzen die generelle Lösung für Probleme sind, die ein Unternehmen nicht selbst lösen kann. Zuerst und vor allem sollte ein Unternehmen sich auf die eigenen Stärken verlassen und bestrebt sein, die internen Kompetenzen zu entwickeln, die erforderlich sind, um in einem Markt erfolgreich zu konkurrieren.«

Allianzen halten nämlich nur selten, was sie versprechen. Jeder möchte mehr aus der Zusammenarbeit herausholen, als er selbst einzubringen bereit ist – eine Gleichung, die nicht aufgehen kann. Deshalb erzeugen strategische Allianzen so selten nur Gewinner, wie eine Geschichte illustriert, die vor einigen Jahren in Beraterkreisen die Runde machte.

»Ein Huhn kam eines Tages zum Schwein und berichtete ihm stolz von einer neuen Idee. ›Wie wär's,‹ fragte es, ›wenn wir beide uns zu einer Allianz zusammenschließen würden?‹ – ›Interessante Idee,‹ entgegnete das Schwein, ›aber was wäre der Vorteil einer solchen Allianz?‹ – ›Wir könnten ein neues Produkt auf den Markt bringen‹, meinte das Huhn, ›Ham & Egg.‹ – ›Und wie soll unsere Allianz aussehen?‹, wollte das Schwein wissen. ›Ganz einfach‹, entgegnete das Huhn. ›Ich liefere die Eier und du den Schinken.‹ Das Schwein war interessiert. ›Klingt gut,‹ antwortete es schließlich. ›Aber ich sollte noch einmal darüber schlafen.‹

Am nächsten Tag trafen Huhn und Schwein erneut zusammen. ›Ich habe nachgedacht‹, begann das Schwein. ›In der Tat eine prima Idee. Wir könnten reich werden. Nur eine Frage bereitet mir noch Kopfzerbrechen: Gehe ich bei dieser Allianz nicht am Ende drauf?‹ Darauf blickte das Huhn seinen Kollegen lange und verständnislos an. ›Na und?‹, gab es zurück. ›Bei einer Allianz geht doch immer einer drauf.‹ «

Vor allem Fusionen sind ein schwieriges Geschäft. Zwar hat die Neudimensionierung vieler Märkte unter dem Leitbegriff der Globalisierung zunächst zu einer wahren Fusionseuphorie geführt. Erfolgreich aber waren die wenigsten. Kein Wunder: Wenn sich zwei Unternehmen verbinden, treffen zwei unterschiedliche Unternehmenskulturen aufeinander. Nur selten ist eindeutig klar, welche Kultur in dem gemeinsamen Unternehmen künftig gelten soll. Stattdessen wird hartnäckig um die Vorherrschaft gerungen. Und selbst wenn eindeutig feststeht, wer zukünftig das Sagen hat, leisten die Unterlegenen oft hinhaltenden Widerstand. Die Aldis & Co. wissen es schon lange: Es ist allemal leichter, Team-Spirit in einer eigenen Mannschaft aufzubauen, als eine übernommene Mannschaft umzuerziehen. Exzellenz lässt sich eben nur schwer übertragen. Durch Fusionen werden Unternehmen zwar häufig mächtiger, aber nur selten besser.

Viele Champions wachsen lieber aus eigener Kraft. Sie handeln nach dem Motto: »Nicht die Großen fressen die Kleinen, sondern die Starken fressen die Schwachen.« Einige verzichten sogar auf Zukäufe. Nur so können sie sicher sein, dass die eigenen Kernkompetenzen nicht verwässert oder erst nach einem schwierigen Umerziehungsprozess auf das übernommene Unternehmen übertragen werden können. Aldi und Lidl, Haribo und auch Richard Branson sind Musterbeispiele für Unternehmenswachstum aus sich selbst heraus. »Branson baut, er kauft nicht,« schreibt Des Dearlove, ein enger Beobachter der Erfolgsstory des Engländers. »Wo andere Tycoons Imperien aufbauten, indem sie kleinere Imperien schluckten, hat Branson das seine selbst vergrößert.«

Dabei achten die Champions darauf, dass sie nicht schneller wachsen, als es das Unternehmen verkraftet. Sie ziehen gesundes Wachstum schnellem Wachstum vor. Als sich nach der Wende 1990 überraschend der ostdeutsche Markt öffnete, begann ein Wettlauf der deutschen Lebensmittelhändler um Standorte in Ostdeutschland. Jeder wollte vor Ort sein – und das an möglichst vielen Standorten. Die üblichen Überlegungen wie Relation zur Kaufkraft oder Qualität des Standortes wurden der Gier nach dem schnellen Geld geopfert. Nur Aldi widerstand der damals vorherrschenden Goldgräbermentalität. Das Unternehmen ließ sich nicht von seinen für die Expansion entwickelten Grundsätzen abbringen. Und während die meisten anderen im Osten inzwischen mehr Geld verloren haben, als sie am Anfang gewonnen hatten, hat sich Aldi nun auch in Ostdeutschland eine führende Position erarbeitet.

Wachsen aus eigener Kraft bedeutet nicht zuletzt auch Wachsen im

Rahmen der eigenen Finanzmittel. Nicht selten haben die Champions innovative Finanzierungskonzepte entwickelt, um ihr Wachstum finanzieren zu können. So entwickelte ein mir bekanntes Unternehmen ein Steuersparmodell, mit dessen Hilfe es mehrere hundert Millionen Euro Eigenkapital aus ersparten Steuern bilden konnte. Und Aldi sorgte von Beginn an dafür, dass sein Lagerumschlag stets schneller war als die Dauer seiner Lieferantenforderungen. Auf Grund dessen konnte das Unternehmen sein Wachstum in der Vergangenheit stets aus eigener Kraft finanzieren.

Die meisten Unternehmen würden sich wundern, welche Finanzmittel sich freisetzen ließen, wenn sie endlich anfingen, ihre Forderungen und Vorräte professionell zu managen und ihre Bilanzen konsequent auf nicht betriebsnotwendiges Vermögen zu überprüfen. Auf diese Weise lässt sich nämlich nicht nur der Finanzierungsspielraum, sondern zugleich der Unternehmenswert erhöhen. Mit anderen Worten: Es ist an der Zeit, dass die Unternehmer Finanzierung nicht nur als eine eher störende Hilfsfunktion, sondern als integralen und gleichberechtigten Bestandteil ihrer Unternehmensstrategie begreifen. Es wird ihnen wahrscheinlich auch nichts anderes übrig bleiben. Seitdem sich die Geschäftsbanken zunehmend aus dem Kreditgeschäft mit dem Mittelstand zurückziehen, werden die Finanzierungsspielräume enger. Für Unternehmer, die sich nicht rechtzeitig auf das veränderte Klima einstellen, könnte dies das Aus bedeuten.

Die Champions hingegen bedienen die Klaviatur der Finanzinstrumente längst virtuos. Maßgeschneiderte Leasing- und Factoring-Konzepte, Asset backed-Securities, Veräußerung nicht betriebsnotwendigen Vermögens, Mezzanine Finanzierungsinstrumente, Anleihen, in- und ausländische Finanz-Holdings – es gibt praktisch kein Finanzierungsinstrument, das erfolgreichen Unternehmen nicht zur Verfügung stünde. Selbst der Gang an die Börse ist für viele Champions kein Hindernis mehr. Branson, Bezos (Amazon), Colpan (Qiagen), Gates (Microsoft), Fielmann, Sam Walton (Wal-Mart) und sogar Traditionsunternehmen wie Henkel nutzen die Eigenkapitalbeschaffung über den öffentlichen Kapitalmarkt, um ihr Wachstum zu finanzieren.

Der Börsengang erweist sich häufig als Wachstumsmotor. Er verschafft dem Unternehmen nicht nur frisches Kapital, sondern erhöht auch seinen Bekanntheitsgrad.

Doch wie alles im Leben hat auch er seinen Preis. So wie die Banken als Fremdkapitalgeber ausreichende Sicherheiten verlangen, erwarten die Risikokapitalgeber als Ausgleich eine überdurchschnittliche Rendite in Form von Dividenden und Wertsteigerung. Und Mitwirkungsrechte. Die Zeiten, in denen man sein Unternehmen in Ruhe und im Verborgenen entwickeln konnte, sind mit dem Börsengang vorbei. Der Wettbewerb um das Vertrauen der Investoren zwingt zu kurzfristigeren Planungshorizonten, zu höherer Professionalität bei der Pflege der so genannten Investor Relations und erzeugt permanenten Erfolgsdruck. Der Unternehmer, dessen Unternehmen am öffentlichen Kapitalmarkt gehandelt wird, ist nicht mehr uneingeschränkt Herr im Hause. Es ist durchaus möglich, dass er im Laufe der Zeit, vor allem bei einer Unternehmenskrise, den führenden Einfluss auf sein Unternehmen verliert. Unternehmensführer, die dynastisch denken und ihr Unternehmen über Generationen in der Familie halten wollen, sollten dies sehr wohl bedenken, bevor sie sich für den Schritt an die Börse entscheiden. Wem es aber weniger um langfristige Einflussnahme als um kurzfristige Erfolgsmaximierung für Unternehmen und Unternehmervermögen geht, für den stellt das Going Public durchaus eine ernst zu nehmende Alternative dar. So ist es wahrscheinlich kein Zufall, dass im Zuge des derzeit zu beobachtenden Wertewandels mit der allmählich nachlassenden Strahlkraft des traditionellen industriellen Familienunternehmens auch die Zurückhaltung gegenüber einer Öffnung zum Kapitalmarkt nachlässt. Und das nicht nur bei den Unternehmensgründern der New Economy.

Wachsen Sie mit dem Markt

Auf einem Kongress traf ich vor einigen Jahren einen deutschen Unternehmer, der sein Glück in den USA gemacht hatte. Kaum 50-jährig, blickte er auf eine ebenso abwechslungs- wie erfolgreiche Karriere zurück. Bereits zweimal hatte er ein Unternehmen aufgebaut und auf dem Höhepunkt verkauft. Was das Geheimnis seines Erfolges sei, wollte ich wissen. »Im Grunde genommen ist es ganz einfach«, antwortete er. »Ich schwimme mit der Welle und nicht gegen den Strom.« Und weil ich ihn offensichtlich etwas unverständig ansah, fuhr er fort: »Die Branche, in der ich tätig bin, ist sehr konjunkturabhängig. Geht es mit der Konjunktur aufwärts, geht es meiner Branche gut – und umgekehrt. Daraus ziehe ich meine Schlüsse. Wenn die Branche am Boden ist, steige ich ein. Und wenn sie dann wieder boomt, verkaufe ich. So einfach ist das.« »Buy low, sell high«, so hatte mir zuvor schon ein erfolgreicher Vermögensverwalter sein Erfolgsrezept erklärt. »Wir kaufen nur Standardwerte. Wenn der Markt unten ist, steigen wir ein, dann halten wir still, bis er wieder oben ist – und verkaufen. Das macht wenig Arbeit und funktioniert immer.«

Beide Unternehmer vertrauen auf die zyklische Entwicklung der Märkte. Zu Recht. Denn die Idee vom Lebenszyklus verkörpert ein allgemeines Gesetz. Bei biologischen Systemen ist dies offensichtlich. Menschen, Tiere, Pflanzen und andere Organismen folgen einem Entwicklungspfad, der sie zunächst entstehen, dann wachsen, reifen und schließlich vergehen lässt. Dass dieser Lebenszyklus auch für andere Systeme, für Völker, Staaten, Nationen und Kulturen gilt, hat Oswald Spengler in seinem bahnbrechenden Werk »Der Untergang des Abendlandes« herausgearbeitet. Der amerikanische Historiker Paul Kennedy hat sich erst kürzlich in einer viel beachteten Arbeit über »The Rise and Fall of the Great Empires« mit den Bedingungen beschäftigt, die die großen Nationen der Neuzeit aufsteigen und scheitern ließen. Dem russischen Ökonomen Kondratieff schließlich verdanken wir die Erkenntnis, dass die ökonomische Entwicklung ebenfalls aus einer Abfolge größerer und kleinerer Zyklen besteht. Niemand bestreitet mehr, dass auch Produkte, Märkte, ja ganze Branchen einem Lebenszyklus unterliegen. Die einzelnen Zyklen mögen unterschiedlich lang sein. Aber eines Tages werden selbst Erfolgsprodukte wie Coca-Cola, der Discount-Lebensmittelhandel oder Computer von der Bildfläche verschwunden sein – auch wenn sich das manch einer heute noch nicht vorzustellen vermag. In meiner Jugend konnte ich mir ein Leben ohne Tipp-Kick oder Tischfußball nicht vorstellen. Doch längst sind Computerspiele an ihre Stelle getreten. Die berühmte Dosenmilch wurde durch Kondensmilch in Papierverpackungen ersetzt, traditionelle Reisebüros und Kunstgalerien werden von Internet-Konkurrenten bedrängt, die Skifahrer müssen den Snowboardern weichen und manche Lebenszyklen, etwa die von Computerspielen, scheinen überhaupt nur noch ein oder zwei Jahre zu dauern.

Für den Unternehmenserfolg ist das Wissen um die Existenz des Lebenszyklus von grundlegender Bedeutung. In einem wachsenden Markt ist es leichter, erfolgreich zu sein, als in einem Markt, der stagniert oder gar schrumpft. Solange der zur Verteilung anstehende Kuchen wächst, kann jeder leicht gewinnen, weshalb die Wettbewerbsintensität in wachsenden Märkten meist gering ist. Wenn aber der Kuchen schrumpft, nimmt der Verteilungskampf an Härte zu. Wer jetzt noch wachsen oder zumindest seinen Status quo verteidigen will, kann dies nur auf Kosten seiner Mitbewerber tun. Verdrängung heißt deshalb die im reifen Markt vorherrschende Wettbewerbsstrategie. In wachsenden Märkten erzielen Unternehmen regelmäßig bessere Renditen als in reifen Märkten. Erfolgreiche Unternehmer achten deshalb sorgfältig darauf, dass sie mit ihren Unternehmungen vornehmlich in Wachstumsmärkten tätig sind. Und wenn sie sich ausnahmsweise doch in reifen Märkten engagieren, dann nur, um mit einem neuen Konzept die bislang im Markt gültigen Spielregeln nachhaltig zu ihren Gunsten zu verändern.

Wider die strategische Starre

Genau hier liegt das Dilemma vieler Mittelständler, vor allem vieler traditioneller Familienunternehmen. Mittelständische Unternehmen sind vielfach in reifen Märkten tätig. Sie müssen eine Entscheidung treffen: Entweder die Spielregeln im Markt verändern oder ihr Unternehmen verkaufen. Doch in der Regel tun sie weder das eine noch das andere. Zur Veränderung der Spielregeln fehlen Innovationskraft und Mut, und am Verkauf hindert sie die Tradition. Niemand möchte derjenige sein, der eine möglicherweise über hundertjährige Familientradition beendet. Dabei muss der Verkauf keineswegs das Ende der unternehmerischen Tätigkeit darstellen. Mit dem Verkaufserlös kann in neue, attraktivere Branchen investiert werden. Neuerdings sogar steuerbegünstigt.

Die Entscheidung über das richtige unternehmerische Betätigungsfeld gehört zu den wichtigsten Aufgaben jedes Unternehmers. Die Umschichtung eines Portfolios ist kein Zeichen von Resignation, sondern ein Ausweis der Qualität des handelnden Unternehmers. Oder glauben Sie, Haniel würde nach mehr als 200 Jahren noch existieren, wenn das Unternehmen bei seinen Ursprungsunternehmungen geblieben wäre? Selbst Unternehmergiganten wie die Fugger sind zu Grunde gegangen, weil sie sich nicht rechtzeitig angepasst haben. Familienunternehmer tun sich mit der Anpassung oft schwer. »Wir sind Brauer, und das seit 150 Jahren«, hat erst kürzlich ein mittelständischer Brau-Unternehmer auf meinen Vorschlag nach einem Branchenwechsel geantwortet. Seine Haltung steht stellvertretend für viele Nachfolger-Unternehmer, die sich nicht berechtigt fühlen, das ihnen übergebene Lebenswerk des Vaters oder Großvaters zu verändern. Selbst wenn der Unternehmer will, hat er oft Schwierigkeiten, die übrigen Familiengesellschafter von dem Richtungswechsel zu überzeugen. »Wenn das unser Vater noch erleben müsste«, lautet ein häufig zu hörender Vorwurf in den Gesellschafterversammlungen traditionsbewusster Familienunternehmen. Selbst starke Unternehmerpersönlichkeiten müssen hart und lange kämpfen, ehe sie einen von ihnen für richtig erachteten Richtungswechsel in die Tat umsetzen können. »It took me ten years«, berichtet beispielsweise der bekannte finnische Unternehmer Krister Ahlström und meint damit die Überzeugungsarbeit, die notwendig war, um das Mühlenunternehmen Ahlström einer veränderten Umwelt anzupassen. Doch der Kampf lohnt sich.

»Tradition bedeutet nicht, Asche zu verwahren, sondern eine Flamme am Leben zu erhalten«, hat Jean Jaures einmal treffend gesagt. Wer das nicht einsehen will, wird sein Unternehmen zu Grunde richten. Und als Unternehmer scheitern. Denn spätestens mit dem Ende des Lebenszyklus' der Branche endet auch der Lebenszyklus des letzten Unternehmens der Branche. Es ist an der Zeit, dass die mittelständischen Unternehmer in Deutschland diese Zusammenhänge begreifen. Und entsprechend handeln.

Auch Ihr Unternehmen hat einen Lebenszyklus

Das Wissen um die Gesetzmäßigkeiten des Lebenszyklus' hat noch einen weiteren Vorteil. Denn nicht nur Produkte und Branchen, auch das Unternehmen selbst unterliegt in seiner Entwicklung einem Lebenszyklus, der es zunächst entstehen, dann wachsen, schließlich reifen und womöglich vergehen lässt. Cuno Pümpin und Jürgen Prange, denen wir das Wissen um die Gesetzmäßigkeiten des Lebenszyklus' in der Unternehmensentwicklung verdanken, haben die vier typischen Phasen der Unternehmensentwicklung als Pionier-, Wachstums-, Reife- und Wendephase bezeichnet. Die Kenntnis, in welcher Entwicklungsphase sich das Unternehmen befindet, ist für den Unternehmer von weit tragender Bedeutung. Denn jede Entwicklungsphase kennt ihre eigenen Herausforderungen.

So ist der Pionier-Unternehmer nicht nur Gründer und Motor des Unternehmens, sondern zugleich die den Erfolg limitierende Größe. Pionier-Unternehmen kämpfen nicht nur mit einer oft unzureichenden Kapitalausstattung, einem ungenügenden Finanz- und Liquiditätsmanagement, mangelnder Personalqualifikation und einem gefährlichen Hang zur Verzettelung. Besonders problematisch ist die hohe Abhängigkeit des Unternehmens vom Pionier selbst. Die häufigsten Ursachen für das Scheitern junger Pionier-Unternehmer sind der ungeplante Ausfall des Unternehmers sowie fehlendes Know-how. Pioniere sind oft gute Techniker oder begnadete Verkäufer, aber es fehlt ihnen am erforderlichen betriebswirtschaftlichen Basiswissen, insbesondere über die Zusammenhänge von Kapitalausstattung und Liquidität. Wem es nicht gelingt, ausreichend gute Leute zu gewinnen und eigene Schwächen zu kompensieren, hat auf Dauer keine Chance.

Auch die typischen Fehler reifer Unternehmen ließen sich mit mehr Wissen um die Gesetzmäßigkeiten des Unternehmens-Lebenszyklus' vermeiden. Denn die Führung des reifen Unternehmens unterliegt häufig einem fatalen Irrtum, der auf der Diskrepanz zwischen Schein und Sein beruht. Von außen betrachtet erscheint das reife Unternehmen stark und unangreifbar. Es erzielt erfreuliche Finanzresultate, verfügt über beachtliche Ressourcen, insbesondere meist großzügige Kreditlinien, über wertvolle Verbindungen zu seinen wesentlichen Abnehmern und über ein umfangreiches Know-how. Auf Grund konservativer Bilanzpolitik zeigt das reife Unternehmen nicht selten stabile Gewinne und eine hohe Eigenkapitalquote. Von innen aber hat es längst zu faulen begonnen. Langsam und zunächst unmerklich sind der ursprüngliche Innovations- und Pioniergeist erlahmt, Optimierung und Perfektionierung an seine Stelle getreten. Wenn dann noch Bürokratisierung und Machtkonflikte hinzukommen, besteht begründete Aussicht, dass das Unternehmen in die Wendephase eintritt und früher oder später zum Sanierungsfall wird. Die zentrale Herausforderung in der Reifephase lautet deshalb nicht Reorganisation oder Restrukturierung, sondern Re-Innovierung. Nur wenn es gelingt, die aufgebaute Komplexität zu reduzieren, das Unternehmen zu vereinfachen und die ursprüngliche Schnelligkeit und Innovationskraft wiederzugewinnen, kann das reife Unternehmen in die Erfolgsspur zurückfinden.

Selbst im wachsenden Unternehmen, dem Inbegriff des erfolgreichen Unternehmens, herrscht nicht nur eitel Sonnenschein. Zugegeben: Wachsende Unternehmen sind faszinierend. Das Unternehmen hat die in der Pionierphase lauernden Gefahren erfolgreich umschifft und sein Erfolg versprechendes Nutzenpotenzial gefunden. Jetzt konzentriert es all seine Kräfte auf dessen Ausschöpfung und Multiplikation. Wachstums-Unternehmen wachsen schnell, Expansion und eine klare Abgrenzung zum Wettbewerb werden zum unternehmerischen Leitthema. Alle im wachsenden Unternehmen fühlen sich als Sieger und sind entsprechend motiviert. Das Management ist professioneller und breiter geworden. Ähnliches gilt für Strukturen und Abläufe sowie für die Behandlung strategischer Fragestellungen. Dennoch bleibt das Wachstums-Unternehmen einfach und übersichtlich und ist entsprechend schnell und flexibel.

Doch auch in der Wachstumsphase lauern Gefahren. Mancher »Beinahe-Champion« ist kurz vor der Ziellinie gescheitert. Denn Wachstums-Unternehmen wachsen mitunter schneller, als ihnen gut tut. Die wichtigsten Ressourcen, vor allem Personal und Kapital, können mit dem Wachstum nicht Schritt halten. Manager, die mit dem Unternehmensgründer in der Garage gestartet sind, stehen plötzlich auf internationaler Bühne, ohne dafür qualifiziert zu sein – und machen als Folge ihrer Überforderung vermeidbare Fehler. Nicht selten ist die Finanzlage bis zum Äußersten angespannt. Mit der Ausweitung des Geschäftes wächst nämlich auch der Bedarf an Working Capital. Kommen dann noch Akquisitionen hinzu, steigt der Finanzbedarf schneller als das Eigenkapital. Irgendwann werden die Banken unruhig, entweder weil die Eigenkapitalquote nicht mehr stimmt, oder weil ihnen ihr Risiko in absoluter Höhe zu groß geworden ist. Wenn dann etwas schief geht, wird es gefährlich. Mehr als einmal habe ich bis dato erfolgreiche Unternehmen scheitern sehen, nur weil sie ihre Flopfähigkeit verloren hatten. Wahre Champions wissen, dass Wachstum immer auch Konsolidierung braucht, Phasen, in denen die Ressourcen des Unternehmens an das Wachstum angepasst werden. In der Kriegsführung ist dieser Grundsatz seit langem bekannt. Immer wieder müssen Ressourcen aufgefüllt werden, will man sich nicht zu Tode siegen. Und auch in der Lebensführung gilt der beständige Wechsel zwischen Anspannung und Entspannung als unverzichtbare Voraussetzung für Lebenserfolg.

Eine weitere Gefahrenquelle für stark wachsende Unternehmen liegt in der Überschätzung der eigenen Möglichkeiten. Viele Chefs wachsender Unternehmen fühlen sich unbesiegbar. Wem alles gelingt, der traut sich alles zu. Ohne lange nachzudenken, dringen erfolgreiche Unternehmer in fremde Märkte ein – in dem mitunter irrigen Glauben, ihre Erfolgsfaktoren ließen sich ohne weiteres auf alle Märkte übertragen. Der Eintritt in fremde Märkte aber will gut überlegt sein. Wer gut Schach spielen kann, muss nicht unbedingt auch Meister im Halma sein. Manchen Erfolgsunternehmer sind die Ausflüge in fremdes Terrain teuer zu stehen gekommen. Nicht umsonst gehört die misslungene Diversifikation zu den häufigsten Ursachen für das Scheitern eines Wachstums-Unternehmens. »Schuster, bleib bei deinem Leisten«, möchte man diesen Unternehmern zurufen. Deshalb denken Sie daran: Erfolg darf nicht blind machen. Erfolge in einem Markt lassen sich nicht ohne weiteres auf andere Märkte übertragen.

Große Unternehmer sind auch große Vorbilder

Der wahrscheinlich wichtigste Unterschied zwischen einem Erfolgs- und einem Durchschnittsunternehmen ist der Unternehmer selbst. Besonders deutlich tritt dies in einer Anzeige hervor, die Aufsichtsrat, Geschäftsführung, Betriebsrat und Belegschaft »seines« Unternehmens aus Anlass des Todes von Robert Heitkamp veröffentlichen ließen.

»Eine Ära ist vorüber.
Wir trauern um
Bauunternehmer Robert Heitkamp
* 21. September 1915 † 16. Juni 1998

›Bauen macht Freude‹ – bis zuletzt lebte er den Wahlspruch seines Unternehmens. Er führte das über 100 Jahre alte Familienunternehmen in die Spitze der deutschen Bauindustrie. Seine Firma und die ihm anvertrauten Menschen waren sein Leben. Mit seiner unermüdlichen Tatkraft und einem faszinierenden Gespür für Menschen hat er alle mitgerissen und begeistert. Seine Auftraggeber wussten, dass auf ihn Verlass war. Seine Männer gingen für ihn durchs Feuer. Er hatte sie nach seinen Maßstäben ausgesucht: Charakter,

Fleiß und fachliches Können. Er lebte vor, stets sein Bestes zu geben. Nie ließ er einen der Seinen im Stich. Ihnen und ihren Familien galt seine Fürsorge. Er hat das Unternehmen geprägt, Werte und Tugenden vorgegeben. Sein Wille war unbeugsam. Er war treu, aufrecht, unbestechlich und voller menschlicher Wärme. Er war der Jagd und der Heimat verbunden, und er liebte sein Vaterland.

Robert Heitkamp war ein großer Mann und ein guter Mensch. Wir verdanken ihm unendlich viel und werden ihn sehr vermissen. Er bleibt uns Vorbild, sein Vermächtnis Ansporn und Verpflichtung. Wir setzen seinen Weg fort.«

Die Bauunternehmung Heitkamp war und ist ein erfolgreiches Unternehmen. Und Robert Heitkamp hat sie zu dem gemacht, was sie ist. Er hat sie geprägt – durch »Vorbild«, wie es im Text der Anzeige treffend heißt. Denn durch nichts prägt ein Unternehmer sein Unternehmen so stark wie durch sein gelebtes Vorbild. Das Unternehmen ist das Spiegelbild des Unternehmers. Nicht, wie er sich sein Unternehmen wünscht oder wie er selbst gerne sein möchte, sondern so, wie er ist, wird auch sein Unternehmen. Der Grund ist einfach: Menschen orientieren sich an ihren Leitfiguren – und ahmen sie nach. Außenstehende, die sich von dem vorgelebten Verhalten angezogen fühlen, treten der Organisation bei, Mitglieder, die sich mit dem Leitbild nicht identifizieren können, verlassen sie. Dies hat zur Folge, dass die Organisation mit zunehmender Dauer immer stärker zum Spiegelbild ihrer Führungspersönlichkeit wird. Deshalb ist es für jede Leitfigur wichtig, ein gutes Vorbild zu sein. Je besser das Vorbild, desto besser die Mannschaft. Schon Konfuzius wusste um diese Zusammenhänge und lehrte: »Des Fürsten erste Pflicht ist es, ein Vorbild zu sein für alle Bewohner seines Reiches.«

Die erfolgreichen Unternehmer wissen dies und handeln entsprechend. Wer Wasser predigt, selbst aber Wein trinkt, darf sich nicht wundern, wenn seine Mitarbeiter auch Wein trinken wollen. Ich erinnere mich noch gut an einen Unternehmer, der von seinen Mitarbeitern im Rahmen einer Sanierung den Verzicht auf das Weihnachtsgeld forderte, sich selbst aber einen neuen teuren Firmenwagen bestellte – und dann enttäuscht war, dass seine Mitarbeiter nicht zum Verzicht bereit waren. Wer Verzicht fordert, muss vorleben, was es heißt, zu verzichten. Und wer seine Mitarbeiter zur Sparsamkeit erziehen will, darf selbst keinen verschwenderischen Lebensstil pflegen. »Warum ich lieber billig fliege?«, fragt beispielhaft Ikea-Gründer Ingvar Kamprad. »Warum ich in der Eisenbahn zweiter Klasse reise? Wie, zum Teufel, soll ich von meinen Mitarbeitern verlangen, dass sie Spesen sparen, wenn ich selbst im Luxus schwelge?« Auch insoweit sind sich die Unternehmer-Champions einig. Wer wollte sich bei Aldi der Verschwendung schuldig machen, wo doch jeder weiß, wie unaufwändig der Lebensstil der Eignerfamilien ist. In einem seiner Seminare berichtete Dieter Brandes, Theo Albrecht habe noch Jahre nach der Umstellung des Postleitzahlensystems Briefbögen verwendet, auf denen die alte Postleitzahl durchgestrichen und die neue handschriftlich vermerkt war.

Von Robert Bosch wird die Anekdote erzählt, dass er sich als stattlicher, wohlhabender Unternehmenschef in seiner Fabrik nach einer Büroklammer bückte und dabei seinen Angestellten anherrschte: »Was dappsch du auf meim Geld rum, des han i ja zahlt!« August Thyssen soll auch als Millionär nur 4. Klasse gereist sein, und von Rudolf Karstadt geht die Sage, er habe sich ein spendiertes Bier im Nachhinein noch bezahlen lassen. Den Höhepunkt stellt wahrscheinlich jene Geschichte dar, die man sich von einer weithin bekannten rheinischen Unternehmerfamilie erzählt. Als die alte Holztreppe in der Konzernzentrale so durchgetreten war, dass es selbst dem als sparsam bekannten Unternehmer zu bunt wurde, entschloss man sich zur Renovierung. Bald war klar, dass es mit einer schlichten Aufarbeitung nicht getan war. Eine neue Treppe kam nicht in Frage. Sparsam wie er war, machte der Firmenpatriarch dem einbestellten Schreiner einen ungewöhnlichen Vorschlag: »Was halten Sie davon«, soll er gefragt haben, »wenn wir die Treppe einfach umdrehen und die noch unbenutzte Unterseite nach oben kehren?« – »Das würde ich gerne tun«, entgegnete der Schreiner, dessen Firma das Familienunternehmen seit Generationen begleitete, »wenn nur Ihr Herr Großvater nicht schon auf die gleiche Idee gekommen wäre.« Wen kann es wundern, dass in so geprägten Unternehmen mit Geld sorgsamer umgegangen wird als anderswo?

Ich selbst hatte das Glück, gleich zu Beginn meiner eigenen unternehmerischen Karriere die Wirkkraft des Vorbildes erleben zu dürfen. Als ich im Januar 1990 in das Unternehmen eintrat, wusste ich von den Besonderheiten unserer Firma noch wenig. Um mir neben der Bewältigung des anfallenden Geschäftes die notwendigen Kenntnisse zu verschaffen, blieb ich am Abend oft lange im Büro und machte mich mit den wichtigsten Vorgängen vertraut. Dabei stellte ich fest, dass in der Verwaltung nach 16.30 Uhr selten jemand aufzutreiben war, wenn ich eine Frage hatte, zu deren Klärung ich fremden Sachverstand benötigte. Der Grund war einfach: Die beiden angestellten Geschäftsführer gingen in der Regel um 16.30 Uhr nach Hause. Warum also sollten ihre Mitarbeiter länger bleiben? Nur wenige Wochen nach meinem Eintritt änderte sich das Bild. Ohne dass ich etwas gesagt hätte, blieben immer mehr Mitarbeiter länger an ihren Arbeitsplätzen – meine »Nachtschichten« hatten sich herumgesprochen. So richtig begriffen habe ich den Zusammenhang mit meinem Verhalten aber erst, als ich einen Abteilungsleiter einmal spät in seinem Büro antraf und ihn fragte, warum er noch nicht bei seiner Familie sei. »Nun,« antwortete der Mann, »ich habe gesehen, wie viel Sie arbeiten. Da möchte ich nicht zurückstehen.«

»Wir müssen werden, was wir lehren möchten«, hat der amerikanische Psychologe Nathaniel Branden zu Recht gefordert. Oder anders ausgedrückt: Wir müssen tun, was wir sagen, und wir müssen sein, was wir tun. Zu den Unternehmern, die dies auf besonders eindrucksvolle und öffentlichkeitswirksame Weise vorleben, gehört Richard Branson, der nicht nur mit seinen Virgin-Unternehmungen, sondern auch im Privatleben die scheinbar übermächtige Herausforderung sucht. Der von ihm aufgestellte Geschwindigkeitsrekord bei der Atlantiküberquerung und seine mehrfachen Versuche, als erster Mensch die Erde in einem Heißluftballon zu umrunden, haben ihn zu einem weltbekannten Abenteurer werden lassen und seinen Ruf als exzentrischer Freibeuter der Wirtschaft weiter verstärkt. Für die Mitarbeiter von Virgin sind Bransons private Aktivitäten Vorbild und Ansporn, es ihm auf geschäftlicher Ebene gleichzutun.

Die prägende Wirkung des Vorbildes ist naturgemäß um so größer, je länger es wirken kann. Die Amerikaner Collins und Porras haben den Zusammenhang zwischen Führungskontinuität und Unternehmenserfolg sogar empirisch nachgewiesen. Bei den von ihnen untersuchten Erfolgsunternehmen war die durchschnittliche Amtszeit der Unternehmensführer eindeutig länger als bei den weniger erfolgreichen Vergleichsunternehmen. In dieser Erkenntnis liegt ein nicht zu unterschätzender Vorteil eigentümergeführter Unternehmen, ist doch bei ihnen die Führungskontinuität in der Regel wesentlich länger als bei anonymen Konzernen, bei denen die Leitfigur alle paar Jahre ausgewechselt wird. Männer wie Karl und Theo Albrecht, Sam Walton, Dieter Schwarz, Reinhard Mohn, Fritz und Konrad Henkel, Bill Gates, Warren Buffet, Reinhold Würth und andere Unternehmer-Champions haben ihre Unternehmen über Jahrzehnte prägen können. Herman Simon hat bei den von ihm untersuchten »Hidden Champions« ebenfalls eine außergewöhnlich hohe Führungskontinuität ermittelt. Bei so erfolgreichen Unternehmen wie Bizerba, Haribo oder Stihl betrug die durchschnittliche Amtszeit pro Geschäftsführer im Untersuchungszeitpunkt über 30 Jahre.

Kontinuität hat noch einen weiteren Aspekt. Manche Unternehmer haben gute Ideen, aber es mangelt ihnen an der Kontinuität bei der Umsetzung. Nicht selten werfen sie eine gute Idee über Bord, kaum dass sie eine bessere haben. Nach dem Motto: »Das Bessere ist der Feind des Guten«, versuchen sie, das Unternehmen auf die neue Richtung einzuschwören. Dabei übersehen sie nur allzu gerne, dass ein Unternehmen eine schwerfällige Organisation ist, bei der man das Ruder nicht beliebig oft herumreißen kann. Permanenter Richtungswechsel führt zur Orientierungslosigkeit und dazu, dass am Ende gar nichts mehr passiert, weil alle fürchten, wieder einmal umsonst gearbeitet zu haben. Ich kenne nicht wenige Unternehmer, die ihr unternehmerisches Potenzial nicht ausschöpfen, nur weil sie schneller Ideen produzieren, als diese umgesetzt werden können. Als ich –

selbst ein »gebranntes Kind« – diese Problematik vor Jahren mit einem erfolgreichen Unternehmer diskutierte, antwortete er mir: »Auch ich habe des Öfteren eine neue Idee, von der ich glaube, dass sie besser ist als die, an deren Umsetzung wir gerade arbeiten. Aber ich habe mir angewöhnt, meine Ungeduld zu zügeln und zunächst das Ursprungskonzept abschließen zu lassen, um die Mitarbeiter nicht zu überfordern.«

Weltmeister oder Kreismeister – die Antwort auf diese Frage hat mehr mit uns selbst zu tun, als den meisten lieb ist. Womit wir beim nächsten Erfolgsgeheimnis der Unternehmer-Champions wären.

Der dritte Baustein:
Die persönliche Strategie

Der dritte Baustein: Die persönliche Strategie

Erfolgreiche Unternehmer sind anders

Wenn Sie Ihr Unternehmen verändern wollen, verändern Sie sich

Der wichtigste Bestimmungsfaktor für den unternehmerischen Erfolg ist der Unternehmer selbst. Im Grunde genommen ist es nicht anders als beim Sport. Trainer oder Teamchefs prägen ihre Mannschaften, die Besten hinterlassen eine unverwechselbare Handschrift. Durch Vorgabe von Zielen, Strategie und Taktik, durch ihr Führungsverhalten und nicht zuletzt durch die Auswahl des richtigen Personals bestimmen sie den Erfolg vor allen anderen. Wie sehr der sportliche Erfolg mit dem Trainer zusammenhängt, hat unlängst die deutsche Fußballnationalmannschaft erfahren müssen. Unter dem Charismatiker Beckenbauer 1990 noch Weltmeister und von ihm selbst auf Jahre hinaus für unschlagbar erklärt, musste die Mannschaft unter dem glücklosen Erich Ribbeck nur zehn Jahre später mit dem vorzeitigen Ausscheiden bei der Europameisterschaft den vorläufigen Tiefpunkt in der Geschichte des deutschen Fußballs hinnehmen. Ein entgegengesetztes Beispiel lieferten der 1. FC Kaiserslautern und Otto Rehhagel. Nur zwei Jahre nach dem Abstieg aus der 1. Bundesliga wurden die Pfälzer mit dem neuen Trainer deutscher Fußballmeister vor Bayern München. Ein Erfolg, den der Traditionsclub nach eigenem Bekunden dem Fußballlehrer verdankte.

Mit den Unternehmern und ihren Unternehmen verhält es sich nicht anders. Mehr noch als ein Fußballtrainer gibt der Unternehmer seinem Unternehmen eine unverwechselbare Prägung, macht er es gewissermaßen zu einem Spiegelbild seiner selbst. So wird der Visionär ein visionäres Unternehmen erschaffen, der Bürokrat ein bürokratisches und der Pedant ein pedantisches. Wer anderen stets misstraut, dessen Unternehmen wird von einer Misstrauenskultur geprägt sein und wer – wie Richard Branson – selbst keine Grenzen kennt, dessen Unternehmen wird ebenfalls grenzenlos sein. Lernen von den Champions heißt, was der indische Unternehmer und Managementlehrer Jagdisch Parikh einmal so ausgedrückt hat: »The world is as it is – we make the difference (Die Welt ist, wie sie ist – wir machen den Unterschied).« Nicht die Umwelt gestaltet unser Unternehmen und unseren Erfolg. Wir selbst sind es. Denn wir werden im Außen stets nur das erschaffen, was in uns ist. In letzter Instanz heißt das aber auch: Nur ein außergewöhnlicher Mensch kann ein außergewöhnliches Unternehmen erschaffen. Wer mit dem Maß seines unternehmerischen Erfolges nicht zufrieden ist, sollte deshalb zuallererst an sich selbst arbeiten. Denn wer seine eigenen Grenzen verschiebt, verschiebt zugleich die Grenzen seines Unternehmens.

Die meisten Menschen – auch Unternehmer – sperren sich gegen diese Erkenntnis. Sie suchen die Ursache für ein persönliches Versagen im äußeren Umfeld. Bei der Regierung etwa, die mit ihren Steuern jede Investitionstätigkeit unterdrückt und uns nicht ausreichend gegen ausländische Wettbewerber oder übermächtige Konzerne schützt. Oder bei der Verwaltung, die mit ihrem bürokratischen Verhalten dafür sorgt, dass alles viel zu teuer wird und viel zu lange dauert. Bei den Gewerkschaften, bei den Betriebsräten oder bei den Mitarbeitern, die dumm und faul sind und immer nur Ansprüche stellen, bei den Mitwettbewerbern gar, die mit unlauteren Mitteln agieren, oder auch bei den eigenen Gesellschaftern, die frech und unverschämt sind und das eigene Bemühen um den Unternehmenserfolg keineswegs ausreichend zu würdigen wissen. Es ist traurig, aber wahr: Nur wenige Unternehmer wollen anerkennen, dass in erster Linie sie selbst das Ausmaß ihres unternehmerischen Erfolges bestimmen.

Große Unternehmer sind immer auch große Persönlichkeiten

Große Unternehmer sind deshalb immer auch große Persönlichkeiten, wie das Urteil des »ZEIT«-Gründers Gerd Bucerius über seinen Verlegerkollegen Reinhard Mohn stellvertretend bestätigt: »Inzwischen 75 Jahre alt«, bemerkte Bucerius aus Anlass von Mohns 60. Geburtstag, »habe ich als Rechtsanwalt, in der Politik und schließlich als Kaufmann viele ›Große‹ gesehen. Es gibt, scheint mir, keinen Kreis, in dem Mohn nicht standhalten würde.« Große Unternehmer machen nicht nur vieles anders. Sie sind auch anders.

Was aber heißt das konkret? Was macht unternehmerische Größe aus? Kaum ein Handbuch von oder über erfolgreiche Unternehmer, das diesen Fragen nicht nachgeht. Brun-Hagen Hennerkes etwa, ein profunder Kenner der deutschen Unternehmerschaft, setzt auf Führungsstärke, Kreativität, Fleiß, Risikobereitschaft, Selbstbewusstsein und Selbstbeschränkung. Und Theo Lieven, Gründer der PC-Handelskette Vobis und selbst erfolgreicher Unternehmer, nennt in seinem Buch »Unternehmer sein heißt frei sein« insgesamt zehn typische Eigenschaften erfolgreicher Unternehmer, nämlich

- Risikobereitschaft,
- Einsatzwille,
- Pragmatismus,
- Flexibilität, Schnelligkeit, Entscheidungsfreude,
- Weitblick,
- Ausdauer,
- Neugier und Begeisterungsfähigkeit,
- Kreativität und schöpferische Kraft,
- Suche nach Anerkennung und
- Freiheitsdrang.

Ich bin bei meinen Beobachtungen der Erfolgsunternehmer zu ähnlichen Schlussfolgerungen gelangt. Zudem decken sich viele ihrer Erfolgsgeheimnisse mit denen ihrer Unternehmen. All die Grundsätze erfolgreicher Unternehmensführung, die auf gesundem Menschenverstand beruhen und allgemeine Erfolgsprinzipien widerspiegeln, sind auf die erfolgreiche Unternehmer-Persönlichkeit ohne weiteres übertragbar. Ebenso wie für das Unternehmen gilt auch für den Unternehmer selbst: Nur wer Außergewöhnliches leisten will, wird Außergewöhnliches leisten können. Die Fähigkeit, sich hohe Ziele zu setzen, ist ein unverzichtbares Merkmal der erfolgreichen Persönlichkeit. Gleiches gilt für die Fokussierung. Nur wer alle Kräfte auf die Erreichung seines Zieles konzentriert, wird im Wettbewerb der Besten bestehen können. »Ein Feldherr, der seine Kräfte zersplittert, wird unweigerlich den Kürzeren ziehen« – Ingvar Kamprads Meinung gilt nicht nur für Unternehmen, sondern auch für Unternehmer. Von Boris Becker bis Karl Albrecht – Erfolgsmenschen sind immer fokussiert. Sie verzichten konsequent auf alles, was sie der Erreichung ihres Zieles nicht näher bringt. Mit hohen Zielen allein ist es indes auch hier nicht getan. Nur wo sich die Fokussierung auf ein hohes Ziel mit Talent und Beharrlichkeit verbindet, entsteht wahre Meisterschaft. Erst die Übung macht den wahren Meister. Erfolg ist auch eine Überwindungsprämie. Alle Erfolgsunternehmer, die ich kenne, sind Meister in der Kunst der beharrlichen Zielverfolgung.

Zum besonderen »Talent« des Unternehmers gehört ein überdurchschnittliches Gespür für unternehmerische Chancen und Risiken, die so genannte unternehmerische Intuition. Von fast allen Champions wird berichtet, sie hätten geschäftliche Chancen (und Risiken) geradezu »gerochen«. Hilfreich ist dabei in vielen Fällen ein ausgeprägt spielerisches Element, ein Stück »homo ludens«, wie es der Rivella-Gründer Robert Barth in einem persönlichen Gespräch genannt hat. Und Neugier, d.h. Offenheit für Neues. Das gilt fürs Geschäft, nicht zuletzt aber auch für die eigene Person. Es sind die Mittelmäßigen, die schon mit 40 von sich behaupten: »Ich bin fertig, ich muss nichts mehr lernen.« Wer so denkt, vergibt eine große Chance. Jeder Mensch kann jeden Tag etwas Neues lernen. So gut Sie auch sein mögen – Sie können immer noch besser werden. Die Champions wissen darum und haben »lifelong learning« zu ihrem persönlichen Programm gemacht. Es ist für mich immer wieder spannend zu sehen, wie sehr gerade erfolgreiche Unternehmer begierig sind, Neues zu erfahren und das eigene Wissensfeld zu vergrößern. YPO, ein weltweiter Zusammenschluss junger Erfolgsunternehmer, hat daraus sogar ein Programm gemacht: »Becoming better presidents by education and idea exchange«, lautet das Motto der Organisation.

Hinzu kommt eine weit überdurchschnittliche Entscheidungskraft. Unternehmer sind stärker als andere Menschen bereit, das Risiko des Scheiterns auf sich zu nehmen und Entscheidungen mit ungewissem Ausgang zu treffen. Der amerikanische Schriftsteller Tom Wolfe hat diesen Zusammenhang in seinem Erfolgsroman »Ein ganzer Kerl« anhand der Figur des Unternehmers Charlie Croker eindrucksvoll veranschaulicht:

»Der Wiz (...) hatte einen gewaltigen Respekt, einen unbewussten Respekt vor etwas, das der alte Knabe hatte und er nicht: (...) vor etwas, das den innersten Kern der Geschäftstüchtigkeit ausmachte, wenn der Spieleinsatz in die Hunderte von Millionen Dollar stieg und es Zeit war, eine Entscheidung zu fällen und zu handeln. (...) Und dies Innerste war Männlichkeit. So einfach war das. Charlie sah den Wiz an (...) und sagte sich: ,Mein Motto lautet: Achtung, feuern, zielen. Und du hältst mir Vorträge und machst dich deswegen heimlich über mich lustig. Aber deines lautet: Achtung, zielen, zielen, zielen, zielen, zielen, zielen, zielen, zielen, zielen (...)«

Der Erfolg des Unternehmers steht in einem direkten Verhältnis zu seiner Fähigkeit, risikobehaftete Entscheidungen treffen zu können. Sein Erfolg ist nicht zuletzt ein Lohn für seine Risikobereitschaft. Je weniger Sicherheit ein Unternehmer braucht, desto erfolgreicher kann er werden. So einfach ist das – um ein Zitat von Tom Wolfe zu verwenden.

Um all dies erreichen zu können, braucht es einen starken Willen und den Mut, vieles anders zu machen als die Masse. Die wahrscheinlich wichtigste Charaktereigenschaft erfolgreicher Unternehmer ist ihr Selbstbewusstsein. Wer bereit ist, das Risiko des Scheiterns außerhalb der von der Masse gewährten Sicherheit in Kauf zu nehmen, muss sich seiner selbst sicher sein. Er muss sich selbst vertrauen, seiner selbst bewusst sein. Nicht zuletzt deshalb sind die meisten erfolgreichen Unternehmer ausgeprägte Individualisten. Sie sind nicht, wie man sein soll, sondern wie sie sein wollen und deshalb bei aller Übereinstimmung in Bezug auf die dargestellten Eigenschaften am Ende doch so unterschiedlich. Wie schreibt Wolfram Weimer am Ende seines Einleitungskapitels über die Erfolgsgeheimnisse der »Kapitäne des Kapitals«: »Bei allen Gemeinsamkeiten – das letzte Geheimnis erfolgreicher Unternehmer bleibt ihre Individualität. (...) Sie sind sich selber Norm und ihre einzige Hierarchie bleibt das Gesetz des Marktes. (...) Sie sind Kerle aus Fleisch und Blut, mit Ecken und Kanten, mit Marotten, Leidenschaften und Empfindlichkeiten. (...) Sie müssen und wollen ihrer Umwelt nicht unbedingt gefallen – und genau das macht sie merkwürdig stark.«

Unternehmer und ihre Rollen

Allerdings genügt es nicht, eine große Persönlichkeit zu sein. »Der richtige Mann zur richtigen Zeit am richtigen Platz«, hat Mark Wössner, langjähriger Chef der Unternehmensgruppe Bertelsmann, im Anschluss an einen Vortrag auf die Frage geantwortet, worin für ihn das Geheimnis großer Unternehmererfolge liege. Wirklich erfolgreich werden wir nur, wenn wir in unserem Leben den unseren Vorlieben und Fähigkeiten entsprechenden Platz einnehmen. Ein guter Mann am falschen Platz muss ebenso scheitern wie ein schlechter Mann am richtigen Platz. Erst der richtige Mann am richtigen Ort garantiert Erfolg und Lebensfreude.

Für Unternehmer ist das eine wichtige Erkenntnis. Nur wenn Sie in Ihrem Unternehmen die Ihren Zielen und Fähigkeiten entsprechende Rolle einnehmen, können Sie als Unternehmer erfolgreich sein. Und es gibt eben nicht nur eine Rolle, mit der Sie als Unternehmer Erfolg haben können. Zwar sind die meisten Unternehmer Macher. Vor allem in der Gründergeneration finden sich viele, die am liebsten alles selbst machen und ihr Unternehmen nach dem Motto führen: »Männer, mir nach!« Der einzige Weg zum unternehmerischen Erfolg ist die »John-Wayne-Methode« aber keineswegs. Man muss Unternehmen nicht unbedingt von vorne führen, um als Unternehmer erfolgreich zu sein.

Unternehmer wie Reinhard Mohn belegen, dass sich mit der Fähigkeit, dem Unternehmen eine eindeutige Ausrichtung zu geben und das richtige Personal auszuwählen, mitunter Erfolge erzielen lassen, von denen die Macher nur träumen können. Und zeigt nicht auch die Erfolgsgeschichte der beiden Albrecht-Brüder, dass unterschiedliche Rollenmodelle sogar in gleichartigen Unternehmen funktionieren können? Während man Theo Albrecht gewissermaßen als Prototyp des Machers bezeichnen möchte, findet sich bei seinem Bruder Karl eine weitaus stärkere strategisch-konzeptionelle Ader – erfolgreich aber waren beide. Unternehmerischer Erfolg ist also keineswegs mit einem bestimmten Rollenverständnis verbunden. Entscheidend ist vielmehr, dass Sie die Rolle übernehmen, die Ihrer Persönlichkeit und den Bedürfnissen Ihres Unternehmens entspricht.

Rollenprobleme 1: Das Dilemma des Nachfolgers

Viele Unternehmensnachfolger tun sich schwer mit dieser Erkenntnis. Sie haben es auch nicht leicht. Schließlich übernehmen sie ein Unternehmen, das oft über Jahrzehnte von ihrem Vater und dessen Rollenverständnis geprägt wurde. Ihre Qualität wird von den Mitarbeitern nicht zuletzt danach beurteilt, inwieweit sie die vom Vater geprägte Rolle bruchlos fortführen. Was aber, wenn sie dies nicht können oder nicht wollen – schließlich sind sie nicht einfach eine verjüngte Kopie ihres Vorgängers, sondern Menschen mit eigener Persönlichkeit? Mein Rat an alle Junioren ist eindeutig: Passen Sie das Unternehmen an Ihre Fähigkeiten und Bedürfnisse an. Widerstehen Sie der Versuchung, ein möglichst getreues Abbild Ihres Vaters werden zu wollen. Das Unternehmen braucht eine starke Führungspersönlichkeit. Eine Kopie aber ist immer schwächer als das Original.

Der Weg dorthin ist nicht immer einfach. Vor allem die Mitarbeiter sind alles andere als begeistert. Kein Wunder: Schließlich hat der Senior sie so ausgesucht, dass sie zu ihm und zu seinem Rollenverständnis passen. Bei einem Umschwung des Führungsstils reagieren sie mit Unsicherheit. Sie fragen sich: Werde ich auch den künftigen Anforderungen gerecht werden können – oder ist mein Arbeitsplatz in Gefahr? Anstatt an sich selbst zu arbeiten, versuchen sie, den Junior zu bearbeiten: »Das hätte Ihr Herr Vater aber anders gemacht!« Was im Klartext nichts anderes bedeutet als: »Ändere du dich, damit ich mich nicht ändern muss.« Nimmt die Angst überhand, wird der Senior eingeschaltet. Botschaften wie: »Ich mache mir große Sorgen um die Firma«, sollen nichts anderes bewirken, als den Senior zu einem Machtwort zu veranlassen und den geliebten alten Zustand wiederherzustellen. Bei manchen Senioren kommt das gut an. Schließlich macht auch der Senior sich Sorgen, wenn der Junior beginnt, die Firma umzukrempeln. Der Wunsch nach Veränderung, für den Junior überlebensnotwendig, wird vom Senior häufig als Kritik an seiner Arbeit (miss-)verstanden. Und entsprechend behandelt. Die hintersinnige Bemerkung eines Mitarbeiters ist dann nicht selten der Tropfen, der das Fass zum Überlaufen bringt – und die Nachfolge scheitern lässt.

Es ist wichtig, dass Senior und Junior um diese psychologischen Klippen im Nachfolgeprozess wissen und professionell mit ihnen umgehen. Denn die Anpassung des Unternehmens an den Nachfolger ist unverzichtbar – im Grunde wissen die Senioren das auch. Wem es nicht gelingt, aus dem Unternehmen seines Vaters sein eigenes zu machen, wird nie ein großer Unternehmer werden. Denken Sie daran: Das Unternehmen ist das Spiegelbild seines Unternehmers. Wie aber soll ein Unternehmen großartig werden, wenn der Unternehmer gar keinen eigenen Schatten wirft?

Ich möchte noch einen Schritt weiter gehen. Die wichtigste Frage, die sich ein potenzieller Unternehmensnachfolger stellen sollte, ist, ob er sich die Rolle als Unternehmer im elterlichen Betrieb überhaupt vorstellen kann. Zwar scheint die im bürgerlich-industriellen Zeitalter so selbstverständlich wirkende Verpflichtung zur Fortsetzung einer Generationenkette in der postindustriellen Ära an Strahlkraft verloren zu haben. Aber immer noch ist die Zahl der Unternehmerkinder, die sich vor allem aus Pflichtbewusstsein gegenüber ihren Eltern zur

Nachfolge entschließen, hoch. Anstatt sich zu fragen, ob sie überhaupt Unternehmer sein, ob sie Nachfolger in einem Familienunternehmen oder lieber ihr eigener Herr sein wollen, und ob sie über die für die Führung dieses Unternehmens erforderlichen Kenntnisse und Fähigkeiten verfügen, entscheiden sich viele Unternehmerkinder zur Nachfolge, weil ihre Eltern es wollen.

Ein Irrtum mit fatalen Folgen. Denn Unternehmer muss man sein aus Leidenschaft, weil es sonst Leiden schafft. Unternehmer, die nicht aus Berufung und Begeisterung zum Unternehmerberuf greifen, können kaum große Unternehmerpersönlichkeiten werden. Mit weitaus größerer Wahrscheinlichkeit werden sie scheitern. Entweder richten sie das übernommene Unternehmen zu Grunde – die Beispiele gescheiterter Unternehmensnachfolger sind Legion – oder sich selbst. Beinahe idealtypisch berichtet der amerikanische Psychotherapeut Nathaniel Branden in seinem Buch über »Die sechs Säulen des Selbstwertgefühls« von einer Begegnung mit einem solchen Unternehmer.

»Der Leiter eines mittelständischen Unternehmens kam ratsuchend in meine Praxis. Er hatte, wie er sagte, sein Unternehmen zwar zu einem großen Erfolg gemacht, er war aber depressiv und unglücklich und konnte nicht verstehen, warum. Wir stellten fest, dass er eigentlich immer den Wunsch hatte, Wissenschaftler zu werden und in der Forschung tätig zu sein. Er hatte sich aber dem Wunsch seiner Eltern gebeugt, die ihn in einer Unternehmerkarriere sehen wollten. Er war nicht nur unfähig, auch nur im mindesten stolz auf seine Leistungen zu sein. Er war auch in seinem Selbstwertgefühl verletzt. Kein Wunder, der Grund war unschwer zu erkennen. Bei der wichtigsten Frage in seinem Leben hatte er seinen Verstand und seine Werte den Wünschen anderer geopfert – einzig aus dem Wunsch heraus, weil er ›geliebt‹ werden und ›dazu gehören‹ wollte. (…) Seine Depression war ein Spiegel eines Lebenslaufes voller Glanzleistungen, der aber seine innersten Bedürfnisse ignorierte.«

Wir dürfen Branden glauben, dass der geschilderte Sachverhalt kein Einzelfall ist. Kaum eine Berufsgruppe weist so viele psychosomatische Erkrankungen auf wie die der Nachfolge-Unternehmer. Auch ich selbst brauchte zuerst die Erfahrung einer schwerwiegenden Erkrankung, um festzustellen, dass meine Bestimmung nicht im elterlichen Unternehmen lag. Der Prozess der Selbsterkenntnis war körperlich und seelisch schmerzhaft und hat manche – auch bleibende – Verletzung hinterlassen. Der innere Kampf war ja auch keineswegs einfach. Mit dem Neuanfang waren der vorübergehende Verlust der Zugehörigkeit zur Unternehmerfamilie, des sozialen Status und eines gesicherten Einkommens verbunden, auch wenn ich auf Letzteres auf Grund der mit meinem Ausscheiden verbundenen Vermögensregelung nicht angewiesen war. Ich habe lange gezögert, den Schritt in eine mir ungewiss erscheinende Zukunft zu tun. Den Ausschlag gab schließlich eine Frage meiner Frau: »Würdest du dieses Unternehmen auch dann führen wollen, wenn du nicht Peter May hießest?« Am nächsten Morgen habe ich meinen Vater und meine Brüder um die Auflösung meines Vertrages gebeten. Ich habe es nie bereut. Denn jetzt habe ich Beruf und Berufung miteinander verbunden. Und glauben Sie mir: Nur wenn wir unserer wahren Berufung folgen, werden wir im Leben jenes Maß an Erfüllung und Erfolg erreichen können, das uns gemäß ist. Nicht jeder kann ein Mozart, ein Einstein oder ein Bill Gates werden. Aber jeder sollte zumindest er selbst werden und seine Potenziale ausschöpfen. In einem chassidischen Gleichnis wird dem Weisen Zuzya von Hannipol nicht umsonst der Rat gegeben: »Am Ende deines Lebens werden wir dich nicht fragen, warum du nicht Moses warst. Aber wir werden dich fragen, warum du nicht Zuzya warst.«

Mein Rat an alle jungen Menschen, die vor der Entscheidung für oder gegen die Unternehmensnachfolge stehen, kommt deshalb aus tiefstem Herzen: Treten Sie die Nachfolge nur an, wenn Sie die Berufung für den Unternehmerberuf in sich verspüren. Und wenn Sie aus Überzeugung sagen können: »Ich würde dieses Unternehmen auch dann übernehmen wollen, wenn es nicht der Wunsch und nicht das Unternehmen meiner Eltern wäre.« Die Berufswahl gehört zu den wichtigsten Entscheidungen im Drehbuch unseres Lebens. Für die Übernahme der Unternehmerrolle gilt das in mehrfacher Hinsicht.

Denn sie hat Bedeutung nicht nur für den Unternehmer selbst, sondern ebenso für das Unternehmen und für die Menschen, die in ihm arbeiten.

Rollenprobleme 2: Rollenwechsel im wachsenden Unternehmen

Doch nicht nur die richtige Rollenwahl ist für Berufs- und Lebenserfolg des Unternehmers von Bedeutung. Ebenso wichtig ist, ob und wie die im Laufe des Unternehmerlebens unvermeidlichen Rollenwechsel bewältigt werden. Manche Unternehmer werden mit dieser Fragestellung bereits in ihrer aktiven Schaffensphase konfrontiert. Das gilt vor allem für die besonders erfolgreichen, jene, die in wenigen Jahren gigantische Unternehmen erschaffen. Denn das Wachstum hat auch Schattenseiten. Mit der Größe des Unternehmens wächst auch dessen Komplexität, nehmen Risiko und Qualitätsanforderungen zu. Statt einer Firma, die der Unternehmer von seinem Büro und seiner Wohnung aus jederzeit überblicken konnte, befehligt er nun womöglich hundert Firmen in den entlegensten Winkeln der Welt. Um alles im Griff zu behalten, müssen große Entfernungen überbrückt, fremde Sprachen und Kulturen erlernt werden. Entscheidungen, die noch vor wenigen Jahren allenfalls in die Hunderttausende gingen, spielen sich jetzt in Dimensionen von mehreren Hundert Millionen ab. Und das, obwohl die Personal- und Finanzausstattung des Unternehmens mit dieser Entwicklung nur mühsam oder gar nicht Schritt halten konnte. Die notwendigen Maßnahmen für das Unternehmen habe ich bereits an anderer Stelle beschrieben. Aber auch für den Unternehmer selbst bleibt der Wandel nicht ohne Konsequenz. Die typische Stärke des Pioniers, das Management im »John-Wayne-Stil«, funktioniert im größer gewordenen Unternehmen nicht mehr. Was eben noch erfolgsbegründend wirkte, wird jetzt zum Risikofaktor. Im Großunternehmen lässt sich nicht mehr alles selbst machen, nicht einmal alles persönlich kontrollieren. Plötzlich sind Managementfähigkeiten gefragt, müssen Strategien und Strukturen geschaffen werden. Selbst da, wo ein Unternehmergigant noch alle Fäden persönlich in der Hand zu halten vermag, ist das Gefährdungspotenzial bei näherer Betrachtung keineswegs geringer. Denn was geschieht beim Ausfall des allmächtigen Gründers? Unternehmen, die allzu sehr auf eine dominierende Unternehmerpersönlichkeit zugeschnitten sind, sind nicht nachfolge- und damit auch nicht dauerhaft überlebensfähig. Im wachsenden Unternehmen ist der Übergang vom Macher zum Lenker unvermeidlich, wenn der Erfolg des Unternehmens dauerhaft gesichert werden soll.

Die erfolgreiche Bewältigung dieses personellen Engpasses zählt laut Greiner, Pümpin und anderen führenden Theoretikern zu den Schlüsselfragen der Unternehmensentwicklung. Die Praxis hat ihnen vielfach Recht gegeben – im Guten wie im Schlechten. Ein besonders eindrucksvolles Beispiel ist der bereits erwähnte Reinhard Mohn. Nachdem er das nach dem Kriege darniederliegende Unternehmen durch den Aufbau des Bertelsmann Leserings bereits wieder zu beachtlicher Größe geführt hatte, zog er sich auf die Rolle des strategischen Lenkers und Richtungsgebers zurück – und ermöglichte der Unternehmensgruppe Bertelsmann damit ein noch weit imposanteres Wachstum. Auch der Unternehmer, von dem ich im Zusammenhang mit meinen einleitenden Worten zur Unternehmer-Strategie berichtet habe, hat durch seinen Rollenwechsel den Weg für weiteren unternehmerischen Erfolg frei gemacht. Selbst Bill Gates hat in der juristischen Auseinandersetzung um die Zerschlagung seines Konzerns die Führung an seinen Freund und Kollegen Steve Ballmer abgegeben – wohl wissend, dass dieser für die nun anstehenden Herausforderungen besser geeignet war. Nicht immer verläuft der notwendige Rollenwechsel so reibungslos. Viele Unternehmer verweigern sich der Erkenntnis, dass ein Verhalten, das gestern noch den Erfolg garantierte, heute nicht mehr gefragt sein soll. Sie wollen weder sich noch ihr Rollenverständnis ändern. Und werden damit zu einer Belastung für ihr Unternehmen. Nicht selten führen sie es in den Untergang.

Dazu muss es nicht kommen. Die Entscheidung liegt bei Ihnen. Fragen Sie sich immer wieder: Entsprechen mein Rollenverständnis und mein Führungsverhalten dem, was unsere Firma in der jetzigen Entwicklungsphase braucht? Verfüge ich über die Fähigkeiten und Persönlichkeitsmerkmale, die jetzt vonnöten sind? Kann ich sie erwerben? Oder ist ein Rollenwechsel angezeigt?

Rollenprobleme 3: Der Generationswechsel

Zumindest einmal im Leben wird der Rollenwechsel für jeden Unternehmer unvermeidlich. »Arg ist der Übergang vom Geschäftsführer zum Renter!«, schreibt der Dürener Textilunternehmer Leopold Schoeller in seinen Überlegungen zum Generationswechsel im Familienunternehmen. Er markiert damit auf menschlich anrührende Weise die Kernproblematik der Unternehmensnachfolge. Viele Unternehmer tun sich schwer damit, das von ihnen geschaffene Lebenswerk in jüngere Hände zu legen, und haben dafür meist menschlich nachvollziehbare Gründe.

Sie, die ihr Leben oft ausschließlich in den Dienst der Firma gestellt haben, wissen oft nicht, was sie mit der frei werdenden Zeit anfangen sollen. Sie fühlen sich unausgefüllt und nutzlos. Selbst Leopold Schoeller, in Sachen Nachfolge geradezu ein Vorzeigeunternehmer, bekennt: »Es hat (...) zwei Jahre gedauert, bis ich dieses blöde Gefühl verloren habe, meine Schularbeiten nicht gemacht zu haben, wenn in der Firma alle fleißig arbeiteten und ich mit dem Motorrad wegfuhr oder spazieren ging – dieses Gefühl, Parasit zu sein.« Für die Angst vor der sprichwörtlichen »Leere ohne Firma« gibt es noch weitere Beweggründe. Der Unternehmer spürt instinktiv, dass sein Rückzug aus der Führungsposition nicht nur mit weniger Arbeit, sondern auch mit einem korrespondierenden Verlust an Bedeutung und sozialem Ansehen verbunden ist. Nicht nur für die Inhaber öffentlicher Ämter gilt der bekannte Satz: »Der König ist tot, es lebe der König!« – »Früher kamen die Leute zu mir. (...) Jetzt besuchen sie meinen Sohn«, beschreibt Leopold Schoeller diese Situation und bekennt freimütig: »Das tut der Eitelkeit ganz schön weh.«

Das Gefühl, zukünftig ohne Nutzen und Bedeutung zu sein, ist ein schwerer Anschlag auf das Selbstwertgefühl, insbesondere bei Menschen, die ihren Selbstwert aus dem Gefühl beziehen, öffentlich anerkannt Nützliches zu tun. Für viele Unternehmer ist der Rückzug gleichbedeutend mit dem Warten auf den Tod, erschwert noch durch gut gemeinte Nachrufe auf einen erfolgreichen Unternehmer, die doch nicht anders empfunden werden als »die Bescheinigung, dass man jetzt überflüssig wird« (Schoeller). Dazu gesellt sich die Sorge, der Nachfolger könnte zukünftig einiges anders machen und am Ende gar noch erfolgreicher werden. Viele Väter wünschen sich nichts so sehnlich wie einen Sohn (oder eine Tochter), der groß und stark ist – stark genug, das eigene Lebenswerk mit Erfolg fortsetzen zu können. Und fürchten zugleich nichts mehr, als vom eigenen Sohn in den Schatten gestellt zu werden. Der Glaube, es könne nur eine »Nr. 1« geben, nur einer könne siegen und nur einer Recht haben, ist ein uraltes Paradigma unseres abendländischen Kulturkreises. Schon Ödipus musste seinen Vater Laios erschlagen, damit dieser ihm den Weg freigab. Wen kann es da wundern, dass auch die Unternehmer-Väter sich lieber mit ihren Söhnen schlagen, als das Feld freiwillig zu räumen? Ist der Nachfolger eine Tochter, ist das Laios-Ödipus-Thema naturgemäß weniger ausgeprägt. Dafür stellt sich bei ihnen – aber nicht nur bei ihnen – häufig das entgegengesetzte Problem. Ungeachtet anders lautender öffentlicher Beteuerungen traut der Vater der vermeintlich schutzbedürftigen Tochter – oder einem vom ihm als schwach empfundenen Sohn – die Nachfolge im Grunde gar nicht zu. Was liegt da näher, als alle Signale des Alterns zu überhören und als »Schutzengel« weiter an Bord zu bleiben? Die Unfähigkeit, rechtzeitig abzutreten, kann ihre Ursache auch darin haben, dass der Unternehmer versäumt hat, während seiner aktiven Schaffensperiode eine ausreichende Altersversorgung aufzubauen, aus der er und seine Ehefrau bis an ihr Lebensende sorgenfrei leben können – und zwar unabhängig von der Entwicklung der Firma.

Und dennoch: Unternehmer, die sich nicht rechtzeitig aus dem Unternehmen zurückziehen, gefährden ihr Lebenswerk. Schließlich ist niemand unsterblich, und die Spuren des Alters machen vor niemandem halt. Die Lebenshorizonte werden kürzer, Sicherheitsbedürfnisse nehmen zu, Risikobereitschaft, Flexibilität und Neugier auf Neues nehmen ab – von körperlicher Spannkraft und Dynamik ganz zu schweigen. Leopold Schoeller bestätigt dies: »Dazu etwas, was ich an mir selbst beobachte: Mit zunehmendem Alter wird das Bedürfnis nach Harmonie und Sicherheit größer. Der Mut zum Risiko lässt nach. Veränderungen, die mich früher begeistert haben, fallen mir schwerer. Das verfluchte ›ja-aber‹ als Reaktion auf eine neue Idee unterläuft mir immer öfter – die Entscheidung zur Zustimmung fällt mir schwerer. Und damit wird meine Qualifikation zum Geschäftsführer, ja sogar zum Beirat, mit der Zeit immer schlechter.« Doch das ist längst nicht alles. Potenzielle Nachfolger, die das Zeug zum Unternehmer hätten, kehren dem Unternehmen den Rücken, nicht selten im Zorn. Zwar muss es nicht immer so tragisch zugehen wie vor einigen Jahren bei der einstmals stolzen Rheiner Moden AG, wo die beiden Söhne nach jahrelangem Übergabestreit mit dem Vater zur Konkurrenz wechselten und damit dem väterlichen Unternehmen den Todesstoß versetzten. Trotzdem: Die Zahl der Unternehmen, die von uneinsichtigen Gründern zu Grunde gerichtet werden, ist Legion. Schade. Denn was nützt das großartigste Lebenswerk, wenn es seinen Gründer nicht überdauert?

Dass es auch anders geht, beweist die stattliche Zahl von Erfolgsunternehmen, die auch in der zweiten oder einer noch späteren Generation unverändert von einer Unternehmerfamilie geprägt werden. Was also können wir von ihnen lernen? Meine gesammelten Überlegungen zur optimalen Gestaltung des Generationswechsels habe ich in dem gemeinsam mit Claudia Sies herausgegebenen Band »Unternehmensnachfolge leicht gemacht« zusammengefasst (in dem übrigens auch der mehrfach zitierte Beitrag von Leopold Schoeller erschienen ist). Daraus das Wichtigste in Kürze.

Erstens: Sie sollten früh genug anfangen, sich auf die Unternehmensübergabe einzustellen. Meist mit 50, wenn der erfolgreiche Unternehmer über sein Leben und seine Ziele zu reflektieren beginnt, rückt das Thema erstmals ernsthaft in den Blickpunkt. Nutzen Sie diese Chance. Legen Sie die wichtigsten Grundsatzentscheidungen frühzeitig verbindlich fest – etwa die Frage, ob Sie das Unternehmen verkaufen oder in der Familie behalten wollen, ob es zukünftig von Fremden oder bei entsprechender Eignung von Familienmitgliedern geführt werden soll. Das nützt nicht nur Ihnen, sondern auch Ihren Kindern. Denn Kinder haben zwar keinen Anspruch auf Nachfolge, wohl aber auf frühzeitige Klarheit über die Rahmenbedingungen der Nachfolge, damit sie ihre Lebensplanung entsprechend ausrichten können.

Zweitens: Wer früh genug anfängt, hat ausreichend Zeit, sich rechtzeitig eine alternative Beschäftigung für den dritten Lebensabschnitt aufzubauen. Es ist eine alte Erfahrung: Unternehmer, die nach dem Ausscheiden aus der Firma einer interessanten, sie ausfüllenden Tätigkeit nachgehen können, tun sich leichter, Abschied zu nehmen. Kein Wunder: Wer ein Leben lang gestaltet hat, kann sich nicht mit 65 aufs Nichtstun beschränken. Auch eher »parasitäre« Beschäftigungen wie Reisen, Lesen oder Golfspielen können den rüstigen Mittsechziger selten lange zufrieden stellen. Wesentlich erfolgversprechender sind hingegen Tätigkeiten, bei denen die gestalterische Schaffenskraft erneut gefordert ist. Nehmen Sie sich ein Beispiel an Heinz Hankammer, dem Gründer des Weltmarktführers in der Haushaltswasserfiltration (BRITA), der sich an einer Factoring-Gesellschaft beteiligt und ein Seminarhotel eröffnet hat sowie einen Provinzclub in die Fußball-Bundesliga führen will. Oder an Reinhold Würth, der nicht nur eine bedeutende Kunstsammlung begründet, sondern auch als ordentlicher Professor einen Lehrstuhl für Entrepreneurship übernommen hat.

Drittens: Auch mit dem Aufbau einer ausreichenden – und von der Firma unabhängigen – Altersversorgung sollen sie frühzeitig beginnen. Je länger Sie warten, desto enger werden die Spielräume. Wer früh genug beginnt, kann ohne große Einschnitte in Firma und Lebenszuschnitt ein beachtliches Vermögen neben dem Unternehmen aufbauen. Für den reibungslosen Generationswechsel ist dies von Vorteil. Denn wer auf die monatlichen Einkünfte aus seiner Tätigkeit für die Firma angewiesen ist, kann nicht zurücktreten. Und wer ständig in der Sorge lebt, dass die Erben das zur Einkommenssicherung notwendige Firmenvermögen verwirtschaften, wird niemals wirklich loslassen können.

Viertens: Auch den definitiven Zeitpunkt Ihres Rückzugs aus der Verantwortung sollten Sie frühzeitig verbindlich festlegen. Denken Sie daran: Je näher der Zeitpunkt rückt, desto schwieriger wird es. Wahrscheinlich kennen Sie das in Unternehmerkreisen gängige Bonmot: »Fragt man einen 45-jährigen Unternehmer, wann er sich aus der Führung zurückziehen wolle, so antwortet er meist: ›Spätestens mit 55.‹ Fragt man ihn im Alter von 55 erneut, wird er antworten: ›Definitiv mit 65.‹ Und mit 65 heißt es dann: ›Frühestens mit 75.‹ « Vertraglich festgeschriebene Altersgrenzen wirken wie eine permanente Mahnung und machen es allen Beteiligten leichter. Vor allem, weil sie helfen, unselige familieninterne Diskussionen der Art: »Papa, wann willst du endlich aufhören?«, zu vermeiden. Auch Unternehmer Schoeller rät: »Bei der Fassung des Gesellschaftsvertrages haben mein Vetter und ich natürlich auch an uns selbst gedacht. Der liebe Gott meint es ja insofern gut mit uns, als er uns nicht merken lässt, wenn wir den Altersstarrsinn kriegen und meinen, kraft unseres Alters alles besser zu wissen und zu können … Unsere Kinder haben uns gern. Deshalb würden sie uns niemals sagen, wenn diese Alterserscheinungen eintreten und wir das Geschäft stören. Das hätten wir unseren Vätern auch nicht gesagt. Deshalb haben wir im Gesellschaftsvertrag festgeschrieben, dass die Gesellschafter-Geschäftsführer mit 60 Jahren in Pension gehen können und mit 65 Jahren gehen müssen.« Dem habe ich nichts hinzuzufügen.

Fünftens: Übergeben Sie Ihr Unternehmen nur demjenigen, dem Sie es wirklich zutrauen. Denken Sie daran: Sie sind nicht unsterblich. Was macht Ihr Kind, wenn Sie einmal nicht mehr die Hand darüber halten können? Anstatt ein nicht ausreichend befähigtes Kind dauerhaft beschützen zu wollen, sollten Sie über alternative Nachfolgekonzepte nachdenken. Und haben Sie einmal überlegt, ob Ihr

Kind vielleicht nur deshalb nicht »laufen lernt«, weil Sie ihm den notwendigen Raum zur Eigenentfaltung verwehren?

Sechstens: Beziehen Sie Ihre Familie in Ihre Nachfolgeüberlegungen ein und sprechen Sie offen und freimütig über Ihre Ängste und Sorgen. Viele Unternehmer meinen, es sei ein Zeichen von Schwäche, zuzugeben, dass und warum sie Probleme mit dem Rückzug haben. Anstatt mit den Familienmitgliedern zu reden, beschränken sie ihre Kommunikation über Nachfolgefragen auf Rechtsanwälte und Steuerberater. Und konfrontieren die verdutzten Familienmitglieder nicht selten mit Vorschlägen, die ultimativen Forderungen oder Anordnungen gleichkommen und von diesen weder inhaltlich noch menschlich verstanden werden. Ich habe in meiner beruflichen Praxis immer wieder die Erfahrung machen dürfen, dass in intakten Familien auch schwierigste Nachfolgefragen lösbar sind, wenn nur hinreichend deutlich wird, welche Beweggründe und Besorgnisse hinter den zunächst artikulierten Forderungen stehen. Wir tun uns nun einmal leichter, zu bloßen Wünschen mutierten Ängsten entgegenzukommen, als Forderungen zu erfüllen. Mit Hilfe des von uns entwickelten Konzeptes der Familien-Strategie (dazu später mehr) ist es möglich, die Ängste, Besorgnisse und Wünsche aller Beteiligten innerhalb der Unternehmerfamilie bewusst zu machen und im Sinne einer Win-Win-Konstellation für alle befriedigend aufzulösen. Voraussetzung ist lediglich, dass innerhalb der Familie ein hinreichender Restbestand an gegenseitiger Zuneigung sowie ausreichendes Vertrauen besteht, um den Verzicht auf kontrollbedingte Verhaltensweisen möglich zu machen.

Siebtens: Dokumentieren Sie die getroffenen Vereinbarungen nicht nur juristisch, sondern auch in moralisch bindenden »Spielregeln«. Längst nicht alles, was den Beteiligten wichtig erscheint, hat Platz in einem Vertragswerk. Und ist doch nicht minder bedeutsam. Vereinbarungen über die nach dem Rückzug verbleibenden Aufgaben, Informations- und andere Rechte, Statussymbole, Verhaltensweisen gegenüber Dritten und – nicht zuletzt – über den Umgang miteinander, können und sollten in solchen »Spielregeln« niedergelegt werden. Die schriftliche Dokumentation schafft nicht nur Klarheit und einen sichtbaren Beleg, wie ernst es beiden Beteiligten mit der Umsetzung der Vereinbarung ist. Bei Verstößen erlaubt sie zudem die jederzeitige emotionsfreie Bezugnahme auf gemeinsam Erarbeitetes und trägt damit entscheidend zur Deeskalation von Konflikten im Familienunternehmen bei. Dass die »Spielregeln« juristisch nicht verbindlich sind, empfinde ich nicht als Manko. Im zwischenmenschlichen Bereich wirken freiwillig eingegangene moralische Verpflichtungen eher stärker als juristische.

Achtens: Nach dem Rückzug heißt es »loslassen«. Auch wenn es schwer fällt. Unternehmer, die glauben, aus einem Bei- oder Aufsichtsrat eine Art Ober-Geschäftsführung ausüben und damit die Fäden doch noch in der Hand halten zu können, erschweren ihren Nachfolgern nicht nur die Arbeit, sondern schaffen auch ein Konfliktpotenzial, das sich früher oder später entladen muss. Denken Sie daran: Nur die Geschäftsführung führt die Geschäfte. Ein Beirat oder Aufsichtsrat berät oder kontrolliert – nicht weniger, aber auch nicht mehr. Deshalb wende ich mich auch explizit gegen alle Versuche, mit Hilfe rechtlicher Regelungen – z.B. vertragliche Vorgaben, Stiftungs- und Testamentsvollstreckungskonstruktionen – eine über das eigene Ausscheiden, vielleicht gar über den eigenen Tod hinausweisende Beschränkung der Unternehmensführung verankern zu wollen. Ich weiß: Viele Unternehmer wollen ihr Unternehmen auf ewig prägen. Aber Hand aufs Herz: Hätten Sie sich Gleiches von anderen gefallen lassen? Kann eine starke Unternehmerpersönlichkeit sich solches überhaupt gefallen lassen? Und braucht nicht das Unternehmen von Generation zu Generation einen neuen »Unternehmer« und nicht nur einen »Verwalter«? Hat ein Unternehmen, dessen Anpassungsfähigkeit kupiert ist, in dem sich immer schneller verändernden Wettbewerbsumfeld überhaupt noch eine Chance? Der Wunsch, die eigene Lebensleistung mit einem Denkmal zu krönen, ist durchaus verständlich. Nur: Denkmäler bleiben selten lange auf ihrem Sockel.

Der Unternehmer und seine Gesundheit

Zum erfolgreichen Unternehmer gehört nicht nur die Arbeit an der eigenen Persönlichkeit. Auch Körper und Gesundheit gilt es zu achten. Denn: Nur ein gesunder Unternehmer ist ein guter Unternehmer! Viele Familien haben erfahren müssen, wie zerbrechlich unternehmerischer Erfolg sein kann, wenn der Unternehmer plötzlich ausfällt. Ich selbst habe den Zusammenhang zwischen körperlicher Gesundheit und unternehmerischem Erfolg aus nächster Nähe beobachten können. Solange mein Vater gesund war und dem Unternehmen seinen Stempel aufdrücken konnte, ging es mit den May-Werken bergauf. In den Jahren zwischen 1970 und 1985 wurden Umsatz und Ertrag vervielfacht, das Unternehmen etablierte sich als einer der bedeutenden Hersteller von Handelsmarken (so genannte private labels) im Markt. Das änderte sich schlagartig, als mein Vater Mitte der 80er Jahre ernsthafte gesundheitliche Probleme bekam und dem Unternehmen mehrfach für längere Zeit fernbleiben musste. Während seiner Abwesenheit wurde das Unternehmen von den verbliebenen Führungskräften lediglich verwaltet. Sie waren es nicht gewohnt, auf eigene Verantwortung Entscheidungen zu treffen, und warteten lieber auf die Anordnungen des abwesenden Unternehmers. In einem kompetitiven Umfeld wie der Lebensmittelindustrie war das zu wenig. Bald merkten auch Kunden und Wettbewerber, dass das auf Grund seiner Aggressivität geschätzte bzw. gefürchtete Unternehmen sich zunehmend aufs Reagieren beschränkte. Erstmals gingen Umsätze verloren, konnten die allfälligen Kostensteigerungen nicht mehr ohne weiteres durch Geschäftsausweitung kompensiert werden. Auch in der Belegschaft wuchs die Unruhe. Von roten Zahlen war plötzlich die Rede. Die Furcht um den Arbeitsplatz ging um. Ende der 80er Jahre hatte die Krisenstimmung dann die Familie erreicht. Vor allem meine Mutter fürchtete um den Bestand von Unternehmen und Vermögen und drängte auf einschneidende Veränderungen. In der Folge wurde eine stärkere Trennung von unternehmerisch gebundenem und privatem Vermögen sowie eine Veränderung in der Unternehmens- und Führungsstruktur durchgesetzt. Zudem wurde ein mit aktienrechtlichen Kompetenzen ausgestatteter Beirat ins Leben gerufen und ein vorzeitiger Generationswechsel durchgeführt. Schließlich fand das nunmehr zur May-Gruppe umfirmierte Unternehmen in die Erfolgsspur zurück. Aber ich müsste lügen, wenn ich behauptete, wir hätten damals keine schlaflosen Nächte verbracht. In dieser Zeit habe ich zum ersten Mal ein Gespür dafür entwickelt, wie untrennbar unternehmerischer Erfolg und körperliche Gesundheit miteinander verwoben sind.

Viele Unternehmer wissen um diesen Zusammenhang – zumindest instinktiv. Warum sonst würde der Nimbus von einer Bärengesundheit in der Öffentlichkeit so sorgsam gepflegt? An der Legendenbildung vom physisch starken Unternehmer wird kräftig gestrickt. Der eine – immerhin ein knapp 60-Jähriger – will einen schwierigen Abschluss beim Armdrücken mit seinem osteuropäischen Geschäftspartner unter Dach und Fach gebracht haben, der andere nur, weil er seine Partner drei Tage hintereinander unter den Tisch trinken konnte. Manch ein Unternehmer erzählt stolz, ebenso wie Napoleon nur drei Stunden Schlaf zu brauchen, und Probleme mit dem Jetlag haben ohnedies nur die anderen. Von Hans Riegel (Haribo) wird im »Spiegel« berichtet, dass auf seinem Schreibtisch stets eine mit Wodka gefüllte Mineralwasser-Flasche stehe. Gewiss, wie in jeder anderen Berufsgruppe mag es auch unter den Unternehmern Naturen geben, deren Gesundheit anscheinend durch nichts zu zerstören ist. Die Regel aber ist das nicht. Seitdem ich selbst offen über meine Erkrankung sprechen kann, habe ich bei den Unternehmern weitaus mehr gesundheitliche Beeinträchtigungen erfahren, als diese öffentlich zugeben würden.

Kein Wunder: Kaum ein anderer Beruf stellt so hohe Anforderungen an Körper, Geist und Seele. 70- bis 80-Stunden-Woche, späte Abendessen, ausgeprägte Reisetätigkeit, überfüllte Terminkalender, hohe Verantwortung, Auseinandersetzungen mit Kunden, Mitarbeitern und Lieferanten, permanenter Entscheidungsdruck, Siege und Niederlagen – all das kann nicht in den Kleidern stecken bleiben. Schon Sebastian Kneipp wusste: »Die späten Abendessen füllen die Särge.« Wissenschaftlichen Studien zufolge weist ein erschreckend hoher Prozentsatz der deutschen Unternehmensführer Zeichen von Krankheit auf. Stress-Symptome wie Schlafprobleme, regelmäßiger Kopfschmerz, Reizmagen, Erschöpfung, Bluthochdruck oder Herzrhythmusstörungen plagen die meisten. Aber auch psychosomatische Erkrankungen wie Hautausschläge, Magen- und Darmgeschwüre oder gar depressive Verstimmungen sind überraschend häufig anzutreffen. Unser Organismus ist ein sensibles Gleichgewicht. Störungen dieses Gleichgewichtes manifestieren sich in Krankheiten. Nur wer sein Leben im Gleichgewicht hält, bleibt gesund. Gesundheit kann man nicht herbeireden. Es nützt auch wenig, sich anderen gegenüber als gesund darzustellen. Wer gesund sein und bleiben will, muss gesund leben.

Was aber heißt das? Das Wissen um die Zusammenhänge gesunder Lebensführung hat in den letzten Jahren – nicht zuletzt unter dem Einfluss fernöstlicher Heiltraditionen wie Ayurveda oder traditionelle chinesische Medizin – erheblich zugenommen. Das Vordringen der Homöopathie oder die Integration psychosomatischer Erklärungsmodelle in die traditionelle Schulmedizin zeigen an, dass Gesundheit zunehmend ganzheitlich verstanden und gelebt wird. Wer gesund leben will, muss versuchen, sein Leben in der Balance zu halten. Arbeit, Stress und Anspannung sind unverzichtbare Stimulatoren, aber wenn die Sicherungen nicht durchbrennen sollen, bedarf es auch des Ausgleichs durch Entspannung und Muße. Wer viel geistig arbeitet, sollte auf angemessene (nicht übertriebene!) körperliche Aktivität achten, um Körper und Geist im Gleichgewicht zu halten und sein Immunsystem zu stabilisieren. Letzterem dient auch eine gesunde Ernährung. Warum seinem Organismus mit Alkohol, Nikotin, zu viel Fett, Zucker oder Konservierungsstoffen schaden, wenn man sich auch ausgewogen und ungiftig ernähren kann? Schon Hippokrates, der Urvater aller westlichen Mediziner, lehrte: »Wer stark und gesund sein will, übe den Körper, atme reine Luft und heile sein Weh eher durch Fasten als durch Medikamente.« Für die Gesundheit der Seele schließlich, ohne die körperliche Gesundheit auf Dauer nicht denkbar ist, sind mitmenschlicher Rückhalt (»gute Gesellschaft«), Lebenszufriedenheit und ein selbst-, nicht fremdbestimmtes Leben auf der Grundlage eines intakten Selbstwertgefühls unverzichtbar (siehe Abbildung 4: »Zusammenhänge gesunder Lebensführung«).

Ich gebe es gerne zu: Die Umsetzung dieser Erkenntnisse in den Lebensalltag stellt hohe Anforderungen an die eigene Person. Ebenso wie ein Unternehmen nur erfolgreich sein kann, wenn es konsequent ein für richtig erkanntes Ziel verfolgt, setzt auch Lebenserfolg ein hohes Maß an Fokussierung, Konsequenz und Verzicht – kurz: Disziplin – voraus. Und ebenso wie dort macht die Fähigkeit, diese Konsequenz zu leben, auch hier den Unterschied zwischen dem Außergewöhnlichen und dem Gewöhnlichen aus. Die Masse geht immer den leichteren Weg, sei es in Bezug auf ihr Unternehmen oder die eigene Person. Bereits bei dem römischen Philosophen Seneca findet sich die Feststellung: »Wir werden die Gesundheit erst entdecken, wenn wir uns von der Masse trennen. Denn die Masse steht im Gegensatz zur rechten Vernunft und verteidigt die eigenen Übel und Leiden. Lasst uns fragen: Was ist das Beste? Und nicht: Was ist das Übliche?« Ich habe in meinem bisherigen Leben immer wieder die Feststellung machen dürfen, wie sehr die außergewöhnlichen (Unternehmer-)Persönlichkeiten nach diesem Gesetz handeln. Sie sind es, die beim Empfang mit Selbstverständlichkeit Wasser trinken, auf fettes Essen und übermäßigen Alkoholgenuss verzichten. Sie sind es, die bei den üblichen gesellschaftlichen Veranstaltungen fehlen oder sich noch vor Mitternacht zurückziehen, um ausreichend Schlaf zu haben. Sie sind es auch, die morgens später ins Büro kommen, weil sie zuvor noch meditieren und mit ihren Kindern frühstücken wollen. Und vor allem: Sie tun dies alles nicht als traurig-verkrampfte Asketen, sondern mit dem Selbstverständnis dessen, der sein Leben genießt und weiß, dass er das Richtige tut. In einer Anleitung zur Selbstentwicklung des indischen Yoga-Institutes Bombay habe ich dazu folgende Feststellung gefunden:

»Um schädliche Gewohnheiten aufzugeben und erwünschte Gewohnheiten zu kultivieren, geht es nicht ohne Disziplin. Wenn wir uns nur auf unsere Stimmung oder die Gunst der Stunde verlassen, kommen wir nie weit. Diszi-

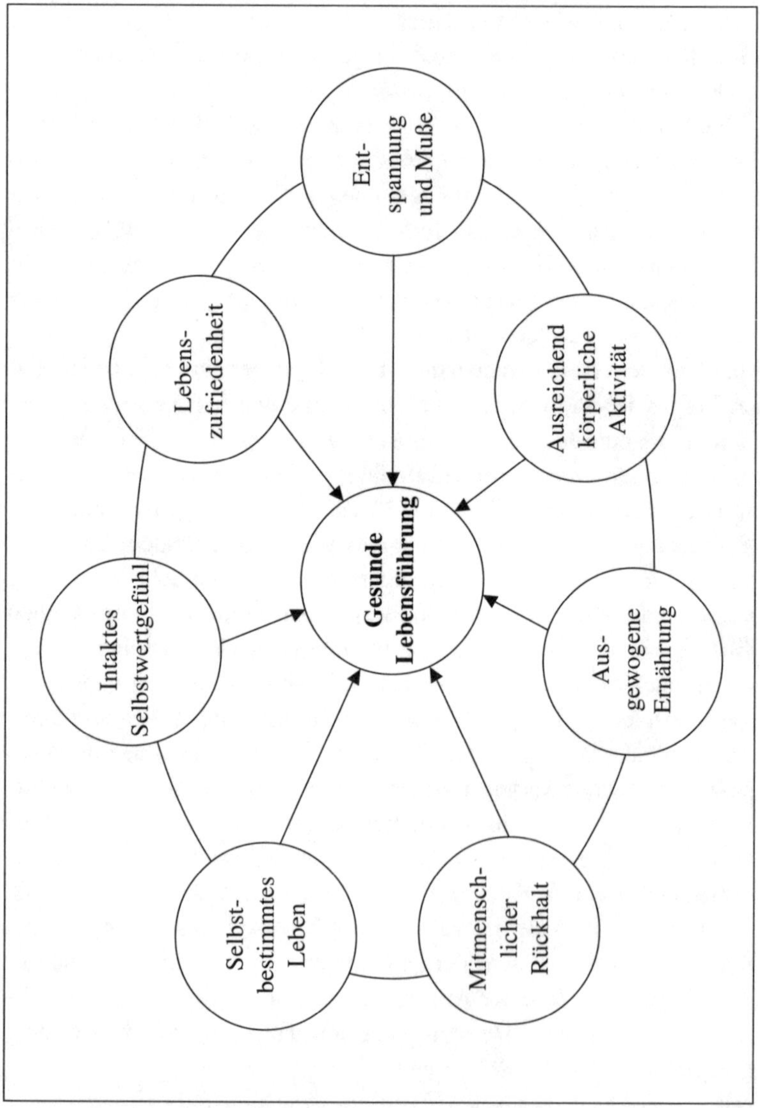

Abbildung 4: »Zusammenhänge gesunder Lebensführung«

pliniert sein heißt, von den eigenen Launen oder dem Trägheitsmoment unabhängig zu werden. Es heißt auch: fähig zu sein, das zu tun, was man tun möchte, und zwar nicht aus einer flüchtigen Laune heraus, sondern aus Einsicht. Letzten Endes heißt es: alles, was notwendig ist, gut zu tun und Befriedigung daraus zu schöpfen. Doch das ist ein weiter Weg, und man darf nicht erwarten, leichtfüßig zu tanzen, bevor man überhaupt gehen gelernt hat.«

Was die Qualität Ihrer Beziehungen mit Ihrem Erfolg zu tun hat

Gedanken zur Unternehmerehe

Nicht nur unsere Gesundheit, auch die Qualität unserer Beziehungen entscheidet über unseren Erfolg. Viele große Unternehmer verdanken ihren Ehefrauen unendlich viel. »Hinter jedem großen Unternehmer steht eine starke Frau« – dieser gern zitierte Satz artikuliert mehr als schlichte Höflichkeit. Denn manch großes Werk wäre ohne die Mitwirkung des Lebenspartners so nicht denkbar gewesen. Unternehmer-Ehefrauen – oder sollte ich korrekter sagen: Unternehmerinnen – haben die Lebenswerke ihrer berühmten Männer mitgestaltet, in unterschiedlichen, mitunter auch wechselnden Rollen. Sie versorgen das Private und halten ihm damit den Rücken frei für die Konzentration auf seine unternehmerische Aufgabe. Sie tragen die Last der Kindererziehung, versuchen den meist abwesenden oder anwesend-abwesenden Vater zu ersetzen und im Idealfall einen geeigneten Nachfolger heranzubilden. Sie sind Ideengeber, Sparringspartner, Mit-Arbeiter, mitunter gar kongeniale Partner. Nicht selten geben sie menschlichen Rückhalt, vor allem in schwierigen Zeiten. Sie wirken als Antreiber, Bremser, Wiederaufrichter, manchmal gar als Retterin eines gefährdeten Lebenswerkes. Nur wenige von ihnen, Frauen wie Grete Schickedanz, Käthe Dassler oder Johanna Quandt, dringen ins öffentliche Bewusstsein. Die meisten wirken im Verborgenen, und doch nicht minder mächtig. Die Rolle der »Frau an seiner Seite« wird allzu selten hinreichend gewürdigt. Es ist an der Zeit anzuerkennen, dass viele große

Unternehmer in Wahrheit große Unternehmer-Teams waren und sind.

In unserer Zeit mit ihrem gewandelten Rollenverständnis der Geschlechter wird dieses überkommene Bild der Unternehmerehe nicht ohne weiteres überleben. Frauen sind heutzutage nicht mehr per se und allein auf Grund ihrer Rolle als Frau bereit, eigene Selbstverwirklichung hintanzustellen und an der Verwirklichung des Lebenswerkes ihres Unternehmer-Ehemannes mitzuwirken. Warum sollten sie auch? Viele von ihnen werden selbst Unternehmerinnen – und sind dabei nicht schlechter als ihre männlichen Kollegen. Können sie umgekehrt auf die Unterstützung ihres männlichen Lebenspartners zählen? Die Befreiung der Frau und der Verlust der männlichen Dominanz-Automatik hat den Partnern eine größere Freiheit bei der Ausgestaltung ihres Lebensmodells beschert. Große unternehmerische Erfolge sind heute durch Männer, Frauen oder auch im Team denkbar. Eines aber hat sich nicht geändert: Zu zweit geht mehr als alleine! Auch in Zukunft wird derjenige überlegen sein, der sein Werk gemeinsam mit einem ihn unterstützenden Lebenspartner aufbauen kann.

Eine geglückte Partnerschaft vermittelt Kraft, Geborgenheit, Unterstützung und Liebe. So können die Partner gemeinsam mehr erreichen, als jeder von ihnen für sich vermöchte. Ein unschätzbarer Vorteil gegenüber einem Menschen, der alles aus eigener Kraft erreichen muss. Oder gar durch hässliche Streitigkeiten gelähmt wird – bis hin zu negativen finanziellen Folgen im Scheidungsfall. Intakte Beziehungen stärken, gestörte schwächen. Als Unternehmer wissen Sie das längst. Unwillkürlich tippen Sie auf Beziehungsprobleme, wenn ein Mitarbeiter unkonzentriert und abgelenkt bei der Arbeit erscheint. Hingegen habe ich noch nie gehört, dass privates Glück als Ursache für dauerhafte berufliche Minderleistung ausgemacht worden wäre. Warum sollte das, was Ihnen bei Ihren Mitarbeitern als eine Selbstverständlichkeit erscheint, bei Ihnen selbst anders sein?

Gewiss: Eine gute Beziehung gibt es nicht zum Nulltarif. Wer sich auf einen anderen einlässt, muss bereit sein, etwas von sich preiszugeben. Wer sich immer nur durchsetzen will, wird bestenfalls einen Untergebenen, nie aber einen Partner gewinnen. Auch will ich nicht behaupten, dass Männer und Frauen es immer leicht miteinander hätten. Zahlreiche Forschungen der letzten Jahrzehnte haben gravierende Unterschiede in den Denk- und Gefühlsstrukturen beider Geschlechter zu Tage gefördert. »Men are from mars, women are from venus (Männer sind vom Mars, Frauen von der Venus)«, hat der Amerikaner Chris Evatt diese Divergenz in seinem gleichnamigen Buch zusammengefasst. Aber liegt in dieser Unterschiedlichkeit nicht auch eine Chance? Wird Kommunikation nicht einfacher, wenn ich erst weiß, wo mögliche Hindernisse liegen? Und werden die Herausforderungen des Lebens nicht besser beherrschbar, wenn wir ihnen nicht länger nur mit männlichen oder weiblichen, sondern mit männlichen und weiblichen Lösungsmechanismen begegnen können? Die Publizistin Gertrud Höhler sieht in gemischtgeschlechtlichen Teams meines Erachtens zu Recht die evolutionär richtungweisende Antwort auf die Herausforderungen der Zukunft. Wir müssen es nur wollen. Und bestehende Denk- und Gefühlsblockaden über Bord werfen. Ihre Partnerschaft wird es Ihnen danken und Ihr Unternehmen ebenfalls.

Der schwierige Faktor Zeit

Der wahrscheinlich größte Feind einer guten Partnerschaft heißt »Zeit«. Oder besser: fehlende Zeit. Unternehmer und andere Erfolgsmenschen investieren oft so viel Zeit in ihren beruflichen Erfolg, dass für das Private kein Raum mehr bleibt. Und belasten damit die Partnerschaft. Denn nichts spiegelt unsere Prioritäten so deutlich wie die Verteilung unseres knappsten Gutes – der Zeit. Wer sagt: »Ich habe keine Zeit«, meint: »Es ist mir nicht so wichtig.« Und wird vom Empfänger genau so verstanden. Ich denke, es ist an der Zeit, das dieser Geisteshaltung zu Grunde liegende Paradigma kritisch zu hinterfragen.

Ursache der notorischen Zeitknappheit im Privaten ist ein gesellschaftliches Grundverständnis, das Lebenserfolg mit beruflichem – besser noch: finanziellem – Erfolg gleichsetzt. Ausgehend davon ist es nur natürlich, möglichst alle Zeitressourcen in die Optimierung des beruflich-finanziellen Erfolges zu investieren und Zeitansprüchen aus dem privaten Lebensbereich nur so weit entgegen zu kommen, dass keine zweite Front entsteht. Der bekannte Managementtrainer Günter F. Gross meint zu Recht, den meisten beruflich Erfolgreichen reiche es, »wenn sie zu Hause keinen Partisanenkampf führen müssen. Die Hoffnung, dass es ihnen gelingt, aus den auf ihrem Territorium mitwohnenden Menschen herzliche Verbündete zu entwickeln, haben sie längst aufgegeben.« Aber reicht das wirklich? Lässt sich Lebenserfolg tatsächlich auf beruflich-finanziellen Erfolg reduzieren? Für Gross ist das Urteil eindeutig: »Den Grad des Wohlstandes allein von der finanziellen Lage ableiten zu wollen, ist naiv. (...) Für die Mitglieder der Elite besteht die Gefahr, dass sie um wesentliche Teile dessen gebracht werden, was den Lebenserfolg ausmacht. Wenn es den beruflich Erfolgreichen nicht gelingt, auch ihr Privatleben glücklich zu gestalten, dann leben sie nicht wirklich.« Denn, so Gross weiter: »Lebenserfolg besitzen Sie, wenn sich Ihre Furchtsamkeit in Grenzen hält, wenn Sie innere Ruhe haben, ein Gefühl der heiteren Gelassenheit und nicht ständig unter Druck stehen. Wie weit Sie das schaffen können, ist von der Güte Ihrer beruflichen und privaten Partnerschaften abhängig. Die Kardinal-Partnerschaft für die Bestimmung Ihres Lebenserfolges ist Ihre Ehe.« Wir sollten darüber nachdenken. Ich möchte noch einen Schritt weiter gehen. Wenn es richtig ist, dass eine starke Partnerschaft beruflichen – vor allem auch unternehmerischen – Erfolg fördern kann, muss dann nicht die gesamte verhängnisvolle Annahme von der Antinomie zwischen beruflicher und privater Zeitverteilung in Zweifel gezogen werden? Ohne Lebenserfolg ist beruflicher Erfolg auf Dauer wahrscheinlich ebenso wenig denkbar wie es Lebenserfolg ohne beruflichen Erfolg ist. Richtigerweise kann es deshalb gar nicht darum gehen, das eine auf Kosten des anderen zu maximieren. Wirklich und dauerhaft erfolgreich kann nur werden, wem es gelingt, berufliche und private Anforderungen miteinander zu versöhnen und ein Leben in Balance zu leben.

Fürwahr ein hoher Anspruch. »Unmöglich zu erfüllen«, wird mir die Mehrzahl der Unternehmer an dieser Stelle zurufen. Auch ich selbst war lange Zeit unsicher. Zu tief verwurzelt war das alte Paradigma. Bis ich von jenem Unternehmer erfuhr, der unstreitig zu den größten der deutschen Nachkriegsgeschichte gehört, und doch jeden Nachmittag zu Hause bei seiner Familie verbrachte. Seither weiß ich: Es gibt nicht nur das »Entweder-oder«, es gibt auch das »Sowohl-als-auch«. Die Entscheidung liegt allein bei mir. Dass ihre Umsetzung nicht ganz einfach ist, will ich gerne konstatieren. Die öffentliche Meinung ist noch feindlich. Andererseits habe ich bereits mehrfach betont, dass zum großen Unternehmer immer auch die große Persönlichkeit gehört. Eine Persönlichkeit mit dem Mut, abseits der Masse zu stehen und Dinge anders zu machen, als es dem noch vorherrschenden Zeitgeist entspricht. Warum sollte sie sich nicht auch hier erweisen? Schließlich lohnt es sich, in die Partnerschaft zu investieren. Denn der mögliche Nutzen heißt: Glück und Erfolg, oder: Lebenserfolg und beruflicher Erfolg, um in den Termini von Günter F. Gross zu bleiben.

Ratschläge für eine gesunde Beziehung

Wer über die zeitliche Investition hinaus an der Qualität seiner Ehe arbeiten möchte, mag einigen ebenso grundsätzlichen wie einfachen Hinweisen folgen. Die Anregungen dazu verdanke ich Ulrich Bauhofer. Ich habe sie seinem Buch über die Kunst der Lebensführung nach den Grundsätzen des Ayurveda (»Aufbruch zur Stille«) entnommen. Sie lauten:

»Wer liebt, muss in sich ruhen. Eine Partnerschaft zu pflegen, bedeutet in erster Linie, sich selbst zu pflegen, d.h. die eigene Zufriedenheit und die eigene Fähigkeit zu geben immer wieder neu zu entdecken. Es ist nichts Schlechtes oder Egoistisches daran, etwas für sich zu tun, denn wenn unsere Persönlichkeit reift, profitiert auch unsere Umwelt.

1. Achten Sie auf Ihre Energiereserven. Verausgaben Sie sich nicht. Tanken Sie regelmäßig auf, und vergessen Sie nie das Prinzip der Regeneration: Kraft kommt nur aus der Ruhe.

2. Üben Sie sich in der Bereitschaft zu geben. Überraschen Sie Ihren Partner mit kleinen Aufmerksamkeiten, und interessieren Sie sich für alles, was ihn bewegt. Zeigen Sie ihm Ihre Zuneigung und vergessen Sie nicht, sich auch auszusprechen.
3. Suchen Sie bei einem Konflikt nicht die Schuld beim anderen. An einer Beziehung sind immer zwei beteiligt. Einen anderen Menschen zu verändern, liegt nicht im Rahmen unserer Möglichkeiten. Wir können nur uns selbst verändern. Arbeiten Sie an sich selbst, und fragen Sie sich, welchen Beitrag Sie zur Lösung eines Konflikts leisten können.
4. Tragen Sie nie einen Konflikt aus, wenn Sie müde und ausgelaugt sind. Erzwingen Sie keine Aussprache, wenn Sie bemerken, dass Ihr Partner erschöpft ist. Solche Diskussionen enden meistens im Streit; zu leicht sagt man Dinge, die man später bereut. Warten Sie ein oder zwei Tage, und sprechen Sie sich aus, wenn Sie ausgeruht sind. Nur dann können Sie Verständnis für Ihren Partner aufbringen und nachempfinden, was der andere fühlt.
5. Entdecken Sie Gemeinsamkeiten. Zweifel an einer Beziehung führen oft zu dem Gefühl, zu verschieden zu sein. Wer solche Zweifel hegt, läuft Gefahr, sie durch jeden kleineren Konflikt bestätigt zu sehen. Richten Sie Ihre Aufmerksamkeit nicht auf die Unterschiede – die wird es in einer Welt der Vielfalt immer geben –, sondern auf die Gemeinsamkeiten, die Sie zusammengeführt haben. Pflegen Sie Ihre beiderseitigen Interessen, und vergessen Sie dabei nicht, die Andersartigkeit Ihres Partners zu achten. Denn diesen Respekt vor Ihrer eigenen Individualität erwarten Sie auch vom anderen.
6. Achten Sie auf Ihre geistige Klarheit. Eine Beziehung braucht viel Aufmerksamkeit und Wachheit. Wenn wir müde und erschöpft sind, entgehen uns die feinen Regungen unseres Partners. Achten Sie deshalb darauf, dass Sie immer ausreichend schlafen.«

Vater werden ist nicht schwer…

Auch mit ihrer Vaterrolle tun sich viele Unternehmer nicht leicht. Nicht nur der Partner, auch die Kinder leiden unter dem chronischen Zeitdefizit. Für viele Unternehmerkinder bleibt der Vater eine unerreichbare Größe – meist abwesend, und zwar selbst dann, wenn er ausnahmsweise einmal körperlich anwesend zu sein scheint. Der typische Unternehmer-Vater fühlt sich mit der Mehrfachbelastung aus Unternehmen und Familie schlichtweg überfordert. Anstatt seine Vaterrolle aktiv wahrzunehmen, delegiert er die Erziehungsaufgabe vollumfänglich an seine Ehefrau. Und wundert sich dann, wenn die Kinder weder zu ihm persönlich noch zu dem von ihm heiß geliebten Unternehmerberuf eine tiefere, geschweige denn positive Beziehung aufbauen. Kinder brauchen Mütter und Väter. Fehlt einer von beiden, bekommt die Erziehung Schlagseite. Kinder, vor allem Söhne, die ohne Vater groß werden müssen, blicken vor allem auf jene Altersgenossen mit Neid, die über eine intakte Vater-Kind-Beziehung verfügen. Und erblicken die Schuld für ihr Dilemma wenn nicht beim Vater selbst, so doch bei dessen Beruf. Wen kann es dann noch wundern, dass mancher Unternehmersohn lieber einen beamteten Beruf mit geregelten Arbeitszeiten und ausreichend Freizeit anstrebt, als sich wie der eigene Vater als Unternehmer an seinen Kindern zu versündigen. Wer als Kind den Lehrersohn beneidet hat, will später nur allzu gerne selbst Lehrer werden. Und ist es Lebenserfolg, wenn man zwar ein erfolgreicher Unternehmer geworden ist, als Vater aber versagt und das eigene Kind womöglich verloren hat?

Hinzu kommt, dass erfolgreiche Unternehmer – wie übrigens alle Erfolgsmenschen – durchaus problematische Vorbilder sind. Einerseits ist es toll, einen großartigen und erfolgreichen Vater zu haben. Andererseits kann der lange Schatten eines großen Vaters weniger starke Naturen leicht zu Boden drücken. Das Gefühl, das verehrte Vorbild niemals erreichen zu können, wirkt nicht unbedingt ermutigend. »Unter einem großen Baum wachsen nur Pilze«, formulieren wir gerne bildhaft, wenn wir auf das Phänomen hinweisen wollen, dass großartige Väter nur selten gleichermaßen großartige Söhne oder Töchter hervorbringen. Auch deshalb ist es so wichtig, dass Unternehmer-Väter ausreichend Zeit für ihre Kinder haben. Damit sie Menschen zum Anfassen bleiben, Menschen mit erlebbaren Stärken und Schwächen, anstatt zum überlebensgroßen, Angst einflößenden Denkmal zu mutieren.

Noch etwas macht die Beziehung des Unternehmers zu seinen Kindern nicht unbedingt einfacher. Die meisten Unternehmer hegen – offen oder verdeckt – den Wunsch, das von ihnen Geschaffene möge von ihren Kindern fortgeführt werden. Der Wunsch, den eigenen Kindern etwas zu hinterlassen und sich gleichzeitig auf diese Weise ein Stück Unsterblichkeit zu sichern, gehört zu den archaischen Verhaltensmustern der Menschheit. Er ist durchaus legitim. Ebenso legitim ist es aber auch, wenn die Kinder den elterlichen Wunsch zurückweisen und sich für ein eigenes Leben entscheiden. Und genau da liegen die Schwierigkeiten. Viele Unternehmer respektieren nur eine Entscheidung pro Firma. Schon mit der Wahl des Vornamens machen sie deutlich, dass Max Müller jun. Max Müller sen. nachfolgen soll. Schullaufbahn, Studienwahl, Praktika und Auslandsaufenthalte bei befreundeten Unternehmern – immer wieder greifen sie in bester Absicht in die Entwicklung ihrer designierten Nachfolger ein. Dabei übersehen sie, dass man Nachfolger nicht herstellen kann. Um ein selbstständiger Unternehmer sein zu können, muss man zunächst einmal selbstständig sein. Eltern, die ihre Kinder zur Selbstständigkeit erziehen, setzen das Einüben eigener Entscheidungsfähigkeit an die Stelle jeder noch so wohlmeinenden Bevormundung. »Tue, was ich will und werde selbstständig«, funktioniert nicht und schafft ganz gewiss keine kraftvollen Unternehmerpersönlichkeiten. Wenn Sie die Nachfolge wirklich wollen, müssen Sie loslassen lernen. Das garantiert Ihnen zwar nicht, dass Sie einen Nachfolger aus der Familie bekommen. Wenn Sie ihn aber bekommen, wird es der richtige sein. Deshalb sollten Sie auf direkte Interventionen verzichten. Sie erzeugen im jugendlichen Alter ohnedies nur Unterwerfungs- oder Trotzreaktionen. Vertrauen Sie stattdessen auch hier Ihrem Vorbild. Ebenso wie Ihre Mitarbeiter beeinflussen Sie auch Ihre Kinder durch nichts so sehr wie durch die Art und Weise, in der Sie mit Ihrer Unternehmerrolle umgehen. Ihre Kinder erleben den Unternehmerberuf so, wie Sie ihn vorleben. Ist er Ihnen Berufung, wird er auch Ihren Kindern als erstrebenswertes Berufsziel erscheinen. Ist er Ihnen hingegen Last, wird er auch von Ihren Kindern als lästig empfunden. Viele Unternehmer, die sich die eigenen Kinder als Nachfolger wünschen, sollten sich von Zeit zu Zeit fragen: Lebe ich meinen Kindern den Unternehmerberuf wirklich als etwas Erstrebenswertes vor? Der bereits mehrfach zitierte Leopold Schoeller schreibt allen Unternehmer-Vätern mit Nachdruck ins Stammbuch (zitiert aus dem bereits mehrfach erwähnten Aufsatz in: May/Sies, Unternehmensnachfolge leicht gemacht):

»Ich unterscheide drei Sorten von Vätern:

Der erste Vater-Typus spricht mit den Kindern überhaupt nicht über seine berufliche Tätigkeit. Ganz klar, dass dann bei den Kindern das Bild vom Unternehmer von den frustrierten Schullehrern, den Pastoren, vom Fernsehen und in der Disco geprägt wird. Kein Wunder, wenn kein junger Mensch dann Unternehmer werden will. Unsozial, geldgierig, rücksichtslos und machtbesessen will heute niemand sein – mit Recht.

Nicht viel besser ist der gestresste Vater. Er kommt abends nach Hause und klagt über die Kunden, die Unmenschliches verlangen und nichts dafür bezahlen wollen, über die Gewerkschaft, die nur Böses will, über die Banken, die einem den Hals zuhalten, über die Mitarbeiter, die faul und dumm sind, und dass man deshalb alles selber machen müsse, über die viele Arbeit, und dass man eben der Ärmste und Gequälteste von allen sei. Kein Wunder, dass der Sohn beschließt, ein solches Leben nicht führen zu wollen und lieber Beamter wird.

Der dritte Vater kommt abends nach Hause und verkündet mit lauter Stimme, dass er es den anderen mal wieder gezeigt hat: Er hat das große Geschäft gemacht, er ist mit der Gewerkschaft fertig geworden, er hat im Betrieb Ordnung geschaffen, er hat den Banken den Marsch geblasen und überhaupt … er, er, er. Der arme Sohn! Der muss frustriert werden. Ist es nicht ganz natürlich, wenn der Sohn dann einfach Angst hat, gegenüber dem Vater zum Versager zu werden, Angst davor hat, sich dem Leben stellen zu müssen und es vorzieht, erst einmal 20 Semester zu studieren? Danach ist er tatsächlich unbrauchbar für das Unternehmen.

Warum können Väter nicht ganz normale Menschen sein? Auch wenn sie Unternehmer sind? Warum stellen sie ihren Söhnen ihr Unternehmerleben nicht so dar, wie es wirklich ist? Voller Aktion, nie langweilig, mit echter Herzensfreude, wenn etwas gut gelungen ist, mit Enttäuschung oder Ärger, wenn man etwas dumm angestellt hat, mit allen Lehren, die einem auf menschlichem und sachlichem Gebiet durch die tägliche Erfahrung erteilt werden? Gerade von Fehlern, die man selbst gemacht hat, sollte man erzählen und von den Lehren, die man daraus gezogen hat. Oder von der wunderschönen Aufgabe, Menschen zu führen, zu motivieren. Von dem Erlebnis, dass Mitarbeiter sich die Firma innerlich zu eigen machen und mit einem durch dick und dünn gehen.

Wenn man das alles ehrlich erzählt, dann ist es wahrscheinlich, dass die Faszination auch den Sohn ergreift und er von selber kommt. Mir ist es jedenfalls so ergangen. Ich habe versucht, den Kindern zu vermitteln, dass es wahnsinnig schön ist, ein Unternehmen zu leiten, und dass ich es nie als Last empfunden habe, mehr zu tun als andere und Verantwortung zu tragen.«

Und wenn er oder sie dann trotzdem nicht nachfolgen wollen – lassen Sie sie. Zum Unternehmerberuf darf man niemanden zwingen. Ihr unternehmerischer Erfolg hängt nicht davon ab, dass Sie Ihr Unternehmen an einen der Ihren übergeben. Entscheidend ist vielmehr, ob Sie Ihr Unternehmen nach Ihrem Rückzug in eine sein erfolgreiches Fortbestehen versprechende Struktur entlassen. Auch für Ihren Lebenserfolg ist es weniger wichtig, dass Ihr Kind Unternehmer wird, als dass Sie ihm ein guter Vater sind, der es lehrt, ein glücklicher Mensch zu sein. Für all das braucht es Zeit und Aufmerksamkeit. Mit der Verteilung der knappen Ressource Zeit entscheiden Sie über Ihre Prioritäten. Und über Ihren ganz persönlichen Erfolg. Wie bereits gesagt: Sie haben die Wahl. Sie tragen die Konsequenzen. Nicht die Umstände sind verantwortlich. Sie allein sind es.

Der Weg zur persönlichen Strategie

Zum guten Schluss möchte ich Ihnen noch einige praktische Hinweise mit auf den Weg geben. Die wenigsten Menschen sind erfahren darin, für sich und ihr Leben eine persönliche Strategie zu entwickeln. Sie leben ihr Leben mehr ab, als dass sie ihm Ziel und Richtung geben. Auch wenn sie beginnen, die vorstehend dargestellten Zusammenhänge zu begreifen, heißt das noch lange nicht, dass sie in der

Lage wären, diese in konkrete Ziele, Wegbeschreibungen (Strategien), Umsetzungsmaßnahmen und Fortschrittskontrollen zu übersetzen.

Dabei ist es gar nicht so schwer. Der erste Schritt besteht darin, unserem Leben eine eindeutige Zielrichtung zu geben. Wer will ich sein? Wie will ich werden, um am Ende sagen zu können: Es war ein geglücktes Leben? Dazu eine einfache Übung:

Stellen Sie sich vor, Sie feiern Ihren 60. Geburtstag. Sie haben Ihren besten Freund gebeten, er möge eine Laudatio auf Sie halten. Während er spricht, zucken Sie unwillkürlich zusammen: Ja, das ist der Mensch, der Sie immer werden wollten. Und es stimmt alles.

Schreiben Sie diese Rede auf – zunächst in ungekürzter Fassung. Und bewahren Sie sie gut auf. Spätestens anlässlich Ihres 60. Geburtstages sollten Sie sie hervorholen. Sind Sie der geworden, der Sie werden wollten? Der Sie hätten werden können?

Nachdem Sie die Rede zunächst in voller Länge niedergeschrieben haben, sollten Sie die in ihr enthaltenen Ziele in Stichworten exzerpieren. Tun Sie dies so konkret wie möglich. »Er war ein erfolgreicher Unternehmer. Er hat die Max Müller GmbH aus kleinsten Anfängen zum Weltmarktführer für Haushaltswasserfilter aufgebaut und damit unser aller Leben ein Stück lebenswerter gemacht. Er war ein großes Vorbild. Er lebte Einsatzfreude, Fairness und Mitmenschlichkeit vor und hat die Werte und Tugenden seines Unternehmens in diesem Sinne geprägt. Er war ein guter Ehemann und Vater. Jeden Nachmittag um sechs war er zu Hause und hatte stets ein offenes Ohr für die Belange seiner Familie …«

Während Sie dies tun, wird Ihnen vielleicht bewusst werden, dass einige Ihrer Zielsetzungen in Widerspruch zueinander stehen, dass sie nicht alles auf einmal und ohne Einschränkungen werden erreichen können. Jetzt gilt es, eine Entscheidung zu treffen. Welches Ihrer Ziele soll im Konfliktfall vorrangig sein? Dies zu entscheiden, ist nicht immer einfach, aber unverzichtbar. Denn ohne eine Zielhierarchie laufen Sie Gefahr, am Ende keines Ihrer Ziele zu erreichen. Auch hier mag eine kleine Übung hilfreich sein.

Von Ihrem Arzt erfahren Sie, dass Sie nur noch ein Jahr zu leben haben. Innerhalb dieses einen Jahres bleibt Ihnen ausreichend Zeit, Ihre drei wichtigsten Lebensziele zu erreichen. Welche sind es? Was werden Sie tun?

Wenig später muss sich Ihr Arzt korrigieren. Eine Woche, sagt er nun, betrage die verbleibende Zeitspanne. Gerade Zeit genug für zwei Ziele. Für welche werden Sie sich entscheiden?

Schließlich kommt die Stunde der Wahrheit. Eine Stunde noch und nur ein Ziel. Wie heißt es? Notieren Sie es und halten Sie es gut fest. Es ist der Orientierungspunkt Ihres Lebens! Nur die wenigsten Menschen kennen ihn.

Damit haben Sie den wichtigen ersten Schritt getan. Die Zielrichtung Ihres Lebens steht fest. Als Nächstes geht es darum, den Weg festzulegen, auf dem Sie diese Ziele erreichen wollen. Dazu müssen die notwendig abstrakten Oberziele in möglichst konkrete Subziele heruntergebrochen werden. Was muss ich tun, um ein Unternehmen zur Nummer eins auf dem Weltmarkt machen zu können? Mein Selbstwertgefühl verstärken, regelmäßiges Coaching in Anspruch nehmen? Was muss geschehen, damit ich mehr Zeit für die Familie gewinne? An meiner inneren Einstellung arbeiten, regelmäßige Familien-Termine im Kalender eintragen? Jetzt gilt es, konkrete Festlegungen zu treffen.

Und diese dann auch zu leben. Auch wenn es am Anfang nicht immer leicht fällt. Rückschläge gehören dazu. Sie sollten Sie nicht entmutigen. Es ist noch kein Meister vom Himmel gefallen. Entscheidend ist bekanntlich nicht, wie oft wir zu Boden gehen, sondern wie oft wir wieder aufstehen. Auch ein Michael Schumacher brauchte vier vergebliche Anläufe, bevor er endlich mit Ferrari Formel 1-Weltmeister werden konnte. Ich selbst habe verschiedene Wege ausprobiert und immer wieder Rückschläge erlitten, bevor ich endlich sagen konnte: »So ist es gut. Jetzt bist du auf deinem Weg. Jetzt ist dein Leben in Balance«. Erfreuen Sie sich lieber an Ihren kleinen Erfolgen. Erfolge bauen auf und ermutigen zu weiteren Schritten. Denken Sie daran, was wir über die erfolgreichen Unternehmer gesagt haben. Der Erfolg gehört den Beharrlichen, den Unbeirrbaren. In Bezug auf den Lebenserfolg verhält es sich nicht anders.

Wer an seiner Beharrlichkeit zweifelt, mag zu einem kleinen Trick greifen. Wir können den Druck auf uns selbst verstärken, indem wir andere in unsere Pläne einweihen und sie bitten, uns bei dem Prozess als wohlwollend–kritische Beobachter zu begleiten. Sie können beispielsweise Ihrem besten Freund Ihre langfristigen und Ihre jährlichen Ziele verraten und ihn bitten, sich zweimal jährlich nach den Fortschritten zu erkundigen. Glauben Sie mir: Es wirkt. Wer möchte schon vor anderen schlecht dastehen?

Ein weiterer wichtiger Schritt ist die regelmäßige Fortschrittskontrolle. In gleichmäßigen Abständen müssen Sie sich fragen: Komme ich voran? Bin ich noch auf dem richtigen Weg? Oder muss ich Korrekturen vornehmen, sei es bei den Zielen oder bei der Festlegung des Weges dorthin? Zu diesem Zweck empfiehlt es sich, einmal jährlich persönlich Bilanz zu ziehen. Vorgaben dafür gibt es nicht. Das Handelsgesetzbuch schreibt zwar detailgenau vor, wie eine Unternehmens-Bilanz zu erstellen ist. Für unsere persönliche Lebensbilanz gibt es eine solche Vorschrift nicht. Wählen Sie also die Form und den Inhalt, der Ihnen angemessen ist. Ich selbst habe für mich ein verhältnismäßig einfaches Schema entwickelt, das ich nicht mehr missen möchte und das auch bei den Menschen, an die ich es weitergegeben habe, Anklang gefunden hat (siehe auch Abbildung 5: »Meine persönliche [Jahres-]Bilanz«).

Zunächst notiere ich von oben nach unten die Ziele, die ich in meinem Leben erreichen möchte, und zwar getrennt nach den vier Sphären Person, Unternehmen, Vermögen und Familie. Sodann bilde ich auf einem Koordinatensystem mit Werten von eins (sehr niedrig) bis zehn (sehr hoch) den jeweiligen Zielerreichungsgrad ab, und zwar mit drei Linien: Eine für das angestrebte Ziel (Soll), eine für den Ausgangspunkt bei der letzten Zielmessung (Vorjahr) und eine zur Bestimmung des gegenwärtigen Zustandes (Ist).

Dieses Verfahren lässt sich sowohl für größere Zeiträume als auch zur Bestimmung der jeweils konkreten Jahresziele anwenden. Selbstkritische Ehrlichkeit vorausgesetzt, ermöglicht es eine hervorragende Standortbestimmung und wird damit zum Ausgangspunkt entweder

Ziele	Zielerreichungsgrad									
	1	2	3	4	5	6	7	8	9	10
	--									++
Unternehmen										
...										
...										
...										
...										
Person										
...										
...										
...										
...										
Vermögen										
...										
...										
...										
...										
Familie										
...										
...										
...										
...										

——— Ist
– – – Soll
········ Vorjahr

Abbildung 5: »Meine persönliche (Jahres-) Bilanz«

für ein entschiedenes »Weiter so« oder für ebenso entschiedene Korrekturen.

Der Rest ist Übung, Übung, Übung. Denken Sie daran: Nur Übung macht den Meister. Jede noch so große Reise beginnt mit einem ersten kleinen Schritt. Jeder kleine Schritt macht den nächsten erst möglich. Erfolge bauen auf und machen uns schließlich besser und besser. Natürlich können wir es jeden Tag auch wieder lassen. Aber wir sollten nicht vergessen: Alles hat seinen Preis. Alles, was wir tun. Und alles, was wir unterlassen. Denken Sie stets an das alte spanische Sprichwort: »Nimm, was Du willst, sagte Gott, und zahle dafür«. Sie haben es in der Hand: Werden Sie der Unternehmer Ihres Lebens!

Der vierte Baustein:
Die Vermögens-Strategie

Der vierte Baustein: Die Vermögens-Strategie

Erfolgreiche Unternehmer sind auch Vermögens-Profis

Solange ich in meinen Seminaren über die Erfolgsgeheimnisse großer Unternehmer berichte, wie sich ihre Unternehmens-Strategien von denen der Durchschnittsunternehmer unterscheiden, spüre ich bei meinen Zuhörern zwar mitunter überraschtes Erstaunen, im Grunde aber stets verständige Zustimmung. Das ändert sich auch nicht, wenn ich im weiteren Verlauf darlege, wie sehr der unternehmerische Erfolg an die Person des Unternehmers gebunden ist. Botschaften wie: »Nur wer Großes leisten will, wird auch Großes leisten können«, oder: »Wenn Sie Ihr Unternehmen verändern wollen, verändern Sie sich,« mögen als provokativ empfunden werden, ernsthaft in Zweifel ziehen mag sie niemand. Wenn ich dann aber behaupte, großer unternehmerischer Erfolg sei ohne eine gesamthafte Strategie für das Unternehmervermögen auf Dauer nicht zu haben, regt sich Widerstand. Schließlich lautet das gängige Paradigma: Unternehmenserfolg schafft Vermögenserfolg – nicht umgekehrt.

Es ist nur zum Teil richtig. Zwar trifft es zu, dass sich durch erfolgreiches Unternehmensmanagement beachtliche Vermögenswerte schaffen lassen – an der Spitze der regelmäßig veröffentlichten Hitlisten der Reichen stehen nicht zufällig Unternehmer und Unternehmerfamilien. Richtig ist auch, dass das Fehlen von Vermögen eine starke Antriebskraft für unternehmerisches Tun darstellen kann. Und doch: Hat sich der Unternehmenserfolg erst eingestellt, und ist der Unternehmer damit zu einem vermögenden Mann geworden, kann das Fehlen sonstigen Vermögens rasch unternehmensgefährdend wirken. In meinen Ausführungen zur Unternehmer-Strategie habe ich den Zusammenhang zwischen Problemen auf der Vermögensebene und Unternehmenskrisen anhand von Beispielen aus der Beratungspraxis deutlich gemacht (siehe Seite 28ff.). Sie lassen sich in der Erkenntnis zusammenfassen: Ebenso wie das Fehlen sonstigen Vermögens in der Startphase erfolgsbegründend wirkt, wirkt es später erfolgsgefährdend. Ohne eine gleichberechtigt neben Unternehmens-Strategie und persönliche Strategie tretende Vermögens-Strategie ist unternehmerischer Erfolg auf Dauer unmöglich.

Die Unternehmer-Champions wissen das längst – und handeln entsprechend. Im Gegensatz zum Durchschnittsunternehmer legen sie nicht »alle Eier in einen Korb«, sondern sorgen für eine ausgewogene Vermögensstruktur. Nicht wenige verfügen über ein zweites unternehmerisches Standbein. Dieter Schwarz etwa hat neben den Lidl Discount-Märkten auch die Kaufland-Märkte zum Erfolg geführt. Oder Werner Otto, der neben dem größten Versandhaus der Welt die Firmengruppe ECE betreibt, die Einkaufszentren entwickelt und führt. Otto Beisheim ist nicht nur bei Metro, sondern auch im Mediengeschäft (Filmhandel, Internet) aktiv. Und Arend Oetker ist eindeutig mehr als nur ein erfolgreicher Lebensmittelproduzent (»Schwartau«, »Hero«). Ihm gehören auch etliche Mittelstandsbeteiligungen in Deutschland, Immobilien in den USA und Venture Capital-Beteiligungen weltweit. Viele der Unternehmer-Champions besitzen große Immobilienvermögen und stattliche Wertpapierdepots. Nicht wenige sind professionelle Kunstsammler.

Nun werden Sie fragen: Widerspricht eine solche Sichtweise nicht dem in Zusammenhang mit der Unternehmens-Strategie propagierten Aufruf zur Fokussierung, zur Konzentration aller Kräfte auf ein Ziel? Die Antwort – bereits an anderer Stelle angesprochen (siehe S. 60ff.) – lautet: nein. Es ist wichtig, dass wir begreifen lernen, zwischen Unternehmer und Unternehmen zu unterscheiden. Auf der Unternehmensebene ist Fokussierung unverzichtbar, weil das Unternehmen im Wettbewerb steht, und weil im Wettbewerb auf Dauer nur die Besten erfolgreich bestehen. Wer zu den Besten gehören will, darf sich nicht verzetteln. Er muss sich fokussieren, auch wenn das Risiken birgt. Aus der Sicht des Unternehmers stellt sich die Aufgabenstellung anders dar. Als Vermögensinhaber steht der Unternehmer nicht im Wettbewerb zu anderen Vermögensinhabern. Ob sein Vermögen stärker oder

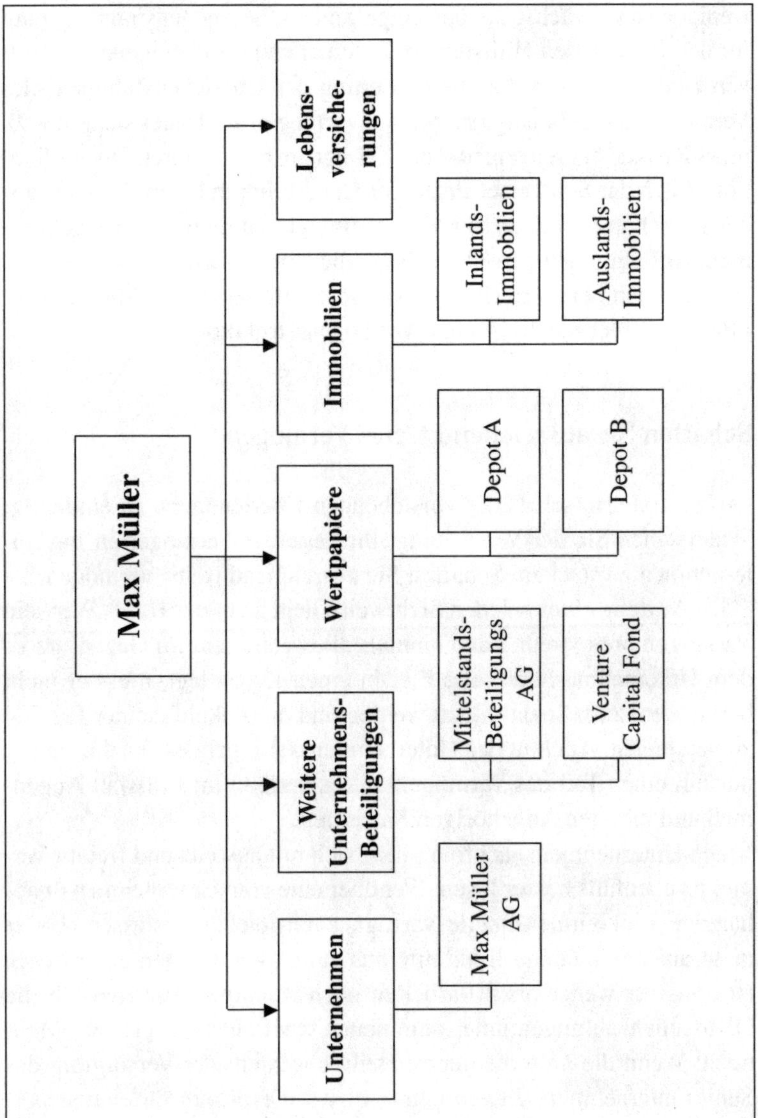

Abbildung 6: »Beispiel einer idealtypischen Vermögensstruktur«

weniger stark wächst als dasjenige anderer Vermögensinhaber, mag für den Platz in den Hitlisten der Reichen und für die eigene Eitelkeit von Bedeutung sein, für die Sicherung der Überlebensfähigkeit des Vermögens ist es belanglos. Wer ein Vermögen auf Dauer sichern will, muss Risiken begrenzen, und das gelingt am besten durch Diversifikation. Auch der Schweizer Professor Cuno Pümpin ist im Rahmen seiner Forschungsarbeiten zur Eignerstrategie zu dem Schluss gekommen: Auf Unternehmensebene heißt die Erfolgsformel Fokussierung, auf Unternehmerebene Diversifikation. (Siehe dazu auch Abbildung 6: »Beispiel einer idealtypischen Vermögensstruktur«.)

Schaffen Sie ausreichend freies Vermögen

Die zentrale Botschaft der vorstehenden Überlegungen ist eindeutig: Widerstehen Sie der Versuchung, Ihr gesamtes Vermögen in Ihr Unternehmen zu stecken. Schaffen Sie ausreichend freies Vermögen.

Die Vorteile einer solchen Sichtweise liegen auf der Hand. Wer sein Vermögen breit streut, kann niemals alles verlieren. Im Gegensatz zu dem Unternehmer, der »alle Eier in einen Korb« legt, muss er nicht befürchten, zum Sozialfall zu werden und die Zukunft seiner Familie zu verspielen. Auch in der Unternehmenskrise geht es für ihn immer nur um einen Teil des Vermögens. Dies verleiht im Ernstfall Augenmaß und gibt den Angehörigen Sicherheit.

Die Unternehmensnachfolge lässt sich mit ausreichend freiem Vermögen ebenfalls besser lösen. Wer über eine vom Unternehmen unabhängige Einkommensquelle verfügt, kann leichter loslassen. Da er nicht auf regelmäßige Einkünfte aus dem Unternehmen angewiesen ist, muss er weder bis 80 arbeiten noch ständig überprüfen, ob die Dividendenzahlungen unter dem neuen Chef auch sicher sind. Mehr noch: Wenn die Unternehmensbeteiligung nicht der Versorgung des Seniorunternehmers dienen muss, schafft dies Raum für eine steuersparende vorzeitige Übertragung. Und noch etwas: Wer nicht nur eine wertvolle Unternehmensbeteiligung besitzt, kann auch mehr als eine

Unternehmensbeteiligung vererben. Er kann frei entscheiden, ob er die Unternehmensbeteilung allen oder nur einem seiner Kinder übertragen will – eventuell sogar ohne die anderen Kinder zu benachteiligen.

Freies Vermögen schafft Handlungsspielräume. Aber es hat auch seinen Preis. Nichts im Leben ist umsonst. Auch freies Vermögen bildet sich nicht von selbst. Wer Geld außerhalb seines Unternehmens anlegen will – und weder reich geheiratet noch reich geerbt hat –, muss an anderer Stelle Verzicht leisten. Manch großes Unternehmervermögen ist nicht zuletzt durch Verzicht auf einen aufwändigen Lebensstil entstanden. Haben kommt bekanntlich von Halten. Vermögen bildet sich nicht aus Einkommen, sondern aus erspartem Einkommen. »Schwarzbrot essen und Immobilien kaufen«, mit diesen Worten hat mir einmal ein vermögender schwäbischer Unternehmer sein Erfolgsrezept erklärt.

Wer auf den Besuch der Salzburger Festspiele oder die Yacht in Cannes partout nicht verzichten will, kann auf andere Weise Verzicht leisten. Die dann notwendigen Entnahmen gehen zu Lasten des Eigenkapitals und begrenzen damit die Unternehmensentwicklung. Die Kreditgeber finanzieren das Unternehmen nämlich immer nur in einem bestimmten Verhältnis zum vorhandenen Eigenkapital. Weniger Eigenkapital bedeutet also zwangsläufig auch weniger Fremdkapital und damit weniger Wachstumschancen für das Unternehmen.

Wer weder seinen Lebensstil noch die Wachstumschancen seines Unternehmens begrenzen, gleichwohl aber freies Vermögen schaffen will, dem steht noch eine dritte Verzichtsvariante zu Gebote. Er kann Herrschaftsrechte an seinem Unternehmen abgeben und fremdes Eigenkapital einwerben. Viele Unternehmer der neuen Generation handeln nach dieser Maxime. Auch ich erinnere mich an eine Unternehmensnachfolge, bei der Vater und Sohn das Problem der fehlenden Altersversorgung für den Senior auf die Weise lösten, dass der Vater einen Teil seiner Beteiligung an eine Beteiligungsgesellschaft verkaufte. Wenige Jahre später ging das Unternehmen an die Börse, wobei die Beteiligungsgesellschaft ihren Anteil mit Gewinn verkaufte und auch der Junior so viele Anteile abgab, dass er eigenes freies Vermögen bilden, gleichwohl aber die Mehrheit an der Firma behalten konnte. Am Ende hatten alle gewonnen: der Vater, weil sein Versorgungsproblem gelöst war, der Sohn, weil er die Kontrolle über die Firma behalten und gleichzeitig ausreichend freies Vermögen bilden konnte, die Beteiligungsgesellschaft, weil sie Gewinn gemacht hatte, und nicht zuletzt die Firma, weil all dies erreicht werden konnte, ohne dass dem Unternehmen Kapital entzogen wurde.

Umsonst jedenfalls ist der Aufbau freien Vermögens nicht zu haben. Doch sollten Sie nicht vergessen: Auch wer nicht bereit ist, für den Aufbau freien Vermögens auf Lebensstil, Unternehmenswachstum oder Herrschaftsrechte zu verzichten, leistet Verzicht. Er verzichtet auf den Aufbau freien Vermögens und die mit ihm verbundenen Handlungsspielräume. Es hat keinen Zweck, vor dieser Tatsache die Augen zu verschließen. Bezahlen müssen Sie allemal. Dann können Sie es auch bewusst und als Folge einer freien Entscheidung tun. Getreu dem bereits mehrfach zitierten Sprichwort: »Nimm, was du willst, sagte Gott, und zahle dafür.« (Siehe dazu auch Abbildung 7: »Vom Nutzen und Preis freien Vermögens«.)

Was heißt »frei«?

Wenn Sie sich entschließen, Privatvermögen zu bilden, sollten Sie darauf achten, dass es sich tatsächlich um freies Vermögen handelt. »Frei« ist privates Vermögen nämlich nur dann, wenn es in keiner Verbindung zum Unternehmen steht, also von dessen Entwicklung unabhängig ist.

Kein freies Vermögen sind demnach Guthaben auf den so genannten Privatkonten der Gesellschafter oder andere Darlehen, die ein Gesellschafter seinem Unternehmen gewährt. Sie können in der Unternehmenskrise nicht mehr frei entnommen werden und teilen das Schicksal der Unternehmensbeteiligung. Von einer Rücklage für den Notfall kann also keine Rede sein. Auch wenn die Verzinsung dieser

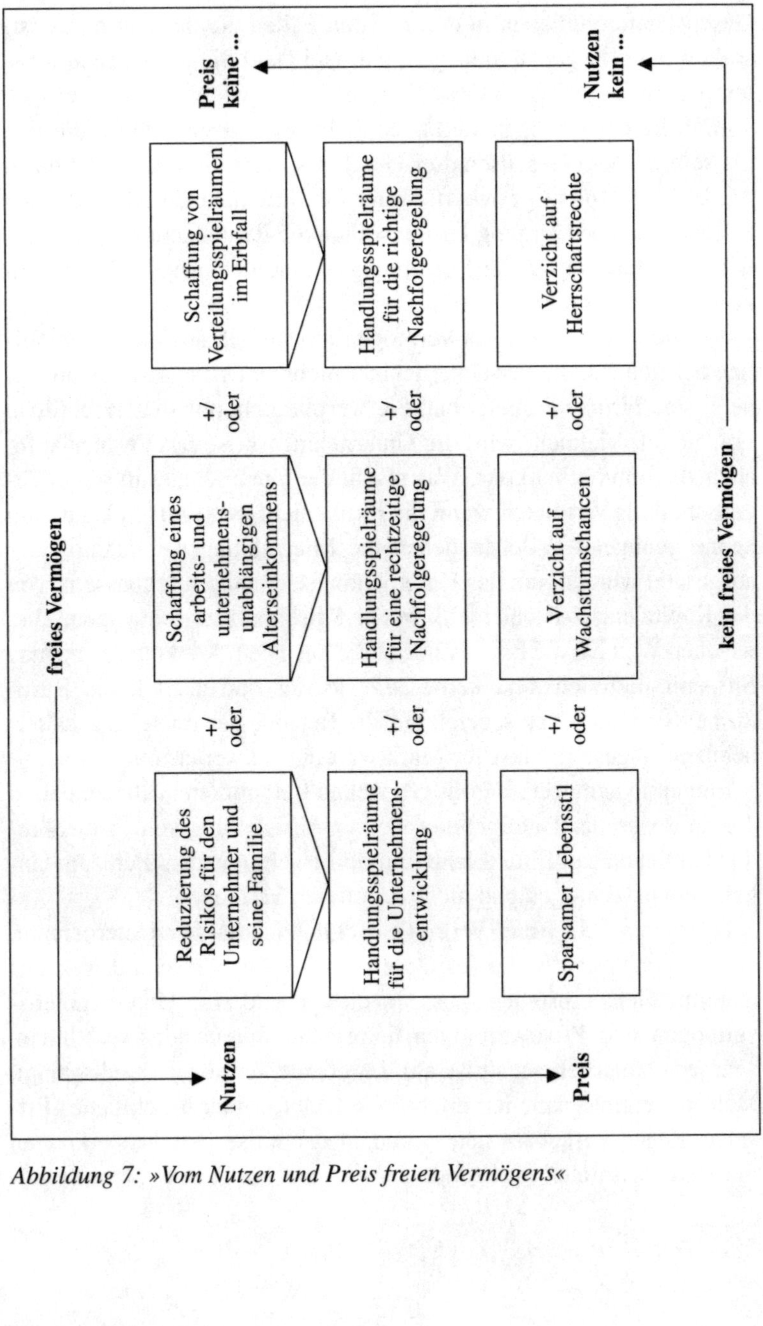

Abbildung 7: »Vom Nutzen und Preis freien Vermögens«

Gesellschafterguthaben in den meisten Fällen durchaus attraktiv ist, sollten Sie sehr genau abwägen, wie viel Geld Sie auf solchen Konten parken.

Kein freies Vermögen sind auch Pensionszusagen, welche die Firma selbst einem Gesellschafter-Geschäftsführer gewährt. Sie sind in der Insolvenz nicht gesichert. Wenn Ihr Unternehmen einen Beitrag zu Ihrer Altersversorgung leistet, sollten Sie darauf achten, dass dies, wie zum Beispiel bei der Einzahlung in eine Lebensversicherung, in krisenfester Form geschieht.

Als nicht wirklich freies Vermögen möchte ich auch alle Immobilien bezeichnen, die der Unternehmer nicht an Dritte, sondern an seine eigene Firma vermietet hat. Sie werfen nicht nur steuerrechtliche Fragen auf. Vielmehr wird die Unternehmenskrise fast zwangsläufig auch zur Immobilienkrise. Was macht der Unternehmer in seiner Eigenschaft als Vermieter, wenn die Firma nicht mehr zahlen kann? Ich kenne genügend Fälle, in denen die Mietzahlungen reduziert oder ausgesetzt wurden, um das Unternehmensergebnis aufzubessern, von der Kapitalersatz-Problematik in der Krise ganz zu schweigen. Und welchen Wert hat die Firmenimmobilie nach dem Konkurs der Firma? Firmenimmobilien sind keine Mietshäuser und auch keine Bürotürme. Sie sind oft so speziell auf die Belange des mietenden Unternehmens abgestellt, dass ihr Marktwert nur schwer ermittelbar ist.

Eindeutig kein freies Vermögen stellen Immobilien in all den Fällen dar, in denen der Unternehmer sie zur Absicherung von Firmenkrediten beliehen hat. Eine solche Immobilie gehört gedanklich zum Unternehmensvermögen und nicht zum freien Vermögen.

Überhaupt kein freies Vermögen schließlich hat der Unternehmer, der als persönlich haftender Gesellschafter für die Schulden seines Unternehmens einstehen muss. In diesem Fall sind Unternehmensvermögen und Privatvermögen untrennbar miteinander verbunden, weil jede Unternehmenskrise auf das private Vermögen durchschlägt. Mehr als einmal habe ich erlebt, wie Unternehmer beachtliches Privatvermögen aufgebaut hatten und in der Krise plötzlich erkennen mussten, dass ihnen im Grunde gar nichts gehörte. Die von mir erhobene Forderung, ausreichend freies Vermögen zu schaffen, bedeutet deshalb auch, dass ich es für gefährlich, wenn nicht gar unverantwortlich halte, wenn Unternehmer auch heute noch bereit sind, persönliche Haftung zu übernehmen. Wer gleichwohl glaubt, solches aus seinem Selbstverständnis heraus tun zu müssen, sollte zumindest dafür sorgen, dass bei seiner Familie ausreichend freies Vermögen besteht oder gebildet wird – und beten, dass die familiäre Beziehung hält.

Ähnliches gilt auch für die Unternehmer, die sich für die Verbindlichkeiten ihrer Firma persönlich verbürgen. Sie sollten die Höhe der verbürgten Forderung in Gedanken von ihrem freien Vermögen abziehen.

Und was ist »ausreichend«?

Wie viel freies Vermögen aber sollte ein Unternehmer haben? Diese Frage lässt sich nicht allgemein gültig, sondern nur individuell beantworten, hängt sie doch von drei individuell zu ermittelnden Faktoren ab: den vom Unternehmer verfolgten Zielen, seinen persönlichen Bedürfnissen und den entsprechend den Zielen und Bedürfnissen zu wählenden Anlageformen.

So hat ein Unternehmer, der nur eine Mindestabsicherung des Lebensstandards für sich und seine Familie im Krisenfall oder eine Altersversorgung anstrebt, einen tendenziell geringeren Bedarf als ein Unternehmer, der sein Risiko ganz allgemein breiter streuen oder sicherstellen möchte, dass auch diejenigen seiner Kinder, die er nicht an der Firma beteiligen will, einen vergleichbar werthaltigen Vermögensteil erhalten.

Auch die persönlichen Bedürfnisse sind individuell unterschiedlich. Manche Unternehmer orientieren sich bei der Ermittlung des zu sichernden Lebensstandards an der sprichwörtlichen Scheibe Schwarzbrot, der gesetzlichen Krankenversicherung und öffentlichen Schulen für ihre Kinder. Andere pflegen einen aufwändigeren Lebensstil und wollen diesen auch nach einem möglichen unternehmerischen Scheitern aufrechterhalten wissen. Schwankungsbreiten von hunderttausend bis zu einer Million Euro jährlich für eine vierköpfige Familie können in Anbetracht dessen nicht überraschen. Und es ist leicht einzusehen, dass ein Vermögen, das eine Million Euro im Jahr erwirtschaften soll, exakt zehnmal so groß sein muss wie ein Vermögen, dessen Inhaber sich mit einhunderttausend Euro zufrieden gibt. Ähnliche Schwankungsbreiten ergeben sich bei den anderen Vermögenszielen. Ein Unternehmervater orientiert sich bei der Frage nach der Gleichwertigkeit der zu vererbenden Vermögensteile am Verkehrswert des Unternehmens, ein anderer am wesentlich niedrigeren Buchwert.

Zu guter Letzt muss auch noch die Anlageform in Betracht gezogen werden, die der Unternehmer auf Grund seiner Ziele, seiner Bedürfnisse und seiner persönlichen Situation wählt. Unternehmer, die auf hohe Sicherheit und gleichmäßige Zahlungen angewiesen sind, müssen risikoärmere und damit auch weniger renditestarke Anlageformen wählen, benötigen also einen tendenziell höheren Ausgangsbetrag. Ein Unternehmer, der erst mit 60 anfängt, zum Zwecke der Altersversorgung freies Vermögen zu bilden, wird ganz gewiss einen Schwerpunkt bei öffentlichen Anleihen legen, wohingegen der 40-jährige mit gleichem Anlageziel eine Kombination aus Aktien, Immobilien und Lebensversicherungen für die Altersversorgung wählen könnte. Neben Faktoren wie Rentabilität, Sicherheit und Liquidität sind auch die steuerlichen Effekte der Vermögensanlageform ins Kalkül zu ziehen. Manch stattliches Privatvermögen ist nicht zuletzt dadurch entstanden, dass der Unternehmer seine auf der Unternehmensebene erzielten Gewinne mit steuerlichen Verlustzuweisungen aus Immobilienanlagen verrechnet und dann die Steuerersparnis als Eigenkapital für den weiteren Aufbau des Privatvermögens verwendet hat. Vor einer allzu sehr steuerlich motivierten Anlagepolitik möchte ich gleichwohl warnen. Viele »todsichere« Steuersparmodelle sind nicht nur steuerlich, sondern auch tatsächlich Verlustbringer. Viele, nicht immer seriöse Anbieter machen sich den Umstand zu Nutze, dass Unternehmer und andere Besserverdienende in Deutschland alljährlich im Dezem-

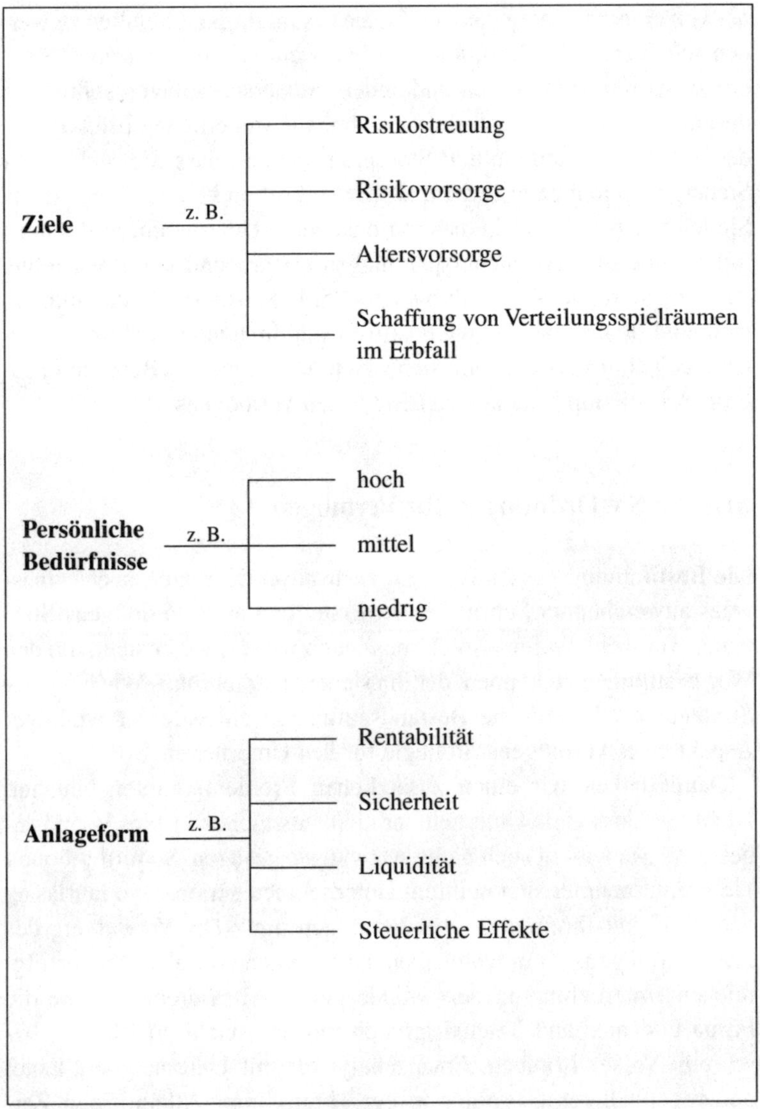

Abbildung 8: »Bestimmungsgrößen zur Ermittlung ausreichenden freien Vermögens«

ber von einer vorübergehenden Geschäftsunfähigkeit befallen zu werden scheinen und nahezu alles kaufen, wenn es nur verspricht, Steuern zu sparen. Immobilien und andere Steuersparanlagen sollten Sie deshalb nur kaufen, wenn sie auch ohne die steuerlichen Effekte solide rentieren. Zudem sollten Sie darauf achten, dass Sie nicht mehr Steuersparguthaben erwerben, als Sie verkraften können. Sonst teilen Sie leicht das Schicksal eines mir bekannten Unternehmers, der auch mit 65 noch fleißig Steuersparanlagen erwarb und dann feststellte, dass er schon allein deshalb bis zum 75. Lebensjahr arbeiten musste, weil eine steuerunabhängige positive Liquidität zuvor nicht zu erwarten war. (Zum Vorstehenden siehe auch Abbildung 8: »Bestimmungsgrößen zur Ermittlung ausreichend freien Vermögens«.)

Bringen Sie Ordnung in Ihr Vermögen

Die Bestimmung des Ziels ist ein zwar unverzichtbarer, aber keineswegs ausreichender Schritt bei der Erstellung einer Vermögens-Strategie. Wer weiß, wohin er will, muss auch wissen, wo er steht, um den Weg bestimmen zu können, der ihn sicher ans Ziel führt. Wie bei jeder Strategie ist deshalb die Bestandsaufnahme ein weiterer wichtiger Aspekt einer Vermögens-Strategie für den Unternehmer.

Damit haben wir einen zusätzlichen Problemkomplex benannt. Nicht nur, dass viele Unternehmer nicht ausreichend freies Vermögen besitzen. Sie wissen auch nicht, wie viel sie besitzen. So professionell viele Unternehmer sich in ihrem Unternehmen gerieren, so fahrlässig gehen sie mit ihrem sonstigen Vermögen um. »Die Verwaltung des Privatvermögens ist in wohlhabenden Familien, vor allem bei erfolgreichen Unternehmern, ›der‹ wunde Punkt. Alles dreht sich um die Firma und niemand beschäftigt sich mit dem Geld zu Hause«, beschreibt Volker Looman, Finanzanalytiker mit Unternehmerklientel und regelmäßiger Gastautor in der »Frankfurter Allgemeinen Zeitung«, die Situation zutreffend. Die Unterschiede könnten größer kaum sein. Während die Champions in so genannten Family Offices ganze Stäbe hoch qualifizierter Finanzexperten beschäftigen, kann der Durchschnittsunternehmer häufig nicht einmal die Höhe seines Vermögens mit Sicherheit angeben. Wenn ich in meinen Beratungsgesprächen zur Unternehmer-Strategie die Frage nach dem aktuellen Vermögensstatus stelle, herrscht nicht selten betretenes Schweigen. »Natürlich haben wir so etwas«, versichert der Unternehmer eilfertig, »es wird nur gerade aktualisiert.« Wenn mir dann – in der Regel mehrere Wochen später – eine Unterlage übergeben wird, handelt es sich fast immer um die letzte Vermögensteuererklärung, deren Fortschreibung oder eine erkennbar improvisierte, nicht selten handschriftlich erstellte Übersicht, der man ihre Lücken- und Fehlerhaftigkeit auf den ersten Blick ansieht. »Beruflich Profi, beim Vermögen Amateur«, möchte man diesen Unternehmern in Anlehnung an die von Günter F. Gross zum Privatleben getroffene Feststellung zurufen.

Wie aber soll ein Vermögen erfolgreich entwickelt werden, wenn der Unternehmer nicht einmal seinen Umfang und seine Zusammensetzung kennt? Und wie sollen der Ehepartner und die Familie ruhig schlafen können, wenn sie nicht einmal wissen, wie viel da ist, was da ist, wo es ist und an wen sie sich wenden können? »Für die meisten Frauen ist allein der Gedanke, sich nach dem Tod des Mannes um die Geldanlagen, Kredite und Versicherungen kümmern zu müssen, eine Horrorvorstellung. Das Gefühl, in dieser Situation, die ohnehin schon heikel genug ist, auch noch Banken und Beratern hilflos ausgeliefert zu sein, bereitet vielen Frauen große Sorge«, meint Volker Looman völlig zu Recht. Haben Sie einmal darüber nachgedacht, wie glücklich Sie Ihre Familie machen würden, wenn Sie Ordnung und Übersicht in Ihr Vermögen brächten? Und dies alles in einer Form dokumentierten, die für Ihre Familie zugänglich und verständlich ist? Dies und sich daran womöglich anschließende regelmäßige »Vermögens-Besprechungen« im Familienkreis sind für das Gelingen der Unternehmerehe wahrscheinlich nicht weniger wichtig als andere Belege dafür, dass der Unternehmer seinen Partner ernst nimmt und achtet.

Die Vermögens-Bilanz

Es ist leichter, als die meisten Unternehmer denken, Ordnung und Übersicht in das Unternehmervermögen zu bringen. Denn im Grunde verhält es sich mit dem Vermögen des Unternehmers nicht anders als mit dem Vermögen des Unternehmens. Beide bestehen aus einer Mehrzahl ungeordnet nebeneinander stehender Vermögensgegenstände und Schulden. Um Ordnung in das Unternehmensvermögen zu bringen, verpflichtet das Handelsgesetzbuch (HGB) den Kaufmann, einmal jährlich eine Inventur seines Vermögens vorzunehmen und deren Ergebnis in die Form einer Bilanz zu bringen. Was, frage ich Sie, sollte den Unternehmer daran hindern, auf der Vermögensebene Gleiches zu tun? Zumal er als Unternehmer auf der Unternehmensebene mit der Erstellung von Bilanzen durchaus vertraut ist. Ebenso wie das Unternehmen am Ende eines jeden Jahres eine Unternehmens-Bilanz aufstellt, sollte der Unternehmer einmal jährlich seine persönliche Vermögens-Bilanz erstellen.

Dabei kann er weitgehend auf die für Unternehmensbilanzen entwickelten Regeln zurückgreifen. Das gilt zunächst für die äußere Form. Die Bilanz trennt Vermögen und Schulden. Während sie die Vermögensgegenstände, auch Aktiva genannt, auf der linken Seite notiert, werden die Schulden als Passiva auf der rechten Seite der Bilanz festgehalten. Da eine Bilanz begriffsnotwendig ausgeglichen sein muss, werden Netto-Vermögen oder Netto-Schulden auf der jeweils kürzeren Seite der Bilanz zugefügt. Auf diese Weise wird auf den ersten Blick erkennbar, wie viel Vermögen der Unternehmer tatsächlich, d.h. nach Abzug der Schulden, besitzt.

Auch der vom Handelsgesetzbuch vorgeschriebene Aufbau für die Aktiv- und Passivseite ist für die Erstellung einer privaten Vermögens-Bilanz durchaus geeignet und kann von Ihnen übernommen werden. Ich selbst habe meine Vermögens-Bilanz viele Jahre lang nach diesem Schema erstellt. Inzwischen habe ich den Ansatz weiterentwickelt. Ausgangspunkt war die Überlegung, dass eine Unterteilung des Vermögens in langfristig (Anlagevermögen) und kurzfristig (Umlaufvermögen) gebundene Vermögensgegenstände im Bereich der privaten Vermögens-Bilanz nicht übermäßig aussagekräftig ist. Gleiches gilt auf der Passivseite für die Einteilung der Schulden danach, ob sie gegenüber Kreditinstituten, Lieferanten oder Dritten bestehen. Weitaus stärker interessierte mich mit Blick auf das dargestellte Ziel eine Unterscheidung zwischen Unternehmens-Vermögen und Privat-Vermögen. Und bei letzterem interessierte es mich zu wissen, ob es sich um Vermögen handelt, das – wie etwa eine vermietete Immobilie – Erträge erwirtschaften soll oder – hier sei beispielhaft das private Einfamilienhaus genannt – der Befriedigung persönlicher Bedürfnisse dient und damit eher Kosten als Erträge erwirtschaften wird. Um dies – aber auch die Relation und die Entwicklung der einzelnen Vermögensteile – in einer privaten Vermögens-Bilanz abbilden zu können, entschloss ich mich, die Vermögensseite in die drei Hauptabschnitte »Unternehmens-Vermögen«, »Privates Anlage-Vermögen« und »Privates Luxus-Vermögen« zu gliedern und die einzelnen Vermögensgegenstände entsprechend ihrer Zweckbestimmung zuzuordnen. Wirklich schlüssig wird die so erzeugte Aussage allerdings erst, wenn auch die Passivseite entsprechend strukturiert wird, d.h. zwischen Schulden in Zusammenhang mit Unternehmens-Vermögen, Privatem Anlage-Vermögen und Privatem Luxus-Vermögen unterschieden wird. Auf diese Weise wird nämlich nicht nur die Vermögensstruktur, sondern auch die Netto-Vermögensstruktur auf den ersten Blick erkennbar, während beim Aufbau in Anlehnung an das HGB unklar bleibt, ob eine Verbindlichkeit der Finanzierung einer Unternehmens-Beteiligung, einer vermieteten Immobilie oder dem Erwerb des privaten Einfamilienhauses dient. Das in Abbildung 9 angeführte Beispiel einer Vermögens-Bilanz möge Ihnen behilflich sein, die vorstehend geäußerten Gedanken nachvollziehen zu können.

Bei der Bewertung der einzelnen Vermögensgegenstände und Schulden sollten Sie sich ebenfalls von den für die Unternehmens-Bilanz geltenden Grundsätzen leiten lassen. So verpflichtet das HGB den Kaufmann ausdrücklich zu vorsichtiger Bewertung. Auch wenn der zu Grunde liegende Gedanke des Gläubigerschutzes bei der priva-

Vermögens-Bilanz für Max Müller					
Vermögen	**lfd. Jahr Euro**	**Vorjahr Euro**	**Schulden**	**lfd. Jahr Euro**	**Vorjahr Euro**
1. Unternehmens-Vermögen	**30.000**	**28.000**	**1. Schulden in Zusammenhang mit**	**0**	**0**
1.1. Beteiligung Max Müller AG	30.000	28.000	1.1. Beteiligung Max Müller AG	0	0
2. Privates Anlage-Vermögen	**27.100**	**21.250**	**2. Schulden in Zusammenhang mit Privatem Anlage-Vermögen**	**12.600**	**9.000**
2.1. Beteiligung Mittelstands-Beteiligung AG	2.000	0	2.1. Beteiligung Mittelstands-Beteiligung AG	0	0
2.2. Venture Capital Fond	1.300	2.000	2.2. Venture Capital Fond	0	0
2.3. Wertpapier-Depot 1	6.500	6.100	2.3. Wertpapier-Depot 1	0	0
2.4. Wertpapier-Depot 2	1.200	1.250	2.4. Wertpapier-Depot 2	0	0
2.5. Immobilie Berlin	10.000	10.000	2.5. Immobilie Berlin	9.000	9.000
2.6. Immobilie Amsterdam	4.000	0	2.6. Immobilie Amsterdam	3.600	0
2.7. Lebensversicherungen	2.000	1.800	2.7. Lebensversicherungen	0	0
2.8. Konten/Kasse	100	100	2.8. Konten/Kasse	0	0
3. Privates Luxus-Vermögen	**4.300**	**4.050**	**3. Schulden in Zusammenhang mit Privatem Luxus-Vermögen**	**1.000**	**1.100**
3.1. Einfamilienhaus	2.500	2.500	3.1. Einfamilienhaus	1.000	1.100
3.2. Ferienwohnung	800	800	3.2. Ferienwohnung	0	0
3.3. Kunst, Schmuck etc.	1.000	750	3.3. Kunst, Schmuck etc.	0	0
SUMME Vermögen	**61.400**	**53.300**	**SUMME Schulden**	**13.600**	**10.100**
Netto-Schulden	**0**	**0**	**Netto-Vermögen**	**47.800**	**43.200**

Abbildung 9: »Beispiel einer Vermögens-Bilanz«

ten Vermögens-Bilanz nicht greift und mancher Gedanke deshalb nicht unmittelbar passt, sollten Sie sich bei der Bewertung von dem Grundsatz leiten lassen: lieber zu niedrig als zu hoch. Denn nur, wenn Sie bei der Bewertung Ihres Vermögens vorsichtig zu Werke gehen, bleiben Sie vor unliebsamen Überraschungen gefeit. Es nützt Ihnen nichts, sich ein stattliches Vermögen vorzugaukeln, wenn es in der Krise nicht auch hält, was es verspricht. Unternehmer verstoßen gerne gegen diesen Grundsatz. So vorsichtig sie in ihren Unternehmen bewerten und Gesellschafter und Fiskus gerne glauben machen, es sei im Grunde gar nichts da, so optimistisch bewerten sie ihr Privatvermögen. Ich möchte dies an einem typischen Beispiel deutlich machen:

In der Vermögens-Bilanz des Unternehmers war die private Villa mit zwei Millionen Euro ausgewiesen. Auf meine Frage, wie er zu diesem Wert gekommen sei, antwortete der Unternehmer: »Das ist exakt der Betrag, den ich für den Kauf des Grundstückes und den Bau des Hauses aufgewendet habe.« Unter diesem Aspekt erschien die Bewertung keineswegs überzogen. 10.000 m² Grundstück, Parkanlage, Villa mit 600 m² Wohnfläche und Exklusivausstattung – zwei Millionen Euro dürfte das sicher gekostet haben. Die Sache hatte nur einen Haken: Die Villa grenzte direkt an das Firmengelände an, mit unverbaubarem Blick auf Produktions- und Lagerhallen. Und auf der Rückseite des Grundstücks hatte der Unternehmer begonnen, eine kleinteilige Wohnsiedlung für seine Mitarbeiter zu bauen. Ein Kleinod war die Villa gewiss, aber wer würde es kaufen? Der Wert einer Immobilie bemisst sich nicht nach ihren Anschaffungs- oder Herstellungskosten, sondern nach ihrem Marktwert – und der lag bei der Unternehmervilla gerade einmal bei 500.000 Euro, wie unser Unternehmer nur wenige Jahre später erfahren musste, als er sich von der Villa trennen wollte.

In diesem Zusammenhang wird häufig die Frage nach der richtigen Bewertung für das Unternehmen oder die Unternehmens-Beteiligung gestellt. Sie ist kaum zu beantworten. Schließlich gehört die Unternehmensbewertung zu den schwierigsten und umstrittensten Materien der Betriebswirtschaft. Aber wenn Sie sich von dem hier propagierten Gedanken der vorsichtigen Bewertung leiten lassen, werden Sie für sich durchaus zu brauchbaren Resultaten kommen. Werden die Anteile Ihres Unternehmens an der Börse gehandelt, können Sie vom Börsenkurs ausgehen und einen angemessenen Sicherheitsabschlag vornehmen. Schwieriger wird es bei nichtbörsennotierten Unternehmen. Sofern keine DCF-Rechnung vorliegt, können Sie das Stuttgarter Verfahren anwenden oder auch ein vereinfachtes Ertragswertverfahren (Jahresüberschuss im Schnitt der letzten Jahre multipliziert mit einem Faktor X), wobei Sie aus Sicherheitsgründen einen niedrigeren als den marktüblichen Ertragsmultiplikator wählen sollten. Vorstehende Überlegungen gelten allerdings nur, wenn Ihr Anteil fungibel ist. Können Sie sich von der Beteiligung nur durch Kündigung trennen, gebietet das Vorsichtsprinzip, den – in der Regel ausgesprochen niedrigen – Wert einzusetzen, den der Gesellschaftsvertrag für den Fall des Ausscheidens durch Kündigung vorsieht.

Die Gewinn- und Verlustrechnung für das Vermögen

Die Bilanz gibt nicht nur Auskunft über die Struktur des Vermögens und den Umfang des Netto-Vermögens, sondern auch über den Erfolg des Vermögens im zurückliegenden Jahr. Indem Sie die Summe des Netto-Vermögens am Jahresende mit derjenigen des Vorjahres vergleichen, erfahren Sie, ob und in welchem Umfang Ihr Netto-Vermögen im zurückliegenden Jahr zu- oder abgenommen hat. Allerdings verrät die Bilanz nicht, wo die Ursachen für diese Vermögensentwicklung liegen. Dies lässt sich auch nicht aus den (Netto-)Entwicklungen der einzelnen Vermögensgegenstände oder Vermögensgruppen ableiten. Denn eine Zu- oder Abnahme kann ihre Ursache nicht nur in der Entwicklung des ursprünglich vorhandenen Vermögens, sondern ebenso auch in einer Umschichtung von einem Vermögensteil zu einem anderen haben. So können Sie der Zunahme Ihres Wertpapierdepots in der Bilanz nicht entnehmen, ob diese auf erfolgreichem Management oder auf einer Einlage in das Depot beruht. Theoretisch wäre es sogar möglich, dass eine Entnahme getätigt wurde und das Vermögensmanagement noch erfolgreicher war, als an der bloßen

Zunahme erkennbar ist. Ebenso ist natürlich auch der umgekehrte Fall denkbar. Wer wissen will, wo die Ursachen der Vermögensentwicklung liegen und wie erfolgreich sich die einzelnen Vermögensbestandteile tatsächlich entwickelt haben, muss neben einer Bilanz deshalb auch eine Gewinn- und Verlustrechnung für das Vermögen erstellen. Nicht von ungefähr besteht der Jahresabschluss eines Unternehmens ebenfalls aus einer Bilanz sowie einer Gewinn- und Verlustrechnung.

Cash-flow-Rechnung nicht vergessen

Selbst mit einer Gewinn- und Verlustrechnung sind noch nicht alle Fragen beantwortet. Die Gewinn- und Verlustrechnung erklärt zwar, dass und wo Vermögensmehrungen oder Vermögensminderungen entstanden sind. Hingegen ist ihr nicht zu entnehmen, wie sich diese Vermögensentwicklungen liquiditätsmäßig, d.h. auf Ihre Zahlungsfähigkeit, auswirken. Die möglichen Folgen will ich wiederum an einem Beispiel verdeutlichen:

Sascha Sorglos ist als Gesellschafter mit 10 Prozent an der Sorglos GmbH beteiligt. Deren Wert hat sich im vergangenen Jahr auf Grund anhaltend guter Ergebnisse um 10 Millionen Euro erhöht. Auf Grund anstehender Investitionen haben die Gesellschafter allerdings mehrheitlich beschlossen, den Gewinn vollumfänglich im Unternehmen zu belassen. Außerdem ist Sascha Sorglos an drei geschlossenen Immobilienfonds beteiligt, deren Wert im vergangenen Jahr unverändert geblieben ist. Ausschüttungen sind nicht erfolgt. Aus einem ihm gehörenden Mietshaus bezieht Sascha 100.000 Euro Mieteinnahmen jährlich. Gleichzeitig hat er im vergangenen Jahr 80.000 Euro Zinsen und 100.000 Euro Tilgungsleistungen auf dem in Zusammenhang mit dem Erwerb der Immobilie aufgenommenen Bankkredit geleistet. Schließlich bezieht Sascha als Angestellter ein Gehalt von 100.000 Euro. Die Kosten für die Lebenshaltung seiner Familie betragen 200.000 Euro. Außerdem musste er 100.000 Euro Steuern zahlen, teilweise auf Grund von Nachzahlungen für Vorjahre. Obwohl Saschas Vermögen in unserem Beispielfall um

820.000 Euro gegenüber dem Vorjahr angewachsen ist, tut sich eine Liquiditätslücke von 280.000 Euro auf, die Sascha zwingen könnte, einen seiner Vermögenswerte zu verkaufen oder zu beleihen.

Es ist also zwingend notwendig, die Vermögens-Bilanz und die Gewinn- und Verlustrechnung für das Vermögen um eine Cash-flow-Rechnung zu ergänzen, um vor unliebsamen Überraschungen sicher zu sein. Ergänzt um einen Erläuterungsteil, der die wichtigsten Informationen zu den einzelnen Vermögensgegenständen und Schulden enthält (Bezeichnung, Verträge, Konto- oder Depotauszüge zum Stichtag, Ansprechpartner etc.), ergeben Vermögens-Bilanz, Gewinn- und Verlustrechnung und Cash-flow-Rechnung eine vollständige Kurzübersicht über das Unternehmervermögen. Diese taugt nicht nur als Ausgangspunkt für ein aktives Vermögensmanagement, sondern auch als »Notfallmappe«, auf die der Ehegatte beim vorzeitigen Tod des Unternehmers zurückgreifen kann.

Managen Sie Ihr Vermögen so professionell wie Ihr Unternehmen

Ist die Bestandsaufnahme abgeschlossen, beginnt das eigentliche Management des Unternehmervermögens. Ausgehend vom Status quo geht es darum, eine Vermögens-Strategie zu entwickeln, d.h. den Weg aufzuzeigen, auf dem das angestrebte Ziel am besten erreicht werden kann, und diesen konsequent umzusetzen. Damit wären wir beim dritten Problem des Unternehmers als Vermögensinhaber. Nur wenige Unternehmer betreiben das Management ihres Vermögens mit der Professionalität, die sie ihrem Unternehmen zuteil werden lassen. Die meisten haben einfach keine Lust, sich neben dem aufreibenden Job in der Firma auch noch um den privaten »Geldkram« zu kümmern. Damit nicht genug. Anstatt diese wichtige Aufgabe in die Hände von Profis zu legen, wählen viele Unternehmer problematische Billiglösungen. Oft genug wird das Unternehmervermögen von der Chefsekretärin oder von einem Finanzprokuristen quasi nebenbei erledigt.

Kein Wunder, dass die meisten Unternehmervermögen nur »Magerrenditen« erwirtschaften, wie der Reutlinger Finanzanalytiker Volker Looman kritisch feststellt. Denn Chefsekretärinnen und Finanzprokuristen haben für das professionelle Vermögensmanagement in aller Regel weder die Zeit noch die Qualifikation. Vielmehr sollten die Unternehmer erkennen, dass ihr Vermögen genauso professionell gemanagt werden muss wie ihr Unternehmen.

Das ist leichter gesagt als getan. Nur wenige verfügen über so viel Vermögen, dass sie einen eigenen Vermögensmanager beschäftigen können. Und die Vermögensberatung von außen hat ihre Tücken. Zwar bieten immer mehr Banken und freie Vermögensberater ihre Dienste an, wirklich überzeugen können allerdings die wenigsten Angebote. Vor allem den Banken geht es in den meisten Fällen weniger um unabhängige Beratung als darum, eigene Produkte zu verkaufen und einen lukrativen Vermögensverwaltungsauftrag abzustauben. Es gehört zu den elementaren Grundsätzen der Dienstleistungsintegrität, die Beratung über und den Verkauf von Dienstleistungen strikt zu trennen. Es sollte Sie also stutzig machen, wenn Banken und andere Finanzanbieter Ihnen zunächst eine unabhängige Vermögensberatung und im Anschluss die Verwaltung des nach ihren Vorgaben strukturierten Vermögens anbieten. Erst recht stutzig sollten Sie werden, wenn Ihnen die Beratung kostenlos angeboten wird. Viele Unternehmer glauben, sie könnten Geld sparen, indem sie auf die nicht unbedingt billigen Dienste eines qualifizierten unabhängigen Vermögensberaters verzichten, der ihnen hilft, ihre Vermögensstrategie zu entwickeln und geeignete Objekte und Spezialisten auszuwählen. Sie zahlen dafür nicht selten einen hohen Preis. Niemand will Ihnen etwas schenken. Wer Ihnen am Anfang entgegenkommt, lässt sich dies am Ende in aller Regel gut bezahlen. Das gilt leider auch für viele Vermögensberater. Sie werden in den seltensten Fällen nur von Ihnen bezahlt. Die Anbieter so genannter Steuersparanlagen, Versicherungen und andere Vermögensverwalter zahlen denjenigen, die ihnen einen Kunden vermitteln, oft beachtliche Provisionen. Für Sie ist dies doppelt ärgerlich. Nicht nur, dass Sie die an »Ihren« Berater gezahlte Provision am Ende durch einen entsprechend geringeren Ertrag selbst bezahlen müssen. Sie können auch keineswegs sicher sein, den für Ihre Bedürfnisse besten Vertragspartner ausgewählt zu haben, sondern lediglich den, der Ihrem Berater die höchste Prämie gezahlt hat. Das Provisionswesen gehört zu den Krebsgeschwüren der Vermögensbranche. Es gehört ausgerottet. Bis es soweit ist, sollten Sie sich einen wirklich integren Berater suchen und dies dadurch sicherstellen, dass Sie ihn verpflichten, keine Provisionen entgegenzunehmen. Eine solcherart integre Beraterleistung ist zwar teurer – aber nur auf den ersten Blick.

Noch etwas: Vielen, die Vermögensberatungsleistungen andienen, fehlt es schlichtweg an der notwendigen Qualifikation. Vermögensberater darf sich jeder nennen. Ich kenne keine Branche, in der Anspruch und Wirklichkeit so weit auseinander fallen – oder, um es noch klarer auszudrücken: in der so viel Hochglanz verkauft und ein so dünnes Brett gebohrt wird.

Das Family Office

Unternehmer mit großem Vermögen vermeiden die aufgezeigte Auswahlproblematik dadurch, dass sie eine eigene Struktur zur Verwaltung ihres Vermögens, ein so genanntes Family Office, aufbauen. Ziel eines solchen Family Office ist es, das Unternehmervermögen mit gleicher Professionalität zu managen wie das Unternehmen. Das Family Office erstellt die Vermögens-Bilanz (einschließlich Gewinn- und Verlustrechnung und Cash flow-Rechnung) und erarbeitet gemeinsam mit dem Unternehmer dessen Vermögensziele sowie die Strategie zu deren Realisierung. Es managt die Vermögensanlagen, macht Vorschläge zum Kauf und Verkauf sowie zur Auswahl der Vermögensverwalter, es sorgt für ein regelmäßiges Reporting, erledigt das Controlling und macht Vorschläge zur ertrag- und erbschaftsteuerlichen Optimierung der Vermögensstruktur. Bei großen Vermögen werden die Mehrkosten für die eigene Mannschaft schnell aufgewogen. Unternehmer mit klei-

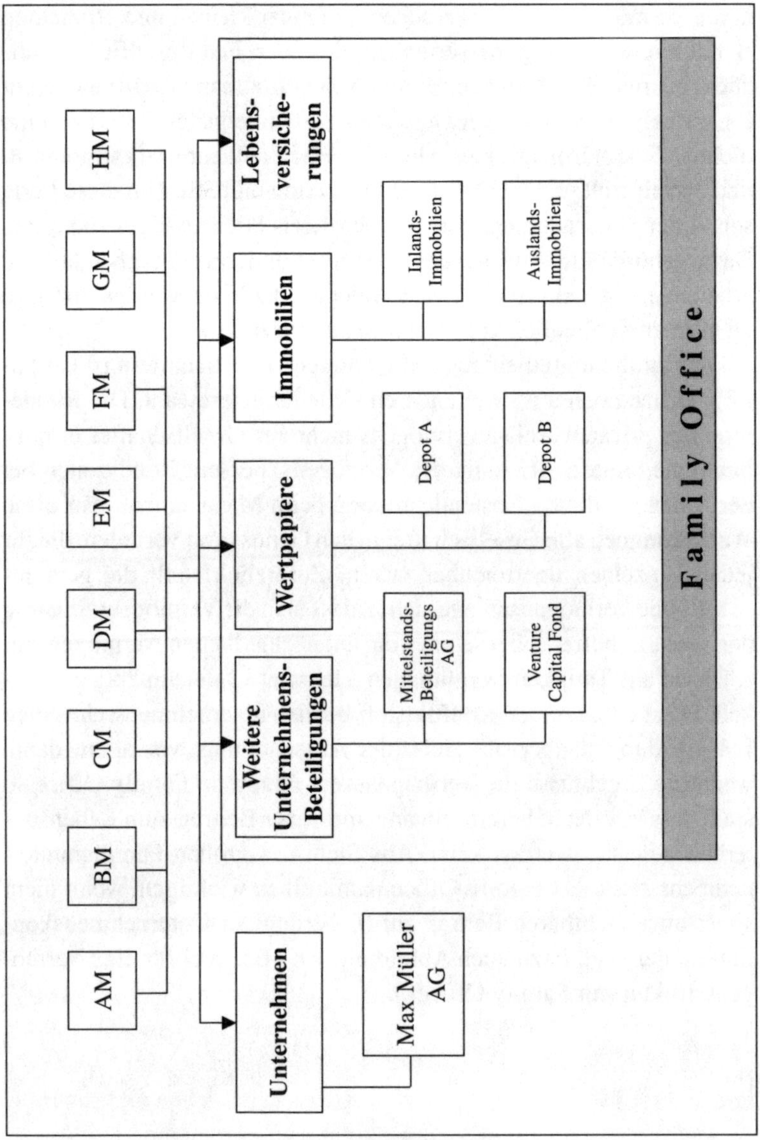

Abbildung 10: »Beispiel für eine Vermögensstruktur mit Family Office«

neren Vermögen müssen versuchen, mit einer kleinen und effizienten Beratercrew, einem gewissermaßen virtuellen Family Office, Ähnliches zu erreichen. Dazu noch einmal Volker Looman: »Das Fundament für virtuelle Vermögensverwaltungen sind ein eigenes Büro und eine tüchtige Sekretärin. Die ideale Frau hat eine Banklehre, ist zwischen 40 und 50 Jahre alt und legt Wert auf Diskretion und Stil. Um diese Perle schart der Unternehmer einen kleinen Kreis hochkarätiger Experten. Dazu gehören ein Anwalt, ein Controller und ein Steuerberater. Sie arbeiten nicht exklusiv für den Anleger, doch sie werden für ihre Dienste ausschließlich vom Unternehmer bezahlt.«

Für Familienunternehmen mit mehreren Gesellschaftern ist ein Family Office noch aus zwei anderen Gründen interessant. Die Bündelung des privaten Anlagevermögens mehrerer Gesellschafter ermöglicht eine breitere Streuung des Vermögens, bessere Konditionen bei der Anlage und eine Kostendegression beim Management. Auf diese Weise kommen alle Gesellschafter in den Genuss von Vorteilen, die für jeden Einzelnen unerreichbar wären. Zusätzlich stellt die gemeinschaftliche Vermögensanlage sicher, dass sich die Vermögenssituation der Gesellschafter, abgesehen von unterschiedlichen Vermögenszuwächsen aus Tätigkeitsvergütungen, Heirat etc., gleichmäßig entwikkelt. Dies reduziert den Konfliktstoff bei den unternehmensrelevanten Entscheidungen über die Höhe der Ausschüttung, vor allem dann, wenn die Ergebnisse der Vermögensverwaltung im Family Office so sind, dass aus ihnen bereits ein angemessener Beitrag zum Lebensunterhalt geleistet werden kann. Aus Sicht des großen Familienunternehmens stellt das Family Office damit einen wichtigen, wenn nicht sogar unverzichtbaren Beitrag zur Sicherung der Unternehmenskontinuität dar (vgl. dazu auch Abbildung 10: »Beispiel für eine Vermögensstruktur mit Family Office«).

Der fünfte Baustein: Die Familien-Strategie

Der fünfte Baustein: Die Familien-Strategie

Das Problem

Womit wir beim letzten Baustein der Unternehmer-Strategie angelangt wären. Die bisherigen Ausführungen zum unternehmerischen Erfolg haben für alle Unternehmer Gültigkeit, gleichviel ob sie Alleineigentümer oder Geschäftsführende Gesellschafter in einem Familienunternehmen sind. Eine Strategie für sein Unternehmen, seine Person und sein Vermögen sollte jeder Unternehmer haben. Diejenigen aber, die einem Familienunternehmen vorstehen, benötigen zusätzlich eine Strategie für die Familie. Denn ein Familienunternehmen ist nicht einfach nur ein Unternehmen. Aus der Verbindung von Familie und Unternehmen ergeben sich zusätzliche Fragestellungen, und es ist gewiss nicht falsch, wenn der amerikanische Management-Guru John Ward in seinem grundlegenden Werk über die Führung von Familienunternehmen feststellt: »Ein Familienunternehmen am Leben zu erhalten, ist wahrscheinlich der härteste Management-Job auf Erden.« Nur wenigen Unternehmerfamilien gelingt es, das Unternehmen dauerhaft auf Erfolgskurs und im Familienbesitz zu halten. Auch Daimler und Chrysler, Krupp und Thyssen waren einmal stolze Familienunternehmen und gelten doch längst als Inbegriff der anonymen Kapitalgesellschaft. Auf gerade einmal drei Generationen veranschlagt der Volksmund die typische Lebensdauer von Familienunternehmen. Zwar stellen Familienunternehmer wie Christiane Underberg oder Konrad Henkel gerne die besondere Bedeutung der Familie für den Unternehmenserfolg heraus. Eine dauerhafte Kraftquelle für das Unternehmen bleibt die Familie jedoch nur in den seltensten Fällen. Weitaus häufiger wird sie zur Belastung. »Wenn das Familienunternehmen etwas zu fürchten hat, so wohl am ehesten sich selbst bzw. die Unternehmer und die Familien, die dahinter stehen,« hat schon der Unternehmer Jörg Mittelsten Scheid selbstkritisch festgestellt. In der Tat: Familienunternehmen scheitern nur selten an Managementfehlern, weitaus häufiger sind es Probleme aus der Familie, die zum Aus führen. »Familienstreit ist die wohl gefährlichste Bedrohung jedes inhabergeführten Unternehmens«, resümiert der renommierte Wirtschaftsjournalist Hans Otto Eglau diesen Sachverhalt.

Die Ursachen

Der verständliche Wunsch, ein Lebenswerk zu schaffen, das über die eigene Person hinausweist und von den Nachkommen fortgeführt wird, schafft eine Reihe von Problemen, die typisch für Familienunternehmen sind.

Schwierige Nachfolgeregelung

Da ist zunächst das Nachfolgeproblem. Der Erfolg eines Unternehmens hängt in erster Linie von dem Mann oder der Frau an der Spitze ab. Doch nicht jeder Sohn und jede Tochter ist willens, das Lebenswerk ihrer Eltern fortzusetzen. Und nicht jeder, der es will, ist dazu befähigt. Niemand erwartet, dass der Sohn des Bundeskanzlers wiederum Bundeskanzler oder der Sohn von Boris Becker ein begnadeter Tennisspieler wird. Selbst bei den Kindern großer Konzernlenker wie Jack Welch oder Lee Iacocca gehen wir nicht davon aus, dass auch sie bedeutende Unternehmenschefs werden. Außergewöhnliche Fähigkeiten wie unternehmerische Exzellenz lassen sich nun einmal nicht vererben. Warum nur glauben so viele Unternehmereltern, für ihre Familie hätten diese Gesetze keine Geltung? Warum muss auf Max Müller sen. in aller Regel Max Müller jun. folgen? Warum sind so viele Unternehmereltern von dem Wunsch, das eigene Kind möge ihre Nachfolge antreten, so beseelt, dass sie selbst eindeutige Anzeichen fehlenden Willens oder fehlender Eignung ignorieren? Warum werden so viele Unternehmerkinder an die Spitze des elterlichen Unternehmens berufen, ohne zuvor einen auch nur annähernd ernst zu nehmenden Beweis ihrer Befähigung in externem Umfeld erbracht zu haben? Große unternehmerische Erfolge brauchen große Unternehmer. Von Generation zu Generation. Mit einem nicht ausreichend befähigten Familienmitglied an der Spitze ist das Ende des Familienunternehmens programmiert.

Selbst wenn ein fähiger Nachfolger bereitsteht, ist eine erfolgreiche Unternehmensübergabe keineswegs gesichert. Im Gegensatz zu den unter öffentlicher Beobachtung stehenden Chefs anonymer Kapitalgesellschaften sind Unternehmer nämlich nur in den seltensten Fällen verpflichtet, zu einem exakt definierten Zeitpunkt abzutreten und die Kommandobrücke für einen Jüngeren zu räumen. Vielen Unternehmern fällt es schwer, rechtzeitig loszulassen. Am liebsten würden sie die Geschicke ihres Unternehmens bis an ihr Lebensende bestimmen. Nicht selten wird der eigene Sohn bereits nach kurzer Zeit nicht nur als Nachfolger, sondern auch als Rivale angesehen. Die meisten Unternehmerväter wünschen sich zwar sehnlich einen großartigen Sohn, wollen selbst in der öffentlichen Wahrnehmung aber immer noch großartiger erscheinen. Und die Söhne? Sie lieben es, einen großartigen Vater zu haben, einen, auf den man stolz sein kann, wollen ihn aber möglichst noch übertreffen. Die daraus resultierenden Nachfolgekonflikte haben schon manches Familienunternehmen in Bedrängnis gebracht.

Oft genug kommt es zu schweren Auseinandersetzungen, die das Unternehmen über Jahre beschäftigen und schwächen. Wie bei der Bingener Racke-Gruppe, wo Harro Moller-Racke, erfolgreicher Familienunternehmer in vierter Generation, seinen Sohn Marcus zunächst ins Unternehmen holte, um ihn dann heftig zu bekämpfen, als er feststellte, dass sein Sohn daran ging, einiges anders zu machen als der Vater. Die sich anschließende Auseinandersetzung im Gesellschafterkreis, im Aufsichtsrat und in der Führung des Unternehmens bescherte der Gruppe nicht nur eine schlechte Presse (»Dallas in Bingen«) und wirtschaftlichen Stillstand. Sie führte auch dazu, dass Marcus Moller-Racke am Ende seinen Vater und weitere Gesellschafter auszahlen und die Racke-Gruppe für mehrere Jahre mit einer erheblichen finanziellen Zusatzbelastung leben musste. Um derartige Streitigkeiten zu vermeiden, verlassen starke Söhne nicht selten das Unternehmen, womit sich die eigentlich schon geklärt scheinende Nachfolgefrage von Neuem stellt. Der bereits erwähnte Fall der Rheiner Moden AG gehört in diese Kategorie.

Wie gut, wird mancher denken, dass immer mehr Töchter die Nachfolge ihrer Väter antreten. Schließlich kommt der Ödipus-Laios-Konflikt in der Vater-Tochter-Beziehung nicht vor. Dafür gibt es dort andere Probleme. Viele Unternehmerväter sind mit einem anderen als dem heute gängigen Frauenbild groß geworden und trauen der eigenen Tochter die Unternehmensführung entgegen anders lautender Beteuerungen nicht wirklich zu. Sie bleiben, weil sie glauben, »das Mädchen« (so ein Unternehmervater über seine inzwischen 40-jährige Tochter) beschützen zu müssen. Mit fatalen Folgen: Erst vor kurzem musste ich beobachten, wie ein über 70-jähriger Senior sein Unternehmen an den Rand der Insolvenz brachte, weil er seine Tochter nicht wirklich entscheiden ließ.

Die Zersplitterungsproblematik

Eine weitere Ursache für die bei Familienunternehmen auftretenden Probleme liegt in dem Umstand begründet, dass die meisten Unternehmer sich in familiären Dingen nicht entscheiden können. Nur wenige haben das »Glück«, nur ein oder gar kein Kind zu haben, auf das sich die Unternehmensbeteiligung übertragen ließe. Damit beginnt das Dilemma. Zwar weiß – oder ahnt – der Unternehmer, welche Probleme für sein Unternehmen entstehen können, wenn er die Beteiligung auf mehrere Kinder überträgt. Ich kenne keinen Unternehmer, der nicht in der Lage wäre, aus dem Stegreif zumindest ein Unternehmen zu benennen, das an Streitigkeiten zwischen miteinander verfeindeten Familiengesellschaftern zu Grunde gegangen wäre. Doch ist er nicht nur Unternehmer, sondern zugleich auch Vater (oder sie Mutter).

Und als Vater muss er befürchten, dass die von der Unternehmensnachfolge ausgeschlossenen Kinder darin eine Zurücksetzung, ein Zeichen mangelnder Liebe sehen. Es darf uns deshalb nicht verwundern, dass viele Unternehmereltern, vor diese Wahl gestellt, ihr Eltern-Ich überwiegen lassen und sich für eine (annähernd) gleichmäßige Übertragung der Unternehmensbeteilung entscheiden. Für das Unternehmen aber ist diese Entscheidung problematisch.

Auf Grund der elterlichen Unfähigkeit zur Entscheidung wird aus dem Alleinherrscher in der nächsten Generation eine Geschwistergesellschaft. Die Zahl der Gesellschafter vervielfacht sich. Die an das Unternehmen gestellten Ansprüche auch. Es ist nicht länger nur eine Familie, die von dem Unternehmen leben will, jetzt sind es mehrere. Und das nicht schlecht. Schließlich sind die Erben aus der Vorgeneration einen gewissen Lebensstil gewohnt, den viele auch dann aufrechterhalten wissen wollen, wenn ihre eigenen Einkommen als Angestellte, Lehrer oder Künstler das nicht hergeben. Es ist gewiss nicht übertrieben festzustellen, dass ein Familienunternehmen seinen Wert von Generation zu Generation um den Faktor vermehren muss, um den sich die Zahl seiner Gesellschafter erhöht, will es nicht schon aus finanziellen Gründen in Turbulenzen geraten.

Doch damit nicht genug. Streitpotenzial wirft auch die Führungsfrage auf. In den wenigsten Familienunternehmen kommt eine gemeinsame Führung durch mehrere Geschwister ernsthaft in Frage. Kaum ein Unternehmer hat das Glück, mehrere zur Unternehmensführung befähigte Kinder zu haben. Und selbst wenn dies zuträfe: Nur die wenigsten Geschwisterkinder sind in der Lage, eine gemeinsame Führung über einen längeren Zeitraum erfolgreich zu praktizieren. Die mehr oder minder heftigen Auseinandersetzungen bei Bahlsen, Benteler, Steilmann, Wünsche, aber auch in meinem elterlichen Unternehmen, machen deutlich, dass die meisten Unternehmen eben doch nach dem Grundsatz funktionieren: »Auf jedem Misthaufen kann es nur einen Gockel geben.« Zwar ist Führung im Team der Traum vieler Unternehmereltern und Psychologen. In der Praxis indes bewährt sie sich nur selten. So genannte Doppelspitzen sind auch in der Politik (siehe etwa Schröder/Lafontaine oder Merkel/Merz) und bei der Führung anonymer Konzerne (siehe etwa Schulz/Cromme) selten erfolgreich und von Dauer. Unterschiedliche Menschen haben nun einmal unterschiedliche Persönlichkeiten und unterschiedliche Vorstellungen davon, in welche Richtung ein Unternehmen entwikkelt werden soll. Erfolg kann ein Unternehmen aber nur dann haben, wenn die Richtung klar ist. Deshalb sollte die Führungsfrage eindeutig geklärt sein.

Letzten Endes belegen das selbst die Beispiele, die eine Führung durch mehrere Familienmitglieder erfolgreich praktizieren. In den wenigsten Fällen handelt es sich um eine gleichberechtigte Führung. Fast immer ist einer der Nachfolger als Primus inter pares anerkannt. Ein weithin bekanntes Beispiel des Modells »Team mit Spitze« verkörpern die Geschwister Benetton, deren Haltung Schwester Giuliana in einem Interview mit der Zeitschrift »Focus« wie folgt zusammengefasst hat: »Luciano ist der Älteste. Er ist der Boss. Einer muss das machen, sonst gibt es Konfusion.« Krisenanfälliger ist der Versuch, die Verantwortung im Unternehmen so aufzuteilen, dass jedes Familienmitglied eine eigenständige unternehmerische Aufgabe übernehmen kann. Zwar zeigen Beispiele wie das der Gebrüder Mars (»Mars«, »Kitekat«), dass auch solche Modelle nicht zwangsläufig scheitern müssen. Problematisch sind sie gleichwohl. Denn was geschieht, wenn die Interessen der selbstständigen Unternehmenseinheiten konfligieren? Wer entscheidet für das Gesamtunternehmen? Experten sind sich einig, dass »Co-CEO-Lösungen« besondere Anforderungen an die Beteiligten stellen. Unternehmer, denen eine erfolgreiche Führung im Team gelungen ist, sollten sich glücklich schätzen. Aber sie sollten sich nicht darauf verlassen, dass sich Ähnliches in den Folgegenerationen wiederholen lässt. Ja, sie können nicht einmal sicher sein, dass das in der Vergangenheit erfolgreiche Führungsmodell in der Zukunft ebenso reibungslos funktionieren wird. Jede Änderung in den persönlichen Lebensverhältnissen auch nur eines Beteiligten kann das sensible Gleichgewicht zum Einsturz bringen. So kannte ich zwei Brüder, die ihr Familienunternehmen gemeinsam mit einem vom Vater eingesetzten Major Domus über Jahrzehnte einträchtig führten. Bis die Ehefrau des älteren Bruders verstarb und die Nachfolgerin ihren Mann davon überzeugte, dass ihm die Rolle des Vorstandsvorsitzenden zustehe. In der Folge kam es zum Streit, an dessen Ende auch dieses traditionsreiche Familienunternehmen verkauft werden musste.

Führung im Team ist eine große Aufgabe. Sie will jeden Tag aufs Neue gewonnen werden. Gescheiterte Versuche sind weitaus häufiger als erfolgreiche. Einfacher machen Sie es sich auf jeden Fall, wenn Sie für klare Verhältnisse sorgen. Die Amerikaner Craig Aronoff, Joseph Astrachan, Drew Mendoza und John Ward stellen am Ende ihrer Ausführungen zum Thema »Making Sibling Teams Work« fest: »Obwohl wir zum Ergebnis kommen, dass Führung im Team möglich ist, können wir diese Lösung doch keinesfalls für alle – oder auch nur die meisten – Familienunternehmen empfehlen. Wenn ein Unternehmen das Glück hat, zwischen mehreren potenziellen Führern auswählen zu können, kann die Entscheidung für einen von ihnen nachteilig sein – für Firma und Familie. Aber wir haben weitaus mehr Situationen erlebt, in denen es der Verzicht auf eine klare Entscheidung war, der die Firma gelähmt hat.«

Allerdings ist auch die Heraushebung eines Unternehmensführers und die damit verbundene Zurücksetzung der anderen Kinder nicht unproblematisch. Sie ist oft der Auftakt zu lang anhaltenden, häufig über Generationen hinweg wirkenden Familienfehden. Denn Geschwister sind natürliche Rivalen, auch wenn die wenigsten Unternehmereltern dies wahrhaben wollen. Sie kämpfen um Geld, Macht und die Liebe ihrer Eltern. Und sie kämpfen um so erbitterter, je mehr davon auf dem Spiel steht. Es darf uns deshalb nicht verwundern, dass Geschwister, die sich bei der Wahl des Unternehmensführers übergangen fühlen, oft ein Leben lang danach trachten, es dem als Unternehmensführer auserkorenen Geschwisterkind »heimzuzahlen«. Ein dramatisches Beispiel für einen solchen Geschwisterkrieg hat erst unlängst wieder die Familie Herz (Tchibo) geliefert.

Hinzu kommt ein fast schon natürlich zu nennender Interessengegensatz. Im Unternehmen tätige Gesellschafter haben eine andere Interessenlage als nichttätige. Während der tätige Gesellschafter für seine Tätigkeit im Unternehmen in der Regel eine Tätigkeitsvergütung erhält, die ihm einen angemessenen Lebensstandard sichert und ihn auf weitere Zuwendungen seitens der Firma nicht angewiesen sein lässt, beziehen die nichttätigen Gesellschafter außerhalb des Unternehmens oft deutlich bescheidenere Einkünfte, die sie durch ein Zubrot aus dem Unternehmen aufzubessern hoffen. So wird die Diskussion um die Höhe der Entnahmen zur Grundsatzfrage. Nichttätige Gesellschafter favorisieren tendenziell hohe Ausschüttungen, wohingegen der tätige Gesellschafter am liebsten sämtliche Gewinne im Unternehmen belassen würde, um das Unternehmen, von dem er seine Vergütung bezieht, nicht zu schwächen. Schnell gerät da auch die Höhe der Tätigkeitsvergütung ins Visier. Aus der Sicht der nichttätigen Gesellschafter ist sie fast immer zu hoch, da sie ohnehin nicht einzusehen vermögen, warum gerade der Bruder (oder die Schwester) und nicht sie selbst in den Genuss dieses Amtes gekommen sind. Dem tätigen Gesellschafter hingegen mag sie zu niedrig erscheinen, weil schließlich er es ist, der seinen Geschwistern ohne deren Zutun einen womöglich beachtlichen Vermögenszuwachs beschert. So ist es fast zwangsläufig, dass beide Seiten – tätige wie nichttätige Gesellschafter – in der Folge darum kämpfen, ihre Position zu verbessern. Und das nicht nur für sich selbst. Während der tätige Gesellschafter alles daran setzt, dass eines seiner Kinder seine Nachfolge antritt, versuchen die nichttätigen Gesellschafter, im »Rückspiel« die eigene Niederlage im »Hinspiel« wettzumachen. Manche Vettern hassen sich, ohne sich wirklich kennen gelernt zu haben.

Konfliktpotenziale gibt es genug. So kann es kaum verwundern, dass Gesellschafterstreitigkeiten zur größten Herausforderung für das Familienunternehmen werden. Wie hieß es doch in einem Artikel über den Streit im Haus Tchibo am Ende treffend: »Wieder einmal droht kindischer Familienzwist zum Ende einer Traditionsfirma zu führen.«

In den Folgegenerationen, wenn die Geschwistergesellschaft zur Vetternwirtschaft wird (siehe dazu auch die Abbildung 11: »Vom Al-

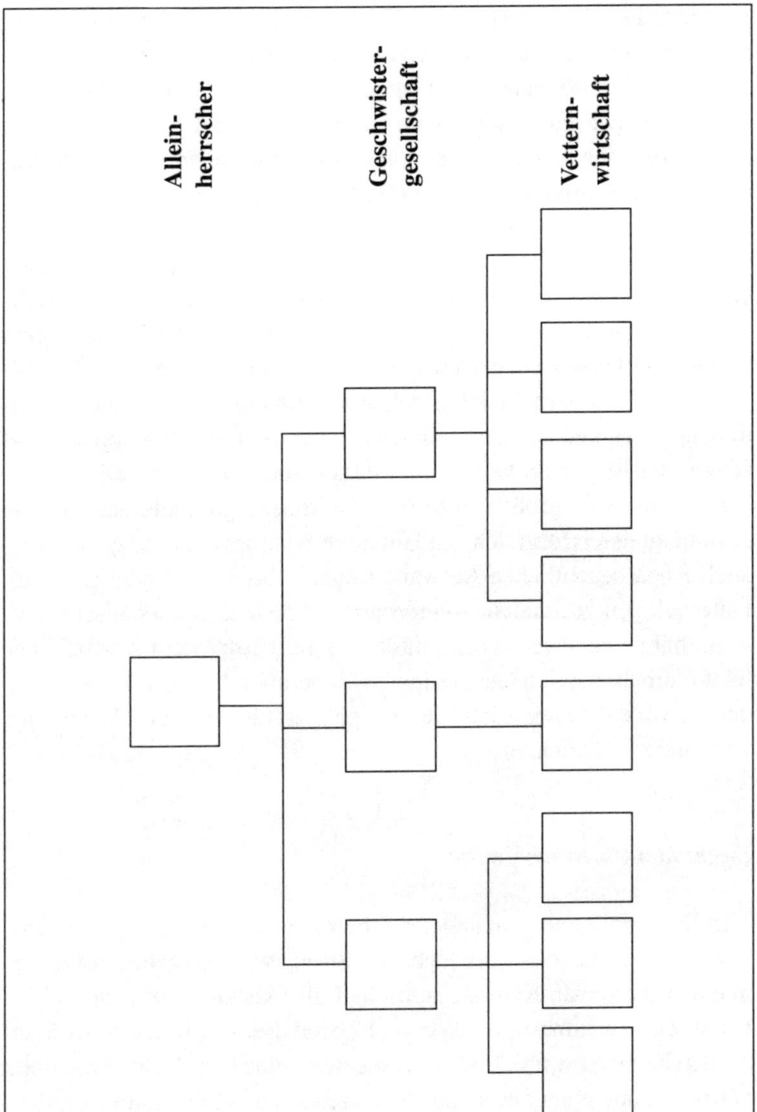

Abbildung 11: »Vom Alleinherrscher zur Vetternwirtschaft«

leinherrscher zur Vetternwirtschaft«), verschärft sich die Problematik noch. Denn mit der wachsenden Zahl der Gesellschafter wächst auch die Zahl der divergierenden Interessen, wachsen die Ansprüche, wächst auch die Entfernung vom Unternehmen und voneinander. Wer sich kaum noch kennt, wird sich kaum als zusammengehörig empfinden. Und wer »sein« Unternehmen nur einmal jährlich anlässlich einer Gesellschafterversammlung erlebt, wird sich kaum wirklich mit ihm identifizieren. Je mehr sich das Familienunternehmen in seiner Gesellschafterstruktur dem Leitbild der anonymen Kapitalgesellschaft annähert, um so mehr steigt die Wahrscheinlichkeit, dass seine Gesellschafter beginnen, sich wie Aktionäre einer anonymen Kapitalgesellschaft zu verhalten, bei denen nicht mehr Stolz auf eine Familienzugehörigkeit, sondern wirtschaftliche Interessen im Vordergrund stehen. Es ist gewiss kein Zufall, dass es nur wenige Familienunternehmen mit sehr großen Gesellschafterkreisen gibt, und dass sie alle sowohl zu den erfolgreichsten Unternehmen ihres Landes gehören als auch einen beachtlichen Aufwand treiben, ihre Gesellschafter an das Unternehmen zu binden. John Ward und andere amerikanische Forscher haben herausgefunden, dass sich die Überlebensrate der Familienunternehmen von Generation zu Generation halbiert. Denjenigen, der die vorstehenden Ausführungen gelesen hat, wird dies kaum noch verwundern können.

Zwei unterschiedliche Welten

Natürlich gibt es auch in anderen Unternehmen Konflikte, doch käme so schnell niemand auf die Idee, den Streit zwischen zwei Vorständen in einer anonymen Kapitalgesellschaft als existenzbedrohend für das Unternehmen einzustufen. Wie auch? Sind die Beteiligten außer Stande, den Konflikt von sich aus zu lösen, wird eine Personalentscheidung getroffen, und einer der beiden Streithähne muss gehen. Im Familienunternehmen ist das so einfach nicht. Denn die streitenden Vorstände sind in der Regel zugleich Gesellschafter, vielleicht gar Repräsentanten miteinander verfeindeter Gesellschafterstämme, was nicht nur ihre Entlassung erschwert, sondern eine vorgenommene Entlassung auch rasch zum Pyrrhus-Sieg werden lässt. Im Familienunternehmen sind Geschäftsführungs- und Gesellschafterebene eben nicht fein säuberlich getrennt, sonder mehr oder minder eng miteinander verwoben. Mehr noch: Auch Familienmitglieder, die nicht Gesellschafter sind, z.B. Ehepartner, spielen eine nicht zu unterschätzende Rolle. Im Familienunternehmen ist Unternehmen ohne Familie nicht denkbar – und umgekehrt. Jeder Streit in der Familie wirkt sich auf das Unternehmen aus. Wenn die Ehefrau eines Geschäftsführenden Gesellschafters die Ehefrau eines anderen Geschäftsführenden Gesellschafters in der Öffentlichkeit brüskiert, steht zu befürchten, dass es recht bald auch in der Geschäftsführung zu einer Auseinandersetzung kommt. Und wenn A in der letzten Geschäftsleitungssitzung vor Weihnachten den beantragten neuen PKW für seinen Vetter B ablehnt, sollte niemand glauben, dass es anschließend eine friedvolle Familienweihnacht geben kann.

Die darin liegende Problematik wird verschärft, weil die beiden Systeme Unternehmen und Familie unterschiedlichen Gesetzmäßigkeiten gehorchen. Während im Unternehmen überwiegend rational und nach Leistung entschieden wird, handelt eine Familie eher emotional und nach Bedürftigkeit. Im Klartext: Während aus Familiensicht ein unfähiges Familienmitglied im Unternehmen geradezu untergebracht werden »muss«, verbietet sich dies aus der Unternehmensperspektive. Und während Ausschüttungen aus Unternehmenssicht zuvörderst an den Bedürfnissen des Unternehmens orientiert werden, orientiert sich die Familienperspektive an den Bedürfnissen ihrer Mitglieder. Mehr noch: Während das Unternehmen hierarchisch geordnet ist, geht das System Familie von der grundsätzlichen Gleichheit aller erwachsenen Mitglieder aus. Dies erklärt zum Teil die Probleme, die auftreten, wenn zwei Geschwister auf unterschiedlichen Hierarchieebenen des Familienunternehmens arbeiten. Wenn der Vorstandsvorsitzende A seinen als einfacher Abteilungsleiter mitarbeitenden Bruder B anweist, nun endlich den von diesem für falsch gehaltenen Vergleich mit dem Lieferanten X abzuschließen, ist dies aus Unternehmenssicht in Ordnung, aus Familiensicht hingegen hat A seinem Bruder B gar nichts zu sagen. Auf welcher Ebene also wird kommuniziert? Auf welcher gesendet? Und auf welcher empfangen?

Vor Jahren empfahl der amerikanische Harvard-Professor John Davis den Beteiligten, sie sollten sich klar machen, dass sie in derartigen Situationen theoretisch zwei verschiedene »Hüte« aufhaben könnten – den »Unternehmens-Hut« oder den »Familien-Hut« – und stets deutlich zu erkennen geben, auf welcher Ebene sie kommunizieren. Veranschaulicht wurde diese Empfehlung mit Hilfe einer einprägsamen Geschichte:

»Ein Unternehmer hatte einen missratenen Sohn, der gerne viel feierte, lange schlief und wenig arbeitete. Da er gleichwohl die Hoffnung, sein Sohn könne sich ändern und seine Nachfolge antreten, nicht aufgeben wollte, stellte er den Sohn in seiner Firma an und übergab ihn der Obhut eines von ihm sehr geschätzten Mitarbeiters. Dieser sollte ihn ein Jahr lang beobachten und dann sein für alle verbindliches Urteil sprechen. Nach Ablauf der Probezeit erklärte der Vertraute, dass er den Sohn als für die Unternehmernachfolge nicht geeignet betrachtete: ›Er hat sich nicht geändert. Er kam nie vor zehn, ging um eins zu Mittag, kam um vier zurück und ging spätestens um sechs. Er ist ein Lebemann und kein Unternehmer.‹ Der Unternehmer war enttäuscht, akzeptierte aber die Entscheidung und überlegte sich, wie er sie seinem Sohn nahe bringen könnte. Schließlich rief er ihn an und lud ihn zu einem gemeinsamen Mittagessen ein. Dort eröffnete er die Unterredung: ›Zunächst spreche ich als dein Chef zu dir: Jeff Miller, ich habe dich ein Jahr lang beobachten lassen. Leider hast du die in dich gesetzten Erwartungen nicht erfüllt. Du bist gefeuert! Nun spreche ich als dein Vater zu dir: Mein Sohn, du hast soeben eine verdammt schlechte Nachricht erhalten. Wie kann ich dir helfen?‹ «

Eine schöne Geschichte. Aber ein hoher Anspruch. Ich befürchte, nur wenige Unternehmer-Väter und -Söhne, geschweige denn -Geschwister, werden in der Lage sein, bei ihrer Kommunikation durchgängig derart streng zwischen den beiden möglichen »Hüten« zu unterscheiden. Es hat mich deshalb auch nicht gewundert, dass die auf ihr basierende Handlungsempfehlung in der Praxis der Familienunternehmen keinen Durchbruch erzielt hat. Dennoch gebührt ihr ein nicht zu unterschätzender Verdienst. Nie zuvor wurde so anschaulich deutlich gemacht, wo die Probleme der Kommunikation im Familienunternehmen ihre Ursache haben. Warum nicht gelingen kann, was doch gelingen muss.

Unfähigkeit zum Konflikt

Noch ein weiterer Aspekt erschwert die Kommunikation im Familienunternehmen. Die Mitglieder einer Unternehmerfamilie sind unterschiedliche Menschen mit unterschiedlichen Interessen und Ansichten. Dies führt zwangsläufig zu Konflikten. An sich nichts Außergewöhnliches. Konflikte sind dazu da, gelöst zu werden. Nicht so im Familienunternehmen. Hier ist die Konfliktlösung in der Regel nicht geübt. Ich bin fast geneigt, von der fehlenden Konfliktfähigkeit der Unternehmerfamilie als einem Phänotyp zu sprechen. Denn für die meisten Unternehmerfamilien ist der Konflikt nichts Natürliches, womöglich gar Hilfreiches, sondern eine Bedrohung. »Konflikte hat man nicht, Konflikte macht man sich – und zwar dadurch, dass man darüber redet«, lautet eine bereits zitierte familienunternehmenstypische Botschaft. Ausgehend von einem in Unternehmerkreisen verbreiteten Paradigma, wonach Unternehmer und Unternehmerfamilie nicht nur stark sein müssen, um überleben zu können, sondern diese Stärke sich auch in unbedingter Einigkeit äußern müsse, wird nicht der Konflikt bearbeitet, sondern derjenige, der den Konflikt benennt. Auf diese Weise entsteht mit zunehmender Dauer des Familienunternehmens ein ganzer Garten von Tabu-Themen, bei denen zwar längst keine Einigkeit mehr besteht, die aber sorgsam umgangen werden, um nur ja keinen Konflikt vom Zaune zu brechen. Stark ist ein solches Familienunternehmen längst nicht mehr. Es wartet vielmehr nur darauf, dass eines der tabuisierten Konfliktthemen so übermächtig wird, dass es sich nicht länger verdrängen lässt. Nicht wenige Familienunternehmen sind an der dann folgenden Konflikteskalation zu Grunde gegangen. Ihr Scheitern hätte sich vermeiden lassen, wenn die Unternehmerfamilie zu einem natürlichen Umgang mit Konflikten in der Lage gewesen wäre. Wenn sie in der Lage gewesen wäre zu erkennen, dass jedem Konflikt auch eine Chance zur Weiterentwicklung innewohnt, und dass nicht der Konflikt die eigentliche Bedrohung darstellt, sondern seine Tabuisierung.

Verbreitete, aber weniger geeignete Lösungsansätze

Nichts tun

Was aber kann man tun? Viele Unternehmer wissen um die aufgezeigten Gefahren. Gleichwohl hoffen sie, die eigene Familie werde sich besser vertragen als in den vielen bekannten Negativbeispielen.

Zu Unrecht, wie ich meine. Warum sollte sie auch? Die dargestellten Interessengegensätze und zwischenmenschlichen Konfliktpotenziale sind schließlich nicht eingebildet, sondern tatsächlich vorhanden. Und auch noch natürlich. Generationenkonflikte und Geschwisterrivalitäten gehören zum Kernbestand der abendländischen Kultur, wie die Sagen von König Ödipus sowie Kain und Abel belegen. Tätige Gesellschafter haben einen anderen Blick auf das Unternehmen als nichttätige, und mit wachsender Entfernung vom Unternehmen sinkt die Identifikation mit diesem und damit verbunden die Bereitschaft, eigene Interessen zu Gunsten des Unternehmens zurückzustellen. Von allein ist die Familie nicht in der Lage, mit diesem Problempotenzial fertig zu werden. Probleme lösen sich bekanntlich nicht von selbst, sondern nur durch Bearbeitung. Zwar ist es richtig, dass jede Problemlösung mit Schmerzen verbunden ist. Aber der erste Schmerz ist bekanntlich der geringste. Ähnlich wie ein Krebsgeschwür verschwindet ein Problem nämlich nicht, wenn man es ignoriert, sondern es wächst und wird größer. So lange, bis es sich nicht mehr ignorieren lässt. Dann ist der Schmerz in der Regel weitaus gravierender. Dann gibt es jene heftigen Auseinandersetzungen, an denen Anwälte und

Regenbogenpresse verdienen, unter denen die Unternehmer und ihre Familien aber oft genug entsetzlich leiden.

In Anbetracht dessen habe ich für das Verhalten vieler Unternehmer, die zwar ein Familienunternehmen begründen, dafür aber im Grunde nichts tun wollen, kein Verständnis. Ihr Verhalten erinnert mich an das eines Kindes, das glaubt, es könne dem Entdecktwerden beim Versteckspielen dadurch entgehen, dass es sich die Hände vor die Augen hält. Oder an das eines Steuersünders, der beim Betreten einer Liechtensteinischen Bank den Blick starr auf den Boden gerichtet hält. Nicht zu sehen, bedeutet nicht, nicht gesehen zu werden. Ebenso wenig heißt ein Problem nicht sehen zu wollen, auch nicht, es nicht zu haben. Mehr noch: Unternehmer, die so handeln, verhalten sich verantwortungslos. Sie schaffen Strukturen, die auf Zerstörung angelegt sind. Sie legen Zeitbomben an das eigene Lebenswerk. Wenn Familienunternehmen in der berüchtigten dritten Generation scheitern, dann hat dies in vielen Fällen nicht nur mit der dritten, sondern auch mit der ersten Generation zu tun. Denn sie war es, die die Strukturen geschaffen hat, die in den Folgegenerationen unbeherrschbar wurden. Wahrhaft große Unternehmer bauen ein Unternehmen nicht nur auf. Sie sorgen zudem dafür, dass es eine Struktur erhält, die sein Überleben auch dann sichert, wenn sie nicht mehr auf der Kommandobrücke stehen.

Die Macht-Lösung

Andere Unternehmer setzen auf die Macht-Lösung. Sie sind so starke Persönlichkeiten, dass niemand es wagt, ihnen zu widersprechen. Viele bewunderte Lenker großer Familienunternehmen zählen zu dieser Gruppe. Was aber geschieht, wenn der Patriarch schwächer wird oder eines Tages nicht mehr da ist? Allzu schnell kommen dann die bisher still gehaltenen Diadochen aus ihren Löchern und machen ihre Interessen und Ansprüche geltend. Allzu oft kommt es dann zu jenen Auseinandersetzungen, die mit Hilfe der Macht jahrelang zurückgedrängt wurden. Denn die Macht löst das Problem ja nicht, sie unterdrückt es nur. Unterdrückung aber ist nie von Dauer. Irgendwann wird der Druck im Kessel so groß, dass alles auseinander fliegt, vor allem dann, wenn der Machthaber schwächer geworden ist oder einen schwächeren Nachfolger gefunden hat.

Werner Bahlsen war ein solcher Patriarch, der die Familie mit einem ausgeprägten Machtanspruch zusammen hielt. Nach seinem Tode kam es sehr bald zu Auseinandersetzungen zwischen den verschiedenen Familienstämmen, später auch zwischen den Erben von Werner Bahlsen selbst. Inzwischen hat das Traditionsunternehmen zwei Realteilungen hinter sich. Auch Günter Herz (Tchibo) hat das Familienunternehmen viele Jahre mit harter Hand geführt. Trotz großartiger unternehmerischer Erfolge kam es im Jahr 2000 zum Aufstand der sich an den Rand gedrängt fühlenden Familienmitglieder mit der Folge, dass Günter Herz vorzeitig aus der Unternehmensführung ausscheiden musste. In beiden Fällen hatten es übrigens die Unternehmensgründer versäumt, für eine eindeutige Nachfolgeregelung zu sorgen.

Die Vertrags-Lösung

Viele Unternehmer verweisen bei der Frage, welche Vorkehrungen sie gegen Gesellschafterzwist getroffen haben, voller Selbstsicherheit auf den Gesellschaftsvertrag. Dabei übersehen sie, dass ein Gesellschaftsvertrag als Problemlösungsinstrument in Familienunternehmen unverkennbare Schwächen hat.

Zuallererst ist er ein juristisches Dokument. Schon sein Aufbau und seine Sprache sind wenig geeignet, Sinn und ein Gefühl von Zusammengehörigkeit unter den Gesellschaftern zu stiften. Seine Diktion orientiert sich an juristischen Bedürfnissen. Um dem Rechnung zu tragen, wählt er eine an Eingeweihte gerichtete Fachsprache, die dem zwischenmenschlichen Kontext weder gerecht werden kann noch gerecht werden will.

Zudem ist er ausschließlich an die Gesellschafter adressiert. Im Familienunternehmen sind aber keineswegs nur die Gesellschafter diejenigen, die einen bestimmenden Einfluss ausüben können. Die machtvollen Außenseiter werden durch den Gesellschaftsvertrag in keiner Weise angesprochen; sie dürfen auch nicht an den auf der Basis des Gesellschaftsvertrages stattfindenden Gesellschafterversammlungen teilnehmen. Damit findet ihre Einflussnahme nur inoffiziell, gewissermaßen in einer Grauzone statt, was ihn für das Unternehmen schwer berechen- und beherrschbar macht.

Auch regelt der Gesellschaftsvertrag ganz überwiegend formal-organisatorische Fragen wie: Nach welchen Regeln werden die Geschäftsführer bestellt und abberufen? In welchem Umfang werden sie kontrolliert? Und von wem? Wer stellt den Jahresabschluss fest? Wer bestimmt die Höhe der jährlichen Ausschüttungen? Mit welcher Mehrheit entscheiden die Gesellschafter? In welchen Angelegenheiten? Sind die Anteile frei übertragbar? An wen? Und welche Regeln gelten, wenn ein Gesellschafter das Gesellschaftsverhältnis aufkündigen will? Die den Antworten auf diese Fragen zu Grunde liegenden Wertungen wird man in einem Gesellschaftsvertrag vergeblich suchen, obwohl sie für die Zukunft des Unternehmens ungleich wichtiger sind. Hier geht es um Fragen wie: Welche Werte verbindet die Unternehmerfamilie? Welche Ziele hat sie für das Unternehmen und die Familie? Wie werden Konflikte zwischen dem objektivierbaren Unternehmensinteresse und den Interessen der Familie oder einzelner Familienmitglieder entschieden? Welche Rolle spielt das Unternehmen für die Familie und welche Rolle spielen die Familienmitglieder im Unternehmen? Dürfen Familienmitglieder im Unternehmen arbeiten? Nach welchen Regeln? Was tun wir mit Familienmitgliedern, die die an sie gestellten Erwartungen nicht erfüllen? Wie gehen wir mit Konflikten um? Und was tun wir, um den Zusammenhalt der Familie zu fördern? Ohne eine befriedigende Antwort auf diese Fragen bleiben die Regeln des Gesellschaftsvertrages nur inhaltsleere Formaljuristerei.

Zu guter Letzt wird die Einheit stiftende Wirkung des Gesellschaftsvertrages häufig auch dadurch untergraben, dass viele Gesellschaftsverträge nicht wirklich vereinbart, sondern oktroyiert worden sind. Aus Furcht vor Konflikten und quälenden Diskussionen legen nicht wenige Patriarchen die Spielregeln für ihre Nachfolger per Diktat fest. Nach dem Motto: »Einem geschenkten Gaul schaut man nicht ins Maul«, wird erwartet, dass die Erben sich der oktroyierten Regelung freudig unterwerfen. Wie soll, so frage ich Sie, aus einem solchen Vorgehen wahre Identifikation oder gar Begeisterung erwachsen? Da vorzeitiger Widerstand in aller Regel mit Enterbung bedroht ist, akzeptieren die Erben zunächst die ungeliebten Regelungen und wiegen ihre Altvorderen dadurch in einer trügerischen Sicherheit. Später aber, wenn sie fest im Sattel sitzen, suchen die Unzufriedenen nach Lücken im Vertrag, die sie mit Hilfe cleverer Juristen auch finden. Dann beginnt eine oft lange und quälende Auseinandersetzung, in deren Verlauf das Unternehmen insgesamt in Mitleidenschaft gezogen wird.

Eines jedenfalls dürfte klar geworden sein: Als Instrument zur langfristigen Sicherung des Familienunternehmens ist ein Gesellschaftsvertrag nur bedingt geeignet.

Die Stiftungs-Lösung

Manche Unternehmer kommen in Anbetracht dessen zu dem Schluss, ihre Unternehmensbeteiligung in eine Stiftung einzubringen. Der Vorteil einer solchen Lösung liegt auf der Hand: Das Unternehmen kann nicht länger von unfähigen oder zerstrittenen Erben zu Grunde gerichtet werden. So liegt beispielsweise die Entscheidung über die Besetzung der Geschäftsführung nicht länger bei den Familiengesellschaftern. Denn Gesellschafter ist nunmehr die Stiftung, die durch ihren vom Unternehmer ausgewählten Stiftungsvorstand entscheidet, und zwar nach Maßgabe von Kriterien, die der Unternehmer vorgeben kann. Auch die immer wieder zu Streit Anlass gebende Frage über die Höhe der Ausschüttungen hat sich mit Hilfe der Stiftung erledigt. Im

Gesellschaftsvertrag des Unternehmens wird zunächst festgelegt, welchen Betrag die Stiftung als Gesellschafterin erhalten soll; der Rest verbleibt im Unternehmen. Auf diese Entscheidung haben die Familienmitglieder keinen Einfluss, denn sie sind nicht Gesellschafter – weder beim Unternehmen noch bei der Stiftung. Eine Stiftung kennt keine Gesellschafter, sondern lediglich Destinatäre, und diese sind auf die Zuwendungen angewiesen, die für sie nach der vom Unternehmer erstellten Stiftungssatzung vorgesehen sind. Schließlich werden auch Besorgnisse gegenüber dem Eindringen unerwünschter Personen in den Gesellschafterkreis oder vor einem Gesamtverkauf durch die Erben bei Übertragung aller Anteile auf eine Stiftung obsolet. Ob und an wen die Stiftung ihre Unternehmensbeteiligung verkaufen darf, kann der Unternehmer verbindlich festlegen. Bedenkt man nun noch, dass die Stiftung bei entsprechend geschickter Gestaltung auch steuerliche Vorteile bietet, so mag man verstehen, dass eine Lösung der Unternehmenskontinuität mittels Stiftung manchem Unternehmer reizvoll erscheint. Auch Ingvar Kamprad (Ikea) und die Familie Albrecht (Aldi) haben die Nachfolgefrage mit Hilfe von Stiftungen gelöst.

Dennoch will ich keinen Hehl daraus machen, dass ich kein Fan der Stiftungs-Lösung bin. Wenn ein Unternehmer seinen Nachkommen nicht zutraut, das Unternehmen erfolgreich zu führen, warum verkauft er es dann nicht? Unternehmen brauchen gelebtes Unternehmertum. Lässt sich dies in einem Stiftungsvorstand auf Dauer ausreichend versammeln? Immerhin müssen die Damen und Herren Stiftungsvorstände den Unternehmensführer auswählen und unternehmerisch begleiten. Können die in vielen Stiftungsvorständen anzutreffenden Banker und Rechtsanwälte dies leisten? Mehr noch: Eine Stiftungssatzung ist notwendig statisch. Darin liegt eine große Gefahr in einer Zeit, in der Unternehmen sich immer schneller anpassen müssen. Auch wenn die Stiftung nicht die Rechtsform des Unternehmens ist, ist doch die Rechtsform der Gesellschafterin für das Unternehmen und seine Anpassungsfähigkeit nicht völlig ohne Bedeutung. Wer glaubt ernsthaft, dass Regelungen, die er heute aufstellt, in 100 Jahren noch brauchbar sind? »Die Zeiten ändern sich, und wir ändern uns mit ihnen. Die entscheidende Frage ist: Tun wir es schnell genug?«, heißt es bei Alice im Wunderland. Für viele Stiftungen sehe ich da schwarz. Mit Hilfe der Übertragung der Beteiligung auf eine Stiftung versucht der Unternehmer, das Unmögliche möglich zu machen. Er will »sein« Unternehmen möglichst unverändert erhalten wissen, gleichzeitig aber seine Nachkommen vom Unternehmertum ausschließen. Ich befürchte, beides zusammen ist auf Dauer nicht zu haben. Vielmehr wird der Unternehmer wählen müssen. Entweder er lässt »sein« Unternehmen durch »seine« Familie fortführen, oder er traut der Familie die Führungsrolle nicht zu und sucht für sein Unternehmen einen anderen Unternehmer. Der Versuch, dieser klaren Entscheidung mit Hilfe einer Stiftung zu entgehen, erinnert mich fatal an den Versuch, sich selbst ein Denkmal zu setzen. Denkmäler indes werden, so lehrt es die Geschichte, früher oder später von ihrem Sockel gestürzt. Ganz einfach deshalb, weil sie nicht mehr in die neue Zeit passen.

Einfache, komplexitätsvermeidende Lösungsansätze

Wie aber sieht eine geeignete Lösung aus? Bei der Beantwortung dieser Frage sollten Sie sich vergegenwärtigen, dass die Problematik des Familienunternehmens mit der steigenden Komplexität auf familiärer Ebene zu tun hat. Der Alleinherrscher hat es leichter als der Geschäftsführende Gesellschafter einer Geschwistergesellschaft oder gar einer Vetternwirtschaft mit einer Vielzahl von Gesellschaftern. Denn er muss weniger Bedürfnisse befriedigen und weniger Interessengegensätze austarieren. Der effektivste Weg, mit Komplexität umzugehen, besteht darin, sie zu reduzieren. Einfachheit als Erfolgsfaktor habe ich bereits in Zusammenhang mit dem Unternehmen dargestellt. Überträgt man die dabei gewonnenen Erkenntnisse auf das Management der Familie, kann die Botschaft nur lauten: Halten Sie die Gesellschafterstruktur einfach! John Ward ist in seiner bahnbrechenden Untersuchung über die Erfolgsfaktoren von Familienunternehmen aus dem

Jahre 1986 zu der gleichen Erkenntnis gelangt: »Familienunternehmen, die dauerhaft überlebten, haben in der Regel der Versuchung widerstanden, immer mehr Familienmitglieder an Führung und Eigentum teilhaben zu lassen. Stattdessen haben sie den ›Familienbaum gestutzt‹. Sie haben Besitz und Unternehmensleitung in die Hände weniger, nicht selten sogar nur einer einzigen Person gegeben.«

Die Thronfolger-Lösung

Für die Unternehmer vergangener Tage war dies nichts Besonderes. Den Erbregeln des Hochadels folgend, betrachteten es viele als Selbstverständlichkeit, das Unternehmen immer nur an eines ihrer Kinder weiterzugeben. Für die von der Unternehmenserbfolge ausgeschlossenen Kinder war dies zwar hart, als traditionelle Überlieferung und gleichsam natürliches Recht wurde es gleichwohl weithin akzeptiert. Denn letztlich diente es dem Unternehmensinteresse, und sich diesem zu widersetzen, wäre noch vor wenigen Jahrzehnten keinem Unternehmerkind eingefallen. Man musste nur die Geschichte aufmerksam studieren, um festzustellen, wohin es führt, wenn das Erbe nicht zusammengehalten, sondern gleichmäßig unter die Nachkommenschaft verteilt wird. Der im ungeteilten Erhalt des Erbes liegende Vorteil wurde als so groß empfunden, dass man glaubte, verschmerzen zu können, wenn auf diese Weise nicht unbedingt immer der bestgeeignete Nachkömmling an die Spitze des Unternehmens trat. Dafür wussten alle Beteiligten von Geburt an, woran sie waren – und wurden entsprechend ausgebildet. »Der Älteste übernimmt das Unternehmen, der Zweite wird Notar, der Dritte Priester und der Vierte muss sehen, wie er zurechtkommt«, hieß es in manchem Unternehmerhaushalt.

Einer, der trotz des tiefgreifenden Wandels in den letzten Jahrzehnten an der Thronfolger-Lösung festhält, ist Emil Underberg. Denn er ist selbst ein »gebranntes Kind«. Zwist im Gesellschafterkreis kennt er zur Genüge, hat er doch die Führung des Traditionsunternehmens erst nach einem langen und quälenden Kampf mit seiner Mutter und seinem Vetter übernehmen dürfen. Für den Rheinberger Unternehmer ist deshalb die Thronfolger-Lösung die einzige Möglichkeit, ein Unternehmen auf Dauer in der Familie zu halten. Von seinen Kindern hat er sich frühzeitig Pflichtteilsverzichte unterschreiben lassen, um das Unternehmen nicht mit Ansprüchen der nicht zum Zuge gekommenen Erben zu belasten. Dass die Entscheidung für ein und gegen ein anderes Kind in der Familie böses Blut verursachen kann, nimmt Emil Underberg in Kauf. Als er zu erkennen glaubte, dass der designierte Nachfolger, Emil jun., für die Aufgabe nicht geeignet war, wurde dieser kurzerhand durch die älteste Tochter Hubertine ersetzt. »Denn das Interesse des Unternehmens«, so betont Emil Underberg immer wieder, »geht über alles.« Auch bei der Bank in Liechtenstein und anderen unternehmerisch tätigen Adelsgeschlechtern geht das gesamte Unternehmensvermögen immer nur auf einen Erben über. Kein Wunder: Handelt es sich doch bei der Thronfolger-Lösung um einen Grundbestand der Überzeugungen des Adels.

Ich habe längst aufgehört, Emil Underberg zu widersprechen. Inzwischen bin auch ich überzeugt, dass es für den dauerhaften Erhalt eines Familienunternehmens keinen besseren Weg gibt als die von Generation zu Generation erfolgende Weitergabe an nur einen Erben. Allerdings sollten die Kriterien, nach denen die Auswahl getroffen wird, früh genug feststehen. Nur so lässt sich vermeiden, dass bei den weichenden Erben ein bitterer Beigeschmack und das Gefühl zurückbleibt, unfair behandelt worden zu sein. Überhaupt sollte die Entscheidung und ihre Notwendigkeit in der Familie umfassend thematisiert werden. Dabei sollte deutlich werden, dass Entscheidungen im Unternehmensinteresse und elterliche Liebe nicht immer gleichgerichtet sein müssen. Wenn dann noch als Folge einer geschickt angelegten Vermögens-Strategie eine nicht allzu ungleichmäßige Vermögensverteilung erfolgen kann, sollte eine Thronfolger-Lösung auch zu Beginn des 21. Jahrhunderts noch möglich und vermittelbar sein.

Realteilung

Die meisten Unternehmer haben damit gleichwohl ihre Schwierigkeiten. Sie trauen sich nicht zu, ihren Kindern zu erklären, dass das Interesse der Firma über alles geht und von den einzelnen Familienmitgliedern auch Verzicht erfordern kann. Auch haben sie es versäumt, früh genug klar zu machen, dass nur einer die Nachfolge antreten kann, von einer gescheiten Vermögensstruktur gar nicht erst zu sprechen. Mithin fragen sie: »Gibt es nicht einen Weg, der zugleich aus Unternehmenssicht einfach ist und die Kinder dennoch gleich behandelt?«

Es gibt ihn in der Tat. Und doch tun sich viele Unternehmer auch mit dieser Lösung schwer, bedeutet sie doch, ein gewachsenes, womöglich traditionsreiches Unternehmen zu zerschlagen, aus einem großen Unternehmen mehrere kleine zu machen. Natürlich kommt eine Realteilung nur dort in Betracht, wo eine Aufteilung tatsächlich möglich ist, m.a.W., wenn es eine sinnvolle Trennlinie gibt und die verselbstständigten Unternehmensteile überlebensfähig sind. Aber nicht in jedem Fall, in dem dies erklärt wird, ist eine Realteilung tatsächlich unmöglich. Oft genug fällt es den Betroffenen einfach nur schwer, sich von ihrem alten Familienunternehmen zu verabschieden.

Gleichwohl sollten Sie eine Realteilung immer dann in Betracht ziehen, wenn entweder mehrere ambitionierte Unternehmer bereitstehen oder die Gesellschafter – wie vor Jahren im Falle Voith – in heillos zerstrittene Gruppen zerfallen. Schon mehrfach war eine Realteilung der Startschuss zu einer oder gar zwei neuen unternehmerischen Karrieren. Aldi ist ein solcher Fall – ich habe bereits weiter vorne darauf hingewiesen, dass der langjährige Aldi-Manager Dieter Brandes als bedeutsamsten strategischen Entschluss der beiden Albrecht-Brüder deren »frühzeitige Trennung« ansah, die es Karl und Theo Albrecht ermöglichte, eigene Vorstellungen zu entwickeln und umzusetzen. Auch die Gebrüder Dassler aus dem mittelfränkischen Städtchen Herzogenaurach beendeten im Jahre 1948 ihren Streit dadurch, dass sie die gemeinsame Gebr. Dassler GmbH auflösten und fortan getrennte Wege gingen. Adolf (»Adi«) Dassler gründete »Adidas«, sein

Bruder Rudolf »Puma«. Die Mitarbeiter durften sich frei entscheiden, bei wem von beiden sie künftig arbeiten wollten. Ein weiteres Beispiel für eine gelungene Realteilung lieferten die Brüder Burda, die ihr ererbtes Unternehmen 1986 in zwei Teile zerlegten. Hubert erhielt den Verlag, seine beiden älteren Brüder die Beteiligungen, zu denen u. a. ein beachtliches Paket am Springer-Verlag gehörte. Auch bei den Quandts, den Voiths und den Bahlsens wurde real geteilt, im letzteren Fall sogar zweimal kurz hintereinander. Es wäre daher falsch, die Realteilung als eine exotische Lösung zur Vereinfachung der familiären Strukturen im Familienunternehmen zu bezeichnen.

Family Buy Out

Eine weitere Möglichkeit, die Zahl der Gesellschafter zu verkleinern, ist das Family Buy Out (in Anlehnung an das besser bekannte Management Buy Out so genannt), bei dem ein Gesellschafter oder eine Gesellschaftergruppe die anderen aus dem Unternehmen auskauft. Beim Family Buy Out handelt es sich gewissermaßen um eine finanzielle Form der Realteilung, bei der der übernehmende Gesellschafter in der Regel eine hohe finanzielle Verpflichtung übernimmt, die ihn zwingen kann, einen Teil des Unternehmens zu verkaufen, um sich zu entschulden. Das Family Buy Out verkleinert das Unternehmen zwar nicht (jedenfalls nicht sofort), dafür belastet es das Unternehmen oder den Gesellschafter mit beachtlichen Schulden, welche die Bewegungsfähigkeit des Unternehmens beträchtlich einschränken können. Es wäre naiv zu glauben, dass das Unternehmen nach dem Family Buy Out noch das gleiche wäre wie vorher. Dafür sind nun die Verhältnisse klar, und ein begabter Unternehmer kann endlich zeigen, was in ihm steckt.

Auch das Family Buy Out ist in der Praxis des Familienunternehmens durchaus kein Exot. Marcus Moller-Racke hat Anfang der 90er Jahre den Streit mit seinem Vater durch ein gemeinsam mit anderen Familiengesellschaftern durchgeführtes Family Buy Out beendet und das Unternehmen in der Folge durch eine umsichtige Unternehmens- und Finanzpolitik in wenigen Jahren entschuldet. Auch Paul-Otto Faßbender hat 1998 nach einem jahrzehntelangen Streit um die Führung des Düsseldorfer Rechtsschutzversicherers Arag seinen Vetter Ludwig, bis dahin Vorstandsvorsitzender der Gruppe, und dessen Schwestern Christa Faßbender und Monika Knauß aus dem Unternehmen herausgekauft. Emil Underberg ist, wie bereits berichtet, ebenfalls durch ein Family Buy Out an die Macht gelangt. Daneben gibt es zahlreiche weniger spektakuläre Beispiele. Nicht immer waren sie erfolgreich. Wenn es schief geht, sind die Unternehmer meist selbst schuld. So etwa in einem mir persönlich wohl vertrauten Fall, in dem ein Unternehmer einen großen Teil seiner Energie daran setzte, die Anteile seiner drei Geschwister zu erwerben. Kurz vor seinem Tod hatte er sein Ziel endlich erreicht. Anstatt nun aber seinerseits eine eindeutige Nachfolgeregelung zu treffen, setzte auch er seine vier Kinder zu gleichen Teilen als Erben ein. Der Älteste begann erneut mit einem Family Buy Out. Als er es endlich erreicht hatte, war das Traditionsunternehmen so geschwächt, dass es verkauft werden musste.

Verkauf

Die wichtigste Erfolgsvoraussetzung für das Gelingen eines Family Buy Out ist die unternehmerische Kompetenz des Übernehmers. Doch das sollte eigentlich eine Selbstverständlichkeit sein. Der Drang an die Spitze eines Familienunternehmens ist keine Selbsterfahrungsübung. Und die hier vorgeschlagenen Wege zur Reduzierung der familiären Komplexität in Familienunternehmen sind weder Selbstzweck noch Selbstgänger. Sie garantieren unternehmerischen Erfolg nicht, sie ermöglichen ihn nur. Um unternehmerisch erfolgreich zu sein, bedarf es mehr: Der richtigen Unternehmens-Strategie, der richtigen Vermögens-Strategie und – zuallererst – der richtigen Unternehmer-Persönlichkeit.

Steht eine solche in der Generationenfolge nicht mehr zur Verfügung und ist die Familie nicht länger in der Lage, dem Unternehmen Ziel und Richtung zu geben (m.a.W. die unternehmerische Führung auszuüben), ist es an der Zeit, über einen Verkauf nachzudenken. Auch er reduziert die aus der familiären Komplexität entstehenden Probleme, und zwar endgültig. Viele Unternehmer sträuben sich gegen den Gedanken, ihr Unternehmen zu verkaufen. Der Verkauf wird als Niederlage empfunden, als Eingeständnis der Unfähigkeit, das Unternehmen als Familienunternehmen erfolgreich zu führen. Ich will nicht darum herumreden: Selbstverständlich trifft dies zu. Eine Familie, die in der Lage ist, ein Unternehmen erfolgreich zu führen, muss nicht verkaufen (sie kann es natürlich trotzdem tun, wenn es ihr aus übergeordneten unternehmer-strategischen Aspekten sinnvoll erscheint, aber das ist etwas anderes). Aber hat nicht das Unternehmen verdient, von einem gescheiten Eigentümer (best owner-Gedanke) geführt zu werden, der es weiter gedeihen und sich erfolgreich entwickeln lässt? Haben nicht die Mitarbeiter, die das Unternehmen gemeinsam mit dem Unternehmer aufgebaut haben, einen qualifizierten Eigentümer verdient? Einen, bei dem sie nicht wegen Unfähigkeit des Unternehmers oder Streit in der Eignerfamilie um ihre Arbeitsplätze fürchten müssen? Ist es nicht auch für die Familie letzten Endes besser, durch rechtzeitigen Verkauf die vom Unternehmer geschaffenen Vermögenswerte zu erhalten, als unter unfähiger Führung oder endlosen Streitigkeiten früher oder später ihren wichtigsten Vermögenswert zu vernichten und bei einem späteren Notverkauf bestenfalls noch einen Bruchteil des Vermögenswertes zu realisieren? Ich will es kurz machen: Wenn eine Familie die Fähigkeit zur Fortführung eines Unternehmens verloren hat, ist der Verkauf die einzig richtige Entscheidung. Auch wenn sie schmerzhaft ist. Aber wie hieß es doch an anderer Stelle: Der erste Schmerz ist der geringste.

Wie Sie die familiäre Komplexität managen und eine starke Unternehmerfamilie werden

Leider sind bis heute die wenigsten Unternehmerfamilien bereit, den Weg der Komplexitätsreduktion zu gehen und »den Familienbaum zu stutzen«. Für die Mehrzahl ist es eine Selbstverständlichkeit, ihre Beteiligung am Unternehmen mehr oder minder gleichmäßig auf alle Kinder zu übertragen. Sie entscheiden sich für den schwierigeren Weg. Und wissen es in der Regel nicht einmal. Denn wer Komplexität nicht vermeidet, muss einen Weg finden, sie zu managen, wenn er nicht an ihr zu Grunde gehen will. Das ist leichter gesagt als getan. Nur eine erschreckend geringe Anzahl von Unternehmern hat überhaupt eine Vorstellung davon, was getan werden muss, damit eine Unternehmerfamilie nicht auseinander driftet und sich in ihren Interessengegensätzen und Emotionen verstrickt. Noch weniger bringen die Kraft und die Konsequenz auf, die notwendig sind, um das für richtig Erkannte auch in die Tat umzusetzen. Ein Familienunternehmen hat auf Dauer nur dann eine Chance, wenn es gelingt, die tendenziell auseinander strebenden Interessen der wachsenden Zahl von Gesellschaftern zu bündeln und auf ein gemeinsames Ziel, die erfolgreiche Weiterentwicklung des gemeinsamen Unternehmens, zu fokussieren. Dafür ist es notwendig, aus einer durch Geburt und Heirat eher zufällig entstandenen Gruppe von Individuen eine starke Einheit zu machen. Das dafür notwendige »Familienmanagement« ist keineswegs eine leichte Übung, und mancher Unternehmer hat sich später dafür verflucht, nicht den zunächst schmerzhafter erscheinenden, aber klaren Weg der Komplexitätsreduktion gegangen zu sein. Denn diese macht zwar eine einmalige schmerzhafte Entscheidung notwendig, erlaubt aber dann die ausschließliche Konzentration auf das Unternehmen, da familiäre Störquellen nicht mehr auftreten können. Dem gegenüber vermeidet die Entscheidung für ein Familienmanagement zwar den Schmerz am Anfang, erfordert dafür aber später eine dauerhafte Anstrengung und eine große Achtsamkeit für die Arbeit mit der Familie. Wer dies unterschätzt, nicht ernst nimmt oder zu irgendeinem Zeitpunkt aus dem Auge verliert, wird als Familienunternehmer unweigerlich an mindestens einem der oben dargestellten Gefahrenpotenziale scheitern.

Wie wird man eine starke Familie?

Was müssen Sie tun, um eine starke Familie zu werden? In meiner Arbeit mit Familienunternehmen habe ich festgestellt, dass erfolgreiche Unternehmerfamilien bestimmte Merkmale aufweisen, die bei anderen Unternehmerfamilien nicht oder nicht in gleichem Maße vorzufinden sind. Meine dabei gewonnenen Erkenntnisse decken sich weitgehend mit den Ergebnissen einer Untersuchung, die David Bork vor einigen Jahren in den USA durchgeführt hat (siehe auch Abbildung 12: »Merkmale starker Unternehmerfamilien«).

So verfügen starke Unternehmerfamilien über ein weitgehend übereinstimmendes Wertesystem. Eine Familie wird auf Dauer nur zusammenhalten, wenn sie wesentliche Grundüberzeugungen teilt. Wenn maßgebliche Familienmitglieder beispielsweise zu der Frage, was familiäre Solidarität bedeutet, unterschiedliche Grundhaltungen einnehmen, ist es nur eine Frage der Zeit, bis sie an einer konkreten Thematik über diese unterschiedlichen Grundhaltungen in Streit miteinander geraten. Gleiches gilt für Fragen wie: Welchen Stellenwert haben unsere Mitarbeiter?, oder: Inwieweit wird unser Geschäftsgebaren von Ethik und Rechtschaffenheit geprägt? Ich habe einmal aus nächster Nähe erleben müssen, wie ein Familienunternehmen auseinanderbrach, weil der eine Gesellschafter Bestechung und das mutwillige Hintergehen von Vertragspartnern als legitimes Mittel des wirtschaftlichen Wettbewerbes ansah und der andere nicht.

Auch über die Ziele für das Unternehmen und die Familie sind sich starke Familien weitgehend einig. Ein Ziel, das man nicht anstrebt, wird man nicht erreichen. Dieser Satz gilt für jeden Menschen. Für eine Gemeinschaft ist er doppelt wichtig. Die Gemeinschaft braucht ein gemeinschaftliches Ziel. Welche Vergeudung von Energie stellt es

- Übereinstimmende Werte
- Übereinstimmende Ziele
- Übereinstimmendes Rollenverständnis
- Unternehmensinteresse vor Familieninteresse
- Fairness
- Gegenseitige Unterstützung
- Abwesenheit von Neid
- Gemeinsame Aktivitäten
- Individuelle Freiräume und gegenseitiger Respekt
- Offenheit, Vertrauen und die Bereitschaft, sich den kritischen Themen zu stellen

Abbildung 12: »Merkmale starker Unternehmerfamilien«

dar, wenn die einzelnen Mitglieder ihre Kräfte auf unterschiedliche Ziele ausrichten, anstatt sie auf ein gemeinschaftliches Ziel hin zu bündeln. Es ist gewiss kein Zufall, dass erfolgreiche Unternehmerfamilien überdurchschnittlich viel Zeit auf die Diskussion und Konsensfindung über ihre gemeinsamen Ziele verwenden. Wo soll unser Unternehmen in zehn Jahren stehen? Welche Markposition soll es haben? Welche Kapitalrendite erwarten wir? Was ist uns sonst noch wichtig? Welche Ziele haben wir für die Familie? Überdurchschnittlich erfolgreiche Unternehmerfamilien haben auf diese oder ähnliche Fragen eine gemeinsame Antwort gefunden.

Das gilt auch für die Frage, welche Rolle das Unternehmen für die Familie spielt – und vice versa. Und welche Rolle die einzelnen Familienmitglieder bei der Erreichung der vereinbarten Ziele spielen sollen. Unternehmen und Unternehmerfamilie halten für die Familienmitglieder ein breites Rollenangebot bereit. Vom Vorsitzenden des Familienrates über den CEO bis zur Organisation des diesjährigen Familientreffens gibt es viele Plätze, an denen sich die Familienmitglieder nützlich machen und zum Erfolg des Familienunternehmens beitragen können. Selten genug wird diese Fragestellung thematisiert. Häufig fallen individuelle und Gruppenerwartungen auseinander. Während der Neffe auf einen Platz im Unternehmen spekuliert, hofft sein Onkel, dieser Kelch möge an ihm vorübergehen. Kein Wunder, dass es früher oder später zum Streit kommt. Kein Wunder auch, dass diejenigen Unternehmerfamilien besonders erfolgreich sind, die diese knifflige Fragestellung thematisiert und im Konsens gelöst haben.

Die Grundlage ihrer Beantwortung führt zu einer für alle Unternehmerfamilien unverzichtbaren Richtungsentscheidung: Gilt »Family first« oder »Business first«? Starke Unternehmerfamilien haben dazu eindeutig Stellung bezogen. In ihnen besteht eine starke gemeinsame Grundüberzeugung, dass dem Unternehmensinteresse gegenüber den Individualinteressen der einzelnen Familienmitglieder der Vorrang gebührt. »Firma geht vor Familie«, soll Konrad Henkel, der langjährige Chef des gleichnamigen Familienunternehmens, gesagt haben. Ähnliche Formulierungen sind von Rudolf Miele und Peter Zinkann, von Jörg Mittelsten Scheid und von vielen anderen Repräsentanten erfolgreicher Unternehmerfamilien überliefert. Nur wenn die Familie diese zentrale Grundüberzeugung teilt, werden ihre Mitglieder bereit sein, bei wichtigen Einzelentscheidungen ihre individuellen Wünsche zum Wohl des Unternehmens zurückzustellen. Nur dann hat das Familienunternehmen auf Dauer eine Chance. Wo über die Besetzung von Führungspositionen nicht mehr nach Qualität, sondern nach Familienzugehörigkeit entschieden wird, wo die Höhe der Ausschüttungen nicht mehr am Investitionsbedarf des Unternehmens, sondern an den Lebenshaltungskosten der Gesellschafter orientiert wird, ist das Ende des Familienunternehmens abzusehen.

Die eigenen Wünsche gegenüber dem Unternehmensinteresse zurückzustellen, fällt um so leichter, je mehr die getroffenen Entscheidungen von den Familienmitgliedern nicht als Willkürakte, sondern als Ergebnis eines fairen Prozesses begriffen werden können. Christine Blondel, Randel Carlock und Ludo van der Heyden vom INSEAD in Fontainebleau haben herausgearbeitet, welch große Bedeutung Fairness (»fair process«) für den Erhalt eines Familienunternehmens hat. Kein wahrhaft erwachsener Mensch erwartet, sich mit seiner Meinung und seinen Zielen stets und immer durchsetzen zu können. Er ist bereit, auch einen für ihn ungünstigen Ausgang zu akzeptieren können, wenn dieser sich als das Ergebnis eines fairen Prozesses darstellt. Wer ein Geschäftsführeramt nicht bekommt, wird dies akzeptieren können, wenn er versteht, dass er die dafür aufgestellten Kriterien nicht erfüllt. Er wird es hingegen nicht akzeptieren, wenn er erfährt, dass ein ebenso wenig qualifizierter Bewerber angenommen wurde, nur weil es sich um den Sohn des größten Gesellschafters und derzeitigen Unternehmensführers handelt. Unternehmerfamilien, die Macht und Willkür an die Stelle von Fairness setzen, dürfen sich nicht wundern, wenn persönliche Interessenverfolgung, Missgunst und Eifersucht an die Stelle von Gemeinsamkeit treten.

In starken Unternehmerfamilien findet sich zudem eine ausgeprägte Bereitschaft, einander zu helfen, füreinander einzustehen. Die Bereitschaft, gegen einen gemeinsamen Feind von außen zusammenzustehen, ist vielen Familien eigen und wird gerne genutzt, um auch eher schwache, auseinander driftende Unternehmerfamilien von Zeit zu Zeit wieder auf Kurs zu bringen. Bei starken Familien ist es mehr. Hier geht es um wirklich gelebte Solidarität, um Unterstützung auch dann, wenn keine Bedrohung für die Familie gegeben ist. Ich habe mitunter erleben dürfen, wie es ist, wenn Familienmitglieder einander helfen, wenn sie gegenseitig auf ihre Kinder aufpassen, einem in Not geratenen Familienmitglied finanziell unter die Arme greifen oder gemeinsam am Bett des todkranken Vaters eines zugeheirateten Familienmitgliedes wachen. Wenig baut so sehr Stärke und familiäres Zusammengehörigkeitsgefühl auf wie sichtbare Zeichen gelebter Solidarität. Wenig auch zerstört vorhandenes Vertrauen so sehr wie das Gefühl, in der Not von der eigenen Familie im Stich gelassen zu werden.

Unterstützung in schwierigen Situationen ist das eine, gemeinsame Freude über individuelle Erfolge das andere. Ob eine Familie wirklich stark ist, erweist sich erst in Situationen, in denen einzelne Familienmitglieder Erfolge verbuchen können, die andere nicht haben. A hat die Universität als Jahrgangsbester abgeschlossen, ein in der Familie noch nie dagewesener Erfolg, B mit Erfolg promoviert, C endlich den ersehnten Stammhalter geboren, D einen Geschäftsabschluss getätigt, für den E lange vergeblich gekämpft hat, F wird in die Geschäftsführung berufen – ob in solchen und ähnlichen Situationen Neid oder ehrlich empfundene Freude überwiegt, sagt viel über die innere Stärke einer Familie aus. Natürlich ist es leichter, miteinander zu leiden, als sich miteinander zu freuen. Es ist verräterisch, dass die deutsche Sprache zwar Mit-Leid, aber nicht Mit-Freude kennt. Wer eine starke Unternehmerfamilie begründen will, sollte alles daran setzen, die Dominanz von Neidgefühlen im Keime zu ersticken.

Ein bei starken Familien häufig zu beobachtendes Phänomen ist, dass sie viel gemeinsam unternehmen. Ob der gemeinsame Besuch eines Fußballspiels, die gemeinsame Halloween-Party, regelmäßige Familientreffen oder gar ein gemeinsamer Urlaub – gemeinsame Aktivitäten bauen Distanz ab und Gemeinsamkeit auf. Manch einer legt lang gehegte Vorurteile ad acta, wenn er erst einmal gesehen hat, wie ein angeblich kalter Geschäftsmann liebevoll mit seinen Kindern spielt. Auch fällt es schwer, sich im Unternehmen gegenseitig zu bekämpfen, wenn man erst gestern gemeinsam und ausgelassen auf dem Fußballfeld herumgetobt ist. Gemeinsame Aktivitäten sind für eine Familie unerlässlich. Eine Familie, die nur über die Firma miteinander verbunden ist, wartet nur darauf, früher oder später über ein Firmenthema miteinander in Streit zu geraten. Sie sind auch deshalb wichtig, damit neu hinzukommende Familienmitglieder (z.B. Ehepartner) an die Familie herangeführt und mit ihrem Selbstverständnis, ihren Traditionen und ihren Wirkmechanismen vertraut gemacht werden können.

Im Übrigen sollten Sie darauf achten, dass Firmenthemen bei den gemeinsamen Freizeitaktivitäten tabu sind. Für sie sollte es ein eigenes Forum geben (dazu später). Das Gespräch über das Geschäft spaltet die Familie nämlich rasch in zwei Teile – einen inneren und einen äußeren Kreis. Glauben Sie mir: Ich weiß, wovon ich spreche. Auch ich habe mich nach meinem Ausscheiden aus der Firma bald nur noch als »Familienmitglied zweiter Klasse« gefühlt, nur weil meine Brüder bei familiären Zusammenkünften fast ausschließlich über das Geschäft miteinander redeten. Folgen Sie dem Beispiel jener englischen Unternehmerfamilie, die dem Vernehmen nach bei den gemeinsamen Abendessen der Familie stets eine Karte auf dem Tisch stehen hatte, welche die Aufschrift trug: »No business talk at the dinner table.«

In der Empfehlung zur Gemeinsamkeit liegt allerdings auch eine Gefahr, die häufig übersehen, von wirklich starken Unternehmerfamilien indes mit viel Fingerspitzengefühl behandelt wird. Die Beteiligten sind nämlich nicht nur Mitglied einer Familie, sondern auch Individuen mit unterschiedlichen Persönlichkeiten und Bedürfnissen. Allzu viel Gemeinsamkeit kann da leicht erdrückend wirken und Fluchttendenzen auslösen. Ebenso wichtig wie Gemeinsamkeit ist es, dass die Familie den einzelnen Mitgliedern ausreichende Freiräume zur Pflege ihrer individuellen Bedürfnisse lässt.

Und dass man sich gegenseitig respektiert. Respekt ist ein Zeichen von Wertschätzung. Ohne Wertschätzung ist Gemeinsamkeit nicht zu haben. Wer sich nicht geschätzt fühlt, wird entweder um seine Wertschätzung kämpfen oder die Gruppe verlassen. Viele Unternehmerfamilien lassen es an dem notwendigen Respekt fehlen, vor allem gegenüber denjenigen, die von außen hinzukommen und nicht Unternehmer sind. Abschätzige Bemerkungen über Lehrer, Künstler, Berater oder andere Berufsgruppen können da leicht peinlich werden, vor allem, wenn das neu hinzukommende Familienmitglied einer der genannten Berufsgruppen angehört. Auch Familienmitglieder, die nicht Unternehmer sind, fühlen sich in ihren Rollen selten respektiert. Wie aber soll Gemeinsamkeit entstehen, wenn nicht einmal die Grundregeln zwischenmenschlichen Verhaltens eingehalten werden?

Das Wissen darum, was starke Unternehmerfamilien auszeichnet, genügt selbstverständlich noch nicht, um selbst stark zu werden. Hinzukommen muss der Wille, alles zu tun, was notwendig ist, um die erforderlichen Eigenschaften in der eigenen Familie zu entwickeln. Dazu gehört zunächst, dass Sie mit der vorne dargestellten, bei Unternehmerfamilien verbreiteten Tendenz zur Tabuisierung von Konfliktthemen aufräumen. Stärke dokumentiert sich nicht in der Abwesenheit von Konflikten, sondern in der Fähigkeit, mit Konflikten angemessen umzugehen. Der adäquate Umgang setzt Vertrauen voraus. Vertrauen aber kann nur dort entstehen, wo Offenheit herrscht. Reden Sie also miteinander, statt immer nur übereinander. Lernen Sie zu kommunizieren. Ersetzen Sie Forderungen und Positionen durch Wünsche und Interessen. Drohen Sie nicht, sondern reden Sie insbesondere auch über diejenigen Themen miteinander, die Sie wirklich beschäftigen. Reden Sie über Ihre Ängste, Sorgen und Nöte. Mit anderen Worten: Reden Sie offen und vertrauensvoll über die Themen, die in Unternehmerfamilien üblicherweise tabuisiert werden. Reden Sie über die »Sprengstoff-Fragen«, jene Fragen also, die alle so gerne meiden, weil sie den in ihnen liegenden Sprengstoff fürchten. Dabei werden diese Fragen erst dadurch zum Sprengstoff, dass sie nicht behandelt werden. Weil dann jeder seine eigene Sicht der Dinge entwickelt und – oft genug vergeblich – erwartet, dass sich die anderen seinen Vorstellungen entsprechend verhalten. Typische Sprengstoff-Fragen in Familienunternehmen lauten: Wollen wir das Unternehmen in der Familie halten oder lieber verkaufen? Welche Performance erwarten wir? Wer soll das Unternehmen führen? Wer darf in ihm arbeiten? Was geschieht, wenn einer der Beteiligten die in ihn gesetzten Erwartungen nicht erfüllt? Wer wird am Unternehmen beteiligt? In welcher Höhe? Wer ist das Familienoberhaupt? Wer gehört überhaupt zur Familie? Fragen, auf die eine Antwort gefunden werden muss, wenn das Familienunternehmen erfolgreich bleiben soll. Die erfolgreichen Unternehmerfamilien zeichnen sich nicht zuletzt dadurch aus, dass sie bereit sind, sich den kritischen Themen zu stellen und sich permanent weiterzuentwickeln.

Von den Sprengstoff-Fragen zur Familienverfassung

Das Ergebnis Ihrer Überlegungen sollten Sie in einer »Familien-Verfassung« schriftlich niederlegen. Die Familien-Verfassung sollte Antwort geben auf die Sprengstoff-Fragen und darauf, was die Familie tun will, um eine starke Familie zu werden und zu bleiben (vgl. dazu auch Abbildung 13: »Mögliche Inhalte einer Familien-Verfassung«). Ähnlich wie die Verfassung eines Staates enthält also auch sie eine Zusammenfassung der für das Zusammenleben der Gemeinschaft wichtigen Grundsatzentscheidungen. Allerdings ersetzt sie den Gesellschaftsvertrag nicht. Die Familienmitglieder dokumentieren durch ihre Unterschrift unter den Verfassungstext zwar, dass sie gewillt sind, ihr Zusammenleben in Unternehmen und Familie nach den in der Urkunde niedergelegten Regeln zu gestalten. Einerseits geht das über den Gesellschaftsvertrag hinaus. Denn die Familien-Verfassung wendet sich an alle Familienmitglieder, nicht nur an die Gesellschafter. Damit geht ihre Wirkung weiter als die des Gesellschaftsvertrages. Zudem werden in der Familienverfassung nicht nur die gesellschaftsrechtlich relevanten, sondern alle Fragen behandelt, die für Unternehmen und Familie von Bedeutung sind. Sie wirkt also auch umfassender, als ein Gesellschaftsvertrag dies je könnte. Andererseits erzeugt die Familien-Verfassung keine rechtlich verbindliche Wirkung, sondern eine moralische. Doch dürfte es für den geübten Vertragsjuristen kein Problem sein, aus den Vorgaben der Familien-Verfassung einen entsprechenden Gesellschaftsvertrag zu entwickeln.

Ihre Wirkung verdankt die Familien-Verfassung vor allem dem Umstand, dass sie auf einem breiten Konsens beruht. Die Tatsache, dass alle Familienmitglieder in den Prozess einbezogen werden, dass sie angehört werden und ihre Sicht der Dinge zur Diskussion stellen können, erzeugt eine moralische Bindung, deren tatsächliche Wirkkraft über die eines Gesellschaftsvertrages weit hinausgeht. Ein solcher Prozess erfordert Zeit. Leider muss ich immer wieder erfahren, dass Unternehmer-Patriarchen den Prozess zwar anstoßen, dann aber erwarten, in einem einmaligen Workshop von ein oder zwei Tagen zu einem abschließenden Ergebnis zu kommen. Selbst wenn dies gelänge, wäre eine solche Fast-Food-Verfassung wertlos. Konsensfindung braucht seine Zeit. Der Nutzen der Arbeit an einer Familien-Verfassung besteht ja gerade darin, nicht nur die Spitze, sondern den gesamten »Eisberg« der familiären Problematik deutlich zu machen, alle anzuhören, um auf diese Weise Vertrauen und Konsens – und nicht nur einen Schein-Konsens – herbeizuführen.

Auch ist die Familien-Verfassung kein Dokument für die Ewigkeit. Wer glaubt, er müsse sich nur einmal der Prozedur einer Familien-Verfassung unterziehen und habe dann für eine ganze Generation Ruhe, irrt. Alles ändert sich permanent und mit zunehmender Geschwindigkeit – der Zeitgeist, die Märkte, das Unternehmen selbst, auch die Familie in ihrer Struktur, und nicht zuletzt die Menschen, die die Familien-Verfassung vereinbart haben. Eine Familien-Verfassung, die sich diesem Wandel nicht in der gebotenen Weise anpasst, ist bald das Papier nicht mehr wert, auf dem sie geschrieben steht. »Früher wurden Gesellschaftsverträge für eine ganze Generation gemacht«, meinte kürzlich ein renommierter Vertragsjurist, »heute bestenfalls noch für zehn Jahre.« Für die Familien-Verfassung dürfte nichts anderes gelten. Fürchten müssen Sie sich nicht davor. Denn es ist nicht nur

Unternehmen	**Person**
• Was heißt für uns »Unternehmen«? • Welche Werte haben wir für unser Unternehmen? • Welche Ziele haben wir für unser Unternehmen? • Wie lösen wir den Konflikt zwischen Unternehmensinteresse und Individualinteressen der Familienmitglieder? • Was heißt das konkret für – die Führung des Unternehmens? – deren Kontrolle? – die Mitarbeit im Unternehmen? – die Beteiligung am Unternehmen? – die Höhe der Ausschüttungen? – die Fungibilität der Beteiligung?	• Was wollen wir den einzelnen Familienmitgliedern vermitteln (Werte, Fähigkeiten etc.)? • Welche Ziele haben wir dabei? • Wie organisieren wir das? • Wer kümmert sich?
Vermögen	**Familie**
• In welchem Umfang wollen wir eine gemeinsame Vermögensverwaltung für die Familie? • Welche Ziele haben wir dabei? • Wie organisieren wir das? • Wer kümmert sich?	• Wer gehört zur Familie? • Welche Werte haben wir für die Familie? • Welche Ziele haben wir für die Familie? • Welche Rechte und Pflichten ergeben sich aus der Familienzugehörigkeit? Welche Regeln gelten für den Umgang miteinander und mit Konflikten? • Wie organisieren wir gemeinsame Aktivitäten (Familienkonferenzen etc.)? • Wer kümmert sich?

Abbildung 13: »Mögliche Inhalte einer Familien-Verfassung«

der Inhalt, sondern zugleich der Prozess selbst, der einer Familien-Verfassung ihren Wert verleiht. Wenn eine Unternehmerfamilie antritt, sich eine Familien-Verfassung zu geben, lernt sie zugleich Probleme zu benennen, Interessengegensätze und Konflikte auszutragen. Mit jedem bestandenen Konflikt, mit jeder vermiedenen Eskalation wächst die Sicherheit, wachsen Vertrauen und die Zuversicht in die eigene Fähigkeit, gegensätzliche Positionen in vernünftiger Weise zum Ausgleich zu bringen. Wer erst gelernt hat, dass die Diskussion um die richtigen Inhalte einer Familien-Verfassung eine Familie nicht schwächt, sondern stärkt, dem wird vor neuen Diskussionen nicht bange sein. Es ist daher richtig, die Diskussion um die Inhalte einer Familien-Verfassung immer dann wieder aufzunehmen, wenn objektiv oder subjektiv Anpassungsbedarf besteht. Entscheidend ist nämlich nicht, dass eine Familien-Verfassung möglichst lange unangetastet bleibt, sondern dass sie immer aktuell bleibt.

Regelmäßige Familienkonferenzen

Papier ist bekanntlich geduldig. Ebenso wenig, wie ein zu Papier gebrachtes Unternehmensleitbild von selbst zur gelebten Unternehmenskultur wird, bewirkt auch die Dokumentation einer Familien-Verfassung allein noch keine Änderung der Familienkultur. In der Folge muss das Gewollte auch gelebt werden. Ein in der Praxis bewährtes Instrument sind regelmäßige »Familienkonferenzen«, bei denen über das Unternehmen und seine Entwicklung, ggf. auch über die Aktivitäten eines Family Office, über familiäre Themen sowie über Angebote zur persönlichen Weiterentwicklung (Ausbildung, Coaching) debattiert wird (siehe dazu auch Abbildung 14: »Beispiel einer Tagesordnung für eine Familienkonferenz«). Kommt dabei auch der Spaß nicht zu kurz, entwickeln sich die Familienkonferenzen rasch zu einem Instrument, mit dessen Hilfe auch junge Familienmitglieder an das Familienunternehmen herangeführt und nicht aktive Mitglieder an das Unternehmen gebunden werden können.

1. Tag	
9.00 – 13.00 Uhr	**Schwerpunktthema Unternehmen** • Vorstellung und Diskussion der neuen Unternehmensziele und der strategischen Planung (Geschäftsführung) • Darstellung der aktuellen Geschäftsentwicklung (Geschäftsführung) • Vorstellung des neuen Beiratsvorsitzenden (Dr. Müller)
15.00 – 18.00 Uhr	**Schwerpunktthema Person** • Vortrag: Wie erziehe ich Unternehmenskinder? (Frau Dr. Meyer) • Erfahrungsbericht Auslandsstudium (Klaus)
ab 19.00 Uhr	Gocart-Rennen
2. Tag	
9.00 – 13.00 Uhr	**Schwerpunktthema Vermögen** • Bericht über die Arbeit des Family Office: Anlagestrategie und Performance (Dr. Heller) • Vortrag: Wege zur steueroptimalen Nachfolgegestaltung (Dr. Findig)
15.00 – 18.00 Uhr	**Schwerpunktthema Familie** • Ideen-Workshop: Vorbereitung des diesjährigen Family Weekends (Ilse)
ab 19.00 Uhr	Dampferfahrt auf dem Rhein

Abbildung 14: »Beispiel einer Tagesordnung für eine Familienkonferenz«

Praktisch alle erfolgreichen Unternehmerfamilien, denen es gelungen ist, das Unternehmen trotz eines beständig wachsenden Gesellschafterkreises im Besitz der Familie zu halten, verfügen über Strukturen, wie sie hier vorgestellt werden. Diejenigen, die das bislang versäumt haben, werden es in den nächsten Jahren nachholen müssen. Denn ohne ein professionelles Management der Unternehmerfamilie wird das komplexe Familienunternehmen nicht überleben. Geradezu vorbildlich sind die Strukturen bei der finnischen Ahlström-Gruppe, die unter der Führung von Krister Ahlström seit 1982 nicht nur einen strategischen Richtungswechsel durch-, sondern auch ein dem hier vorgestellten Konzept sehr ähnliches Family Governance-Modell eingeführt hat. Oder bei dem spanischen Familienunternehmen Puig. Die 1914 gegründete Gruppe, die heute zu den größten europäischen Parfüm- und Kosmetikproduzenten (»Nina Ricci«, »Paco Rabanne«) gehört, wurde dafür 1998 vom IMD in Lausanne mit dem »Distinguished Family Business Award« ausgezeichnet. Aber auch Henkel, Haniel oder Heraeus in Deutschland machen deutlich, dass es durchaus möglich ist, mit entsprechenden Strukturen große Gesellschafterkreise dauerhaft für die Idee des Familienunternehmens zu begeistern. Nur sollte niemand glauben, dass dies einfach ist. Es braucht ein gutes Konzept, Kraft, Geduld, Zeit, immerwährende Erneuerung und nicht zuletzt einen »Kümmerer«. Im großen Familienunternehmen ist das Familienoberhaupt genau so wichtig wie der Unternehmensführer.

Familien-Strategie kommt vor Unternehmens-Strategie

Einfacher ist es, eine klare Entscheidung zu treffen und »den Familienbaum rechtzeitig zu stutzen«. Aber wie dem auch sei: Entscheidend ist, dass die Familie eine Entscheidung trifft und die sich daraus ergebenden Notwendigkeiten konsequent in die Tat umsetzt. Denn die von der Familie getroffenen Entscheidungen sind für das weitere Schicksal des Unternehmens von elementarer Bedeutung. Sie bestimmen die Leitplanken, innerhalb derer sich die Unternehmensführung überhaupt nur bewegen kann. Wenn eine Familie sich entscheidet, auf Grund von Proporzdenken zwei unfähige Stammesvertreter an die Spitze des Unternehmens zu stellen, kann dies für den Unternehmenserfolg nicht ohne Auswirkungen bleiben. Und wenn ein Unternehmen als Folge eines Family Buy Out mehrere Jahre lang auf hohe Ausschüttungen angewiesen ist, muss dies Konsequenzen für das Investitionsverhalten haben. Die Beispiele ließen sich beliebig vermehren. Sie sollten eines deutlich machen: Familien-Strategie kommt vor Unternehmens-Strategie! Damit ist kein Vorrang familiärer Interessen, wohl aber ein zeitlicher Vorrang der Familien-Strategie gemeint. Erst wenn die Unternehmensführung weiß, was die Familie will, weiß sie, was sie selbst wollen kann.

Außenstehende, die ein solides Wissen über Unternehmen, Familiendynamiken und Konfliktmanagement besitzen, können einen solchen Prozess hilfreich begleiten, sei es als Ideengeber oder Sparringspartner, vor allem aber als Moderator. Denn der Prozess der Strategiefindung für die Familie bedarf der Moderation, vor allem dann, wenn sich die Familie für das Komplexitätsmanagement entschieden hat. Gegenüber einem internen Moderator hat der externe den Vorteil, nicht Partei zu sein. Auch kann er leichter kritische Themen ansprechen, und es ist kein Beinbruch, wenn er im Laufe des Prozesses »verbrennt«. Er kann dann durch einen anderen Moderator ersetzt werden, was bei einem internen Moderator nicht ohne neue Konflikte möglich wäre. Letzten Endes allerdings müssen Sie sich klar machen, dass auch der Außenstehende keine Wunder vollbringen kann. Seine Chance, zum Erfolg zu kommen, ist abhängig vom Willen der Familie, eine Veränderung herbeizuführen.

Nach Möglichkeit sollten Sie versuchen, sich auf nur einen Außenstehenden zu verständigen. Wählt jede Partei einen persönlichen Vertrauten, ist als Richtung Konflikt vorgegeben. Schließlich müssen die Parteivertreter nachweisen, dass sie die Interessen ihrer Partei gut vertreten. Wenn dann erst einmal Anwälte im Haus sind, ist es meist zu spät. Denn der typische Anwalt ist nicht an einer Beendigung eines Familienstreits interessiert, sondern an dessen Perpetuierung. Er verdient nur, solange die Parteien streiten, und unternimmt daher wenig, sie zusammenzuführen. Bezeichnend hierfür ist ein Artikel aus der Tageszeitung »DIE WELT« vom 17. Dezember 1998, in dem das Ende eines Familienstreits bei Europas größtem Rechtschutzversicherer Arag mit den Worten kommentiert wurde: »Nach der unerwarteten Erledigung aller Prozesse trauert der Düsseldorfer Anwaltsstand um das Versiegen ergiebiger Einkommensquellen.« Können sich Familienmitglieder jedoch auf einen neutralen Außenstehenden verständigen, werden die Weichen auf Konsens gestellt. Das ist in jedem Fall die bessere Lösung. Durch Streit wurde in Familienunternehmen schon zu viel Geld vernichtet.

Zu guter Letzt

Zu guter Letzt

Die rechtliche und steuerliche Optimierung des Unternehmens ist nicht alles

Natürlich habe ich mich gefragt, warum der an sich nahe liegende Gedanke einer Unternehmer-Strategie sich bei Unternehmern und ihren Ratgebern nicht schon früher durchgesetzt hat. Inzwischen bin ich zu der Überzeugung gelangt, dass dies mit den Blickwinkeln der maßgeblichen Protagonisten zu tun hat. Der Unternehmer selbst ist in der Regel so sehr auf sein Unternehmen fixiert, dass er keine Zeit findet zu erkennen, dass sein Erfolg nicht nur davon abhängt, ob er im Unternehmen die richtigen Dinge tut. Die Betriebswirtschaftslehre, die den Geheimnissen unternehmerischen Erfolges wissenschaftlich nachspüren könnte, handelt bereits per definitionem vom Betrieb und damit vom Unternehmen. Der oder die Eigentümer finden bei einer solchen Sichtweise allenfalls als Anspruchsgruppe, aber kaum als Erfolgsdeterminante Berücksichtigung. Es ist gewiss kein Zufall, dass es eine »Lehre vom Unternehmer« (sieht man von Ausnahmeveröffentlichungen wie der Schumpeters ab) in der Betriebswirtschaftslehre praktisch nicht gibt. Wie auch die Beschäftigung mit dem Phänomen Familienunternehmen für den klassisch geschulten Betriebswirt eher eine ans soziologische Schwesterfach grenzende Randerscheinung darstellt. Und die Berater des Unternehmers? Schon der Begriff »Unternehmensberatung« macht deutlich, wo der Fokus liegt, der den Blick auf den übergeordneten Zusammenhang verstellt. Probleme, die über unternehmensstrategische Zusammenhänge hinausweisen, bespricht der Unternehmer denn auch nur selten mit einem Unternehmensberater. Sie sind eine Domäne der Steuerberater, Wirtschaftsprüfer und Rechtsanwälte – zumindest im deutschsprachigen Raum. Dieser Personenkreis hat sich – in der Regel durch langjährige Zusammenarbeit – eine Vertrauensstellung erworben, die den Unternehmer veranlasst, ihn auch in seine über das Unternehmen hinausweisenden

Fragestellungen einzubinden. So wird der Steuerberater zum Unternehmer-Berater, ohne im tieferen Sinne dafür qualifiziert zu sein. Wen kann es da wundern, dass die traditionelle Unternehmer-Beratung in Deutschland allzu stark von rechtlichem und steuerlichem Optimierungsdenken geprägt ist.

Es ist an der Zeit, diese Fehlentwicklung zu korrigieren. Der Erfolg eines Unternehmers entscheidet sich nicht an der Qualität seiner Verträge und seiner steuersparenden Gestaltungen. Weitaus wichtiger sind eine gescheite Unternehmens-Strategie, die Erweiterung der eigenen Persönlichkeit, die Schaffung ausreichend freien Vermögens und Maßnahmen zur Vermeidung von Uneinigkeit in der Unternehmerfamilie. Die rechtliche und steuerliche Optimierung ist nicht alles. Ihr kommt lediglich eine dienende Funktion zu. Dies wird die Rechts- und Steuerberater zwar nicht aus der Unternehmer-Beratung verdrängen. Sie sollten sich jedoch klar machen, dass eine ausschließlich rechtliche und steuerliche Kompetenz nicht genügt, um Unternehmer qualifiziert zu beraten. Mit primär steuerlich motivierten Unternehmens- und Vermögenskonstruktionen ist zu viel Unheil angerichtet worden. Erst wenn der Unternehmer weiß, was er aus übergeordneten unternehmerischen, vermögensmäßigen, persönlichen und familiären Gründen will, stellt sich die Frage, wie das Gewollte rechtlich und steuerlich optimal umgesetzt werden kann.

Aber ohne sie ist alles nichts

Und doch: Ohne die rechtlich und steuerlich korrekte Umsetzung bleibt jede Unternehmer-Strategie nur Stückwerk. Nicht wenige Unternehmen sind gescheitert, weil ihre Verträge fehlerhaft oder allfällige Steuerlasten unbezahlbar waren. Deutschland ist ein Hochsteuerland – auch nach der Steuerreform. Seine Steuergesetze sind komplex und schwierig und bieten dem Kundigen vielfache Optionen, die Normalsteuerlast durch geschickte Gestaltung zu reduzieren. Von Steuergerechtigkeit sind wir weit entfernt. Im Gegenteil: Die Virtuosität im

Umgang mit den Steuergesetzen ist ein ernst zu nehmender Wettbewerbsfaktor. Damit nicht genug. Die unternehmerische Handlungsfreiheit wird durch die Mitbestimmung der Arbeitnehmer, durch Bilanzierungsregeln, Prüfungspflichten und den Zwang zur Veröffentlichung der Unternehmenszahlen beständig weiter eingeschränkt. Zudem wurden die Voraussetzungen, unter denen Unternehmen und Unternehmer für ihr Tun haften müssen, immer weiter verschärft, und das deutsche Gesellschaftsrecht ist zumindest so kompliziert, dass ich keinen Gesellschaftsvertrag kenne, der nicht mindestens einen Fehler enthält. Rechts- und Steueroptimierung ist nicht alles, aber ohne sie ist alles nichts!

Aspekte der rechtlichen und steuerlichen Optimierung

Was aber sind die Aspekte, die im Rahmen einer Unternehmer-Strategie berücksichtigt werden müssen (siehe dazu auch Abbildung 15: »Aspekte der rechtlichen und steuerlichen Optimierung im Rahmen der Unternehmer-Strategie«)?

Rechtsform

Im Zusammenhang mit dem Unternehmen geht es zunächst darum, die geeignete Rechtsform auszuwählen. Sportler wissen es längst: Wer vorne mit dabei sein will, braucht den passenden Anzug. Im Abendkleid ließe sich auch für Marion Jones kein 100-Meter-Lauf gewinnen. Für Unternehmen gilt nichts anderes. Wessen Rechtskleid nicht sitzt, der verschenkt im Wettbewerb womöglich entscheidende Vorteile. Für erfolgreiche Unternehmer gehört die Wahl der richtigen Rechtsform deshalb schon lange zu den bedeutenden Unternehmerentscheidungen. Denn die vom Gesetzgeber bereitgestellten Rechtsformen unterscheiden sich in den für die Unternehmer relevanten Punkten Haftung, Gestaltungsfreiheit zur Regelung der internen Ver-

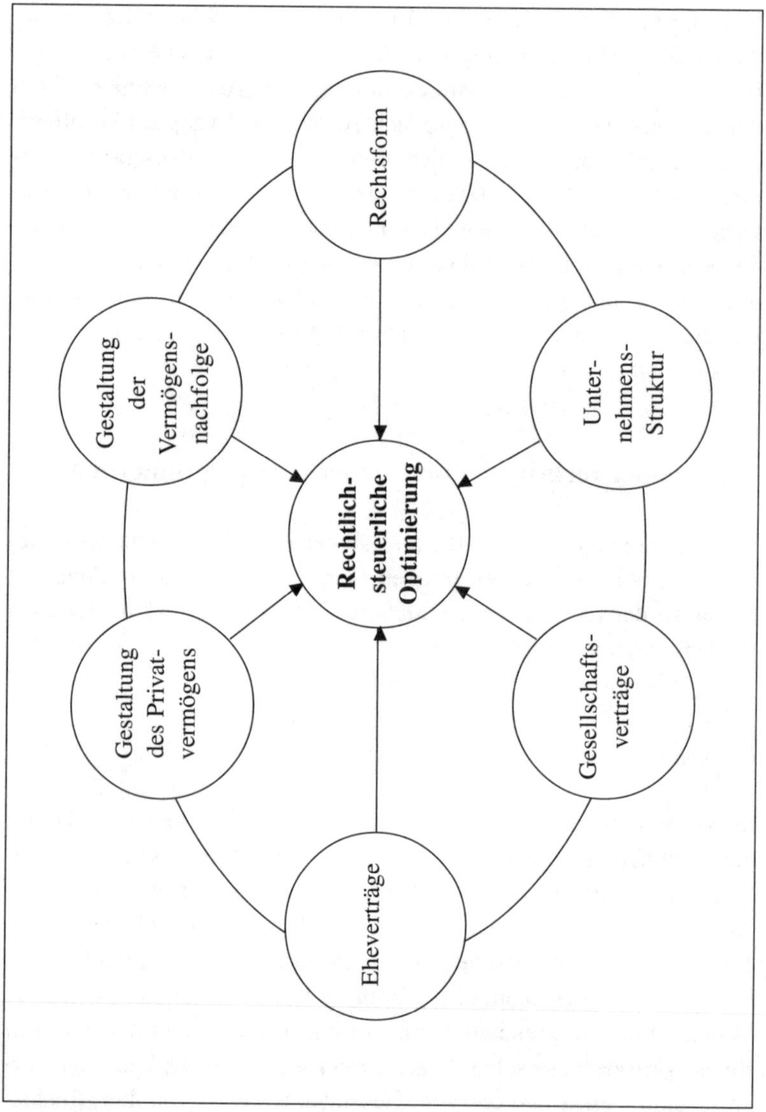

Abbildung 15: »Aspekte der rechtlichen und steuerlichen Optimierung im Rahmen der Unternehmer-Strategie«

hältnisse, Mitbestimmung, Publizität und Steuerlast nicht unwesentlich voneinander. Keine Rechtsform bietet nur Vorteile. Vielmehr muss der Unternehmer auch hier abwägen. Welche Nachteile bin ich um der gewünschten Vorzüge willen bereit, in Kauf zu nehmen? Gibt es kreative Gestaltungen, mit deren Hilfe die typischen Nachteile einer bestimmten Rechtsform aufgehoben oder abgemildert werden können? Wer hier Fehler macht, zahlt nicht selten einen hohen Preis. Und wer die richtige Entscheidung trifft, verschafft sich womöglich einen entscheidenden Wettbewerbsvorteil. Ich möchte dies an zwei Beispielen veranschaulichen.

Ein großes Familienunternehmen hatte die Rechtsform der offenen Handelsgesellschaft (OHG) gewählt, um auf diese Weise die Mitbestimmung der Arbeitnehmer im Aufsichtsrat zu vermeiden. Als Folge einer erbschaftsteuersparenden Konstruktion waren darüber hinaus die Kinder und Enkelkinder des Unternehmers am Unternehmen beteiligt – in Folge der gewählten Rechtsform alle als persönlich haftende Gesellschafter. Vorschläge, die Rechtsform zu wechseln und eine Haftungsbegrenzung vorzusehen, wurden vom Unternehmer stets mit Hinweis auf die unerwünschte Mitbestimmung beiseite gelegt. Dabei wäre es ohne weiteres möglich gewesen, das eine mit dem anderen zu verbinden. Die relativ unbekannte Rechtsform der Stiftung & Co. KG, eine Kommanditgesellschaft, bei der die Funktion des Vollhafters von einer Stiftung wahrgenommen wird, vermeidet die persönliche Haftung und unterliegt – insofern anders als die GmbH & Co. KG – nicht der Mitbestimmung. Zudem ist sie als Kommanditgesellschaft eine Personengesellschaft mit der Folge, dass die günstigeren erbschaftsteuerlichen Bewertungsvorschriften für sie ebenso zur Anwendung kommen wie bei der OHG, der KG oder der GmbH & Co. KG. Als das Unternehmen in die Krise kam, hätte das Festhalten an der OHG für den Unternehmer und seine Familie beinahe schreckliche Konsequenzen gehabt. Im Falle einer Insolvenz hätte sie nämlich nicht nur ihr Unternehmen, sondern ihr gesamtes Vermögen verloren – bis hin zu den Kindern und Enkelkindern.

Jeder Unternehmer sollte sich gut überlegen, ob er das Risiko der persönlichen Haftung auf sich nimmt, oder ob es rechtliche Ausweichgestaltungen gibt, mit deren Hilfe unerwünschte Tatbestände wie Mitbestimmung oder Publizität vermieden oder zumindest abgemildert werden können. Ich kann mich nur wundern, wie viele Unternehmer aus Furcht vor und Verärgerung über die Folgen der nunmehr auch für die Kapitalgesellschaft & Co. KG geltenden Publizität nahezu bedenkenlos bereit sind, persönlich zu haften. Persönliche Haftung im 21. Jahrhundert ist nicht mehr gleichzusetzen mit dem, was sie vor 100 Jahren bedeutete. Der globaler und kompetitiver gewordene Wettbewerb hat das Risiko unternehmerischen Scheiterns deutlich erhöht. Zudem wurden in Folge des verbesserten Verbraucher- und Umweltschutzes zusätzliche Haftungsrisiken geschaffen, die früheren Unternehmern unbekannt waren. Oft genug kann Abhilfe durch kreative Rechtsformwahl geschaffen werden, wie unser Beispiel zeigt.

Eine kreative Rechtsformwahl ist es auch, mit deren Hilfe seit einigen Jahren eignerdominierten Unternehmen der Zugang zum Kapitalmarkt leichter gemacht wird. Jahrelang verhielten sich vor allem traditionsreiche Familienunternehmen abwartend gegenüber dem Finanzierungsangebot der Börse. Sie fürchteten um ihren beherrschenden Einfluss auf das Unternehmen, da die Aktiengesellschaft im Gegensatz zur GmbH oder zur GmbH & Co. KG nur vergleichsweise wenig Gestaltungsspielraum zur Absicherung eines Gruppeneinflusses gewährt. Bei der ebenfalls börsenfähigen Kommanditgesellschaft auf Aktien (KGaA) ist dies zwar anders, dafür bedarf es dort eines persönlich haftenden Gesellschafters, der nach lange vorherrschender Meinung zwingend eine natürliche Person sein musste. Ich vermochte dies nicht einzusehen. Warum sollte bei der Kommanditgesellschaft auf Aktien unzulässig sein, was bei deren kleiner Schwester, der Kommanditgesellschaft, seit langem anerkannte Praxis war? Gemeinsam mit meinem Mentor Brun-Hagen Hennerkes verfasste ich einen Beitrag, in dem ich für die Zulässigkeit der GmbH & Co. KGaA warb und ihre Eignung für börsenwillige Familienunternehmen herausstrich. Der Beitrag löste eine heftige Kontroverse aus, an deren Ende die Anerkennung der GmbH & Co. KGaA durch den Bundesgerichtshof stand. Inzwischen ist die neue Rechtsform zu einer echten Alternative für Familienunternehmen geworden, die an die Börse gehen wollen, ohne ihren beherrschenden Einfluss auf das Unternehmen aufzugeben.

Unternehmensstruktur

Wenn Kreativität bei der Rechtsformwahl alleine nicht ausreicht, um das gewünschte Ergebnis zu erzielen, kann Letzteres häufig durch eine geschickte Gestaltung der Unternehmensstruktur erreicht werden. Die von Aldi vorgenommene Aufteilung des Unternehmens in viele kleine und überschaubare Einheiten hat nicht nur betriebswirtschaftliche Vorteile. Mit ihr vermeidet Aldi ebenso konsequent Mitbestimmung und Publizität.

Oft sind Holding-Konstruktionen angezeigt. Mit ihrer Hilfe lässt sich nicht nur der Familieneinfluss besser bündeln, bei geschickter Gestaltung können Mitbestimmung und Publizität ebenfalls ausgehebelt werden. Seit der Unternehmenssteuerreform des Jahres 2000 können auch steuerliche Gründe eine Familien-Holding für Unternehmerfamilien attraktiv machen. Da Gewinne, die eine der Körperschaftsteuer unterliegende Gesellschaft bei der Veräußerung einer Beteiligung erzielt, steuerfrei bleiben und erst – noch dazu nur zur Hälfte – besteuert werden, wenn sie an die Gesellschafter ausgeschüttet werden, gehört nicht viel Fantasie dazu, der Idee der Familien-Holding als Vermögenspool der Unternehmerfamilie eine Renaissance zu prophezeien. Die deutschen Familienunternehmer müssen zukünftig nicht mehr ins Ausland gehen, um Steuern zu sparen und international konkurrenzfähig zu sein. Mit einer deutschen Familien-Holding gelingt dies ebenso.

Welch nachteilige Konsequenzen Fehler bei der Rechtsformwahl oder bei der Wahl der Unternehmensstruktur haben können, soll ein weiteres Beispiel aufzeigen. Der Unternehmer hatte bei der Gründung seines Unternehmens die Rechtsform der GmbH gewählt und diese später nicht mehr verändert. Als das Unternehmen wuchs und erste Auslandsgesellschaften gegründet wurden, wählte er auch für diese die Form der Kapitalgesellschaft und gestaltete die Unternehmensstruktur so, dass er mit Hilfe des so genannten Schachtelprivilegs die ausländischen Gewinne steuergünstig nach Deutschland transferieren konnte. Die Sache hatte nur einen Haken: Die Ausschüttung an die deutschen Gesellschafter hätte zu einer nachteiligen steuerlichen Mehrfachbelastung geführt. Dies hatte fatale Konsequenzen. Da das Unternehmen mittlerweile fast alle Gewinne im Ausland erzielte, drohten die Gesellschafter auszubluten, was erhebliche Spannungen im Gesellschafterkreis zur Folge hatte. Der Schaden konnte behoben werden. Das deutsche Unternehmen wurde in eine GmbH & Co. KG umgewandelt und die ausländischen Kapitalgesellschaften in steuerliche Betriebsstätten transformiert mit der Folge, dass die Gewinne im Ergebnis nicht nur ebenso steuergünstig nach Deutschland gelangen konnten, sondern dort auch zur Ausschüttung zur Verfügung standen. Zudem verbesserte sich die erbschaftsteuerliche Bemessungsgrundlage, so dass bei einer zeitgleich eingeleiteten vorweggenommenen Erbfolge nochmals ein Millionenbetrag gespart werden konnte.

Nicht immer lassen sich Fehler so problemlos korrigieren. Oft werden sie teuer – für das Unternehmen und für seine Gesellschafter. Deshalb sollten Sie der rechtlich und steuerlich richtigen Gestaltung Ihrer Unternehmensstruktur ausreichend Aufmerksamkeit schenken.

Gesellschaftsverträge

Gleiches gilt für die Verträge des Unternehmens. Nicht wenige Gesellschaftsverträge weisen gravierende Mängel auf. Vor allem die Vorschriften, die eine qualifizierte Geschäftsführung und deren Überwachung, die Entscheidungsfähigkeit der Gesellschafterversammlung, auch und gerade im Konfliktfall, sicherstellen sowie ungewollten und übermäßigen Liquiditätsabfluss sowie das ungehinderte Eindringen Außenstehender in die Gesellschaft verhindern sollen, sind häufig lücken- und fehlerhaft. Was ist ein Gesellschaftsvertrag wert, der keine Altersgrenze für Geschäftsführer vorsieht und einen Unternehmer nicht daran hindert, im Alter von über 80 noch im Amt zu bleiben und sein Unternehmen zu Grunde zu richten? Welch negative Konsequenzen hat es für das Unternehmen, wenn die Gesellschafter sich im Streitfall gegenseitig blockieren können und unternehmerische Entscheidungen unmöglich machen? Wie viele Bestimmungen – etwa das Zurückdrängen der Auskunfts- und Einsichtsrechte auf das rechtlich gerade noch zulässige Maß, das Fehlen einer vertraglich fixierten Regel für Ausschüttungen oder auch eine zu niedrige Ausschüttung – sind geradezu auf Streit programmiert? Obwohl doch jedermann weiß, dass Familienunternehmen an nichts so häufig zu Grunde gehen wie an Streitigkeiten zwischen ihren Gesellschaftern. Denken wir auch an übermäßig lange Kündigungsfristen oder an die immer noch beliebte Buchwertklausel. Letztere ist nicht nur deshalb problematisch, weil sie häufig unangemessen niedrig ist und deshalb Streit provoziert. Wird sie vor Gericht für unwirksam erachtet und sind für diesen Fall im Vertrag keine weiteren Vorkehrungen getroffen, setzt das Gericht nämlich nicht automatisch die niedrigste, eben noch zulässige, sondern eine angemessene Abfindung fest, die sich am wahren Wert der Beteiligung orientiert. Damit wird die Absicht der Vertragsverfasser in ihr Gegenteil verkehrt. Mitunter müssen Unternehmer auch die unliebsame Überraschung erleben, dass plötzlich fremde Dritte am Tisch sitzen oder zu ihrer Abwehr unangemessen hohe Kaufpreise bezahlt werden müssen, nur weil ihr Gesellschaftsvertrag keine gleichermaßen kluge und rechtlich wirksame Vorkehrung für diesen Fall getroffen hat.

Eheverträge

Fehlerquellen gibt es genug – nicht nur im Gesellschaftsvertrag. Auch auf Eheverträge kann nicht verzichtet werden. Damit es Ihnen nicht geht wie jenem erfolgreichen Unternehmensgründer, der in wenigen

Jahren ein großes Unternehmen aufgebaut, aber vergessen hatte, mit seiner Frau einen Ehevertrag zu vereinbaren, in dem die Folgen einer Ehescheidung abweichend vom Gesetz geregelt wurden. Als die Ehefrau mit dem Tennislehrer durchbrannte und den gesetzlichen Zugewinnausgleich verlangte, war der Unternehmer ruiniert. Er musste sein Unternehmen verkaufen. Ich kann mich nur wundern, wie viele Unternehmer keinen Ehevertrag geschlossen haben, der die wirtschaftlichen Folgen der Scheidung so regelt, dass die finanzielle Basis des Unternehmens nicht gefährdet wird. Das heißt übrigens nicht, dass Sie Ihren Ehepartner unfair behandelt müssten. Die klassische Gütertrennung ist längst nicht mehr das Mittel der Wahl. Vielmehr lässt das Recht des Zugewinnausgleiches genügend Spielraum für Gestaltungen, die dem Unternehmensinteresse und den berechtigten Belangen beider Ehepartner gleichermaßen Rechnung tragen.

Wenn Sie noch keinen Ehevertrag mit Scheidungsfolgenvereinbarung geschlossen haben, sollten Sie dies also rasch nachholen. Umso mehr, als der nachträgliche Verzicht auf den gesetzlichen Zugewinnausgleichsanspruch im Scheidungsfall interessante Gestaltungsmöglichkeiten zum Nutzen aller Familienmitglieder eröffnet. Denn der nicht im Unternehmen tätige Ehepartner ist häufig weniger an einer Unternehmensbeteiligung, als vielmehr an einem vom Unternehmen unabhängigen Vermögen interessiert, aus dem er seinen Lebensunterhalt losgelöst vom Schicksal des Unternehmens bestreiten kann. Besteht zwischen den Ehepartnern hierüber Einigkeit, kann der nachträgliche Verzicht auf den gesetzlichen Zugewinnausgleichsanspruch dazu genutzt werden, das gewünschte Privatvermögen lebzeitig steuerfrei auf den Ehepartner zu übertragen. Bei der Übertragung des Vermögens handelt es sich dann nämlich nicht um eine Schenkung, sondern um eine Gegenleistung für den geleisteten Verzicht auf den bereits erworbenen Zugewinnausgleichsanspruch. Ist aber der Ehegatte ausreichend versorgt, kann die Unternehmensbeteiligung unmittelbar – und nicht erst auf dem Umweg über den Ehegatten – auf die Kinder übertragen werden, wodurch erneut Erbschaftsteuer gespart wird, da die doppelte Übertragung – zunächst auf den Ehepartner und von diesem auf die Kinder – überflüssig wird. Ein Modell also, das gleichermaßen steuersparend wirkt und das Unternehmen vor unliebsamen Überraschungen schützt.

Gestaltung des Privatvermögens

Die vorstehenden Überlegungen sind nicht nur für das Unternehmens-, sondern ebenso auch für das Privatvermögen von Bedeutung. Wie soll es strukturiert werden, welches Rechtskleid bekommen, welche Verträge müssen geschlossen werden, damit es rechtlich sicher und steuerlich optimal gestaltet werden kann? Der rechtlichen und steuerlichen Optimierung Ihres Privatvermögens sollten Sie nicht weniger Aufmerksamkeit schenken als der Optimierung Ihres Unternehmens.

Gestaltung der Vermögensnachfolge

Irgendwann schließlich steht jeder Unternehmer vor der schwierigen Aufgabe, den Übergang seines Vermögens auf die nächste Generation sicherzustellen. Auch hier hat die Feststellung des unternehmerischen Willens unbedingte Priorität. Wie will der Unternehmer sein Vermögen aufteilen? Was will er mit seinem Unternehmen machen – es verkaufen oder in der Familie halten? Wer soll es bekommen? In welchem Umfang? Die Antworten auf diese grundlegenden Fragestellungen müssen feststehen, bevor mit der rechtlichen und steuerlich optimierten Umsetzung des Gewollten begonnen werden kann. Und doch ist die rechtlich und steuerlich optimale Gestaltung des Vermögensübergangs ein weites Feld. Juristen vermögen alleine mit ihr ganze Bücher zu füllen. Ich muss mich an dieser Stelle auf einige mir besonders wichtig erscheinende Aspekte beschränken.

Glaubt man den Untersuchungen zu diesem Thema, haben nur wenige der befragten Unternehmer eine ausreichende erbrechtliche Regelung getroffen. Die Folgen können verheerend sein. Fehlt ein Testament, gilt die gesetzliche Erbfolge. Danach erben der Ehepartner und die Kinder gemeinschaftlich – erbschaftsteuerlich in der Regel eine teure Lösung. Denn die auf den Ehepartner entfallenden Anteile müssen bei der späteren Übertragung auf die Kinder ein zweites Mal versteuert werden. Aus diesem Grund sollten die in der Praxis beliebten Berliner Testamente sowie die Anordnung von Vor- und Nacherbschaft zumindest kritisch überdacht werden. Niemand will den Ehepartner benachteiligen. Aber den berechtigten Interessen aller Beteiligten werden sie häufig eher gerecht, wenn Sie ihm eine abgesicherte, in der Höhe abgestimmte und von der weiteren Unternehmensentwicklung unabhängige Versorgung zukommen lassen.

Sind die Kinder minderjährig, ergibt sich ein weiteres Problem. Wichtige unternehmerische Entscheidungen bedürfen nach dem Gesetz der Mitwirkung des Vormundschaftsgerichts. Um die negativen Konsequenzen für die Unternehmensführung zu vermeiden, sollten Sie in Ihrem Testament Testamentsvollstreckung anordnen.

Und noch etwas: Viele Gesellschaftsverträge sehen vor, dass nur bestimmte Personen (z.B. eheliche Abkömmlinge) die Beteiligung am Unternehmen erwerben können. Stellen Sie unbedingt sicher, dass nur diese »Nachfolgeberechtigten« die Beteiligung erhalten. Denn Gesellschaftsrecht geht vor Erbrecht. Ein nicht nachfolgeberechtigter Erbe scheidet aus der Gesellschaft aus – mitsamt Abfindungsanspruch.

Letztwillige Verfügungen können übrigens nicht nur in testamentarischer Form errichtet werden. Gewiss, Testamente sind bei den Erblassern beliebt, können sie doch jederzeit widerrufen werden. Aber entspricht dies in jedem Fall den Regeln der Fairness? Hat ein Nachfolger, der sich zur Nachfolge verpflichtet, nicht einen Anspruch darauf, dass auch der Senior eine Verpflichtung eingeht? In vielen Fällen stellt deshalb ein Erbvertrag die angemessenere Lösung dar.

Die wahrscheinlich am häufigsten gestellte Frage lautet: Wie lassen sich legal Erbschaftsteuern sparen? Die Möglichkeiten dazu sind vielfältig. Sie beginnen bei der Wahl des richtigen Güterstandes und enden bei der Errichtung ausländischer oder gemeinnütziger Familienstiftungen noch lange nicht. Eine der besten Möglichkeiten, Erbschaftsteuern zu sparen, ist die vorweggenommene Erbfolge, die Schenkung »mit warmer Hand«. Und das nicht nur wegen der mehrfachen Nutzbarkeit der Freibeträge. Insbesondere bei stark wachsenden Unternehmen steigt der Unternehmenswert von Jahr zu Jahr. Wer aber weiß, wie lange die Bewertungsregeln und die Steuersätze noch auf dem heutigen Niveau verharren? Viele Unternehmer scheuen die lebzeitige Übertragung. »Ich ziehe mich nicht aus, bevor ich mich ins Bett lege«, lautet ihr ernst zu nehmender Einwand. Zu Unrecht, wie ich meine: Gute Juristen kennen Wege, wie Sie die Erträge und die Stimmrechte aus der Beteiligung im gewünschten Umfang zurückhalten und dennoch die erbschaftssteuerlichen Vorteile realisieren können. Die richtige Lösung ist immer individuell. Aber das gilt bekanntlich für alle mit der Unternehmer-Strategie und ihrer rechtlichen und steuerlichen Absicherung zusammenhängenden Fragen.

Die kurze Einführung in juristische und steuerliche Gestaltungspotenziale muss an dieser Stelle genügen – schließlich ist dies kein juristisches Buch und keine Anleitung zur rechtlichen und steuerlichen Optimierung des Familienunternehmens. Sie sollte jedoch deutlich gemacht haben, das dauerhafter unternehmerischer Erfolg nur möglich ist, wenn die rechtlich-steuerlichen Aspekte der Unternehmenssicherung nicht vollständig außer Acht gelassen werden.

Eine zusammenfassende Betrachtung

Eine zusammenfassende Betrachtung

Wir sind am Ende unserer Betrachtungen unternehmerischer Erfolgsgeheimnisse angelangt. Fassen wir die wichtigsten Erkenntnisse noch einmal zusammen.

Erstens: Um als Unternehmer dauerhaft außergewöhnlich erfolgreich zu sein, bedarf es mehr als einer gescheiten Unternehmens-Strategie und deren konsequenter Verfolgung. Die Gründe für unternehmerischen Erfolg oder Misserfolg liegen häufig in der Person des Unternehmers selbst, in seiner Vermögenssituation oder in der das Unternehmen tragenden Familie begründet. Die Unternehmer-Champions haben daher längst erkannt: Unternehmer-Strategie ist mehr als Unternehmens-Strategie! Um als Unternehmer auf Dauer erfolgreich zu sein, sollte der Unternehmer neben seinem Unternehmen auch seine Person, sein Vermögen und die Unternehmerfamilie professionell managen und dies alles zu einer übergeordneten Unternehmer-Strategie verbinden.

Zweitens: Erfolgreiche Unternehmer machen in ihren Unternehmen vieles anders als der Durchschnitt. Untereinander aber unterscheiden sich ihre Verhaltensweisen kaum voneinander. Dabei sind die Erfolgsgeheimnisse der Aldis, Ikeas und Co. überraschend einfach: Anstatt sich an den jeweils neuesten Managementmoden zu orientieren, folgen sie mit Mut und Beharrlichkeit ihrem gesunden Menschenverstand. Sie setzen sich hohe Ziele und wollen die Besten sein. Ihr Maßstab ist der Nutzen, den sie für ihre Kunden stiften können. Im Interesse der Kunden verändern sie ganze Märkte. Sie verzetteln sich nicht, sondern konzentrieren alle Kräfte auf die Erreichung ihrer Ziele. Sie sind einfach und konsequent. Und sie vertrauen auf die eigene Stärke. Wo andere Allianzen suchen, arbeiten sie unbeirrt an der Verbesserung ihrer Fähigkeiten. Sie agieren in Wachstumsmärkten und haben den Mut, ihr Unternehmen neu zu erfinden, wenn es an der Zeit ist.

Drittens: Die Unternehmer-Champions machen nicht nur vieles anders, sie sind auch anders. Große Unternehmer sind immer auch große Persönlichkeiten. Sie wissen um die Bedeutung des Vorbilds für den Unternehmenserfolg und handeln nach dem Grundsatz: Wenn du dein Unternehmen verändern willst, verändere dich. Sie sind Unternehmer aus Leidenschaft und leben doch ein Leben in der Balance. Sie achten auf ihre Gesundheit und darauf, ausreichend Zeit für ihre wichtigsten Beziehungen (Ehepartner, Kinder) zu haben.

Viertens: Auch wenn es Sie überraschen mag: Erfolgreiche Unternehmer sind auch Vermögens-Profis. Ihre Vermögenssituation ist geordnet. Sie verfügen über ausreichend freies, d.h. nicht im Unternehmen gebundenes Vermögen, um ihre wichtigsten Ziele außerhalb des Unternehmens erreichen zu können. Und sorgen dafür, dass ihr Vermögen ebenso professionell gemanagt wird wie ihr Unternehmen.

Fünftens: Die Familienunternehmer unter ihnen sorgen zudem dafür, dass die Unternehmerfamilie stets Kraftquell und nicht Störfaktor für das Unternehmen wird. Sie achten darauf, dass ihr Unternehmen nicht durch Streitigkeiten gelähmt werden kann – indem sie entweder für klare Verhältnisse oder dafür sorgen, dass die wachsende Familie mit Hilfe geeigneter Instrumente (z.B. Familienverfassung, Familienkonferenzen) eine starke und einige Einheit bleibt.

Zu guter Letzt handeln sie nach dem Grundsatz: Die rechtliche und steuerliche Optimierung des Unternehmens ist nicht alles, aber ohne sie ist alles nichts. In diesem Sinne werden die Rechtsform und die Struktur des Unternehmens, seine Gesellschaftsverträge, die Eheverträge der Gesellschafter, die Struktur des Privatvermögens und nicht zuletzt die mit der Vermögensnachfolge zusammenhängenden Fragen immer wieder den Vorgaben der Unternehmer-Strategie entsprechend optimiert.

Ich schließe mit einem Versprechen: Wenn Sie beginnen, sich als Unternehmer an diesen Vorgaben auszurichten, wird sich Ihr Leben verändern! Wann fangen Sie an?

Leseempfehlungen

Bauhofer, Ulrich: Aufbruch zur Stille, Maharishi Ayur-Veda; Bergisch Gladbach 1997, ISBN 3-7857-0873-4

Branden, Nathaniel: Die sechs Säulen des Selbstwertgefühls; Hamburg 2001, ISBN 3-4780-8805-4

Brandes, Dieter: Konsequent einfach – Die Aldi-Erfolgsstory; München 2001, ISBN 3-4531-8072-0

Eglau, Hans Otto: Erbe, Macht & Liebe; Düsseldorf 2001, ISBN 3-9245-0302-8

Gross, Günter F.: Beruflich Profi, privat Amateur?; Landsberg/Lech 1999, 17. Auflage, ISBN 3-4783-1052-0

Hennerkes, Brun-Hagen: Familienunternehmen sichern und optimieren; Frankfurt/Main, New York 1998, ISBN 3-5933-5905-7

Hennerkes, Brun-Hagen; Kirchdörfer, Rainer: Unternehmenshandbuch Familiengesellschaften; Köln, Berlin, Bonn, München 1998, 2. Auflage, ISBN 3-4522-3477-0

Kamprad, Ingvar; Torekull, Bertil: Das Geheimnis von IKEA; Hamburg 1998, ISBN 3-9319-6299-7

May, Peter; Sies, Claudia: Unternehmensnachfolge leicht gemacht; Frankfurt/Main 2000, ISBN 3-9331-8020-1

Mittelsten Scheid, Jörg: Gedanken zum Familienunternehmen; Stuttgart 1985, ISBN 3-7910-0385-2

Pümpin, Cuno; Prange, Jürgen: Management der Unternehmensentwicklung; Frankfurt/Main, New York 1991, ISBN 3-5933-4502-1

Seiwert, Lothar J.: Wenn Du es eilig hast, gehe langsam, 2. Auflage, Frankfurt/Main, New York 1998, ISBN 3-5933-5911-1

Simon, Hermann: Die heimlichen Gewinner (Hidden Champions); Frankfurt/Main, New York 1996, 2. Auflage, ISBN 3-5933-5460-8

Sprenger, Reinhard K.: Die Entscheidung liegt bei Dir! Wege aus der alltäglichen Unzufriedenheit; Frankfurt/Main, New York 2000, 6. Auflage, ISBN 3-5933-5806-9

Ward, John L.: Keeping the Family Business Healthy, Marietta 1997, ISBN 1-5554-2026-5

Wimmer, Rudolf; Domayer, Ernst; Oswald, Margit; Vater, Gudrun: Familienunternehmen – Auslaufmodell oder Erfolgstyp?; Wiesbaden 1996, ISBN 3-4091-8875-4

Der Autor

Prof. Dr. Peter May wurde 1958 als ältester Sohn in ein namhaftes Familienunternehmen hineingeboren. Er studierte Rechtswissenschaften und promovierte zum Doktor der Wirtschaftswissenschaften.

Bereits in den 80er Jahren begann Peter May als Mitglied einer renommierten Stuttgarter Anwaltskanzlei mit der Beratung von Familienunternehmen, ehe er 1990 dem Wunsch der Familie folgend für einige Jahre die Führung des elterlichen Familienunternehmens übernahm. 1997 kehrte Peter May zu seiner eigentlichen Berufung zurück. Er entwickelte mit dem INTES-Prinzip ein Konzept zur Steigerung unternehmerischen Erfolges und gründete auf dieser Basis die INTES Beratung für Familienunternehmen und die INTES Akademie für Familienunternehmen in Bonn.

Prof. Dr. Peter May zählt zu den gefragtesten Experten für Familienunternehmen. Er publiziert regelmäßig und genießt den Ruf, ein ebenso sachkundiger wie begeisternder Referent zu sein.

Sie erreichen Prof. Dr. Peter May unter:

INTES Akademie für Familienunternehmen
Mirbachstraße 2
53173 Bonn – Bad Godesberg
Telefon: 02 28 / 36 78 00
Telefax: 02 28 / 3 67 80 80
E-Mail: p.may@intes-beratung.de